HERMANN BÜSING
RÖMISCHE MILITÄRARCHITEKTUR IN MAINZ

RÖMISCH-GERMANISCHE FORSCHUNGEN

BAND 40

RÖMISCH-GERMANISCHE KOMMISSION
DES DEUTSCHEN ARCHÄOLOGISCHEN INSTITUTS ZU FRANKFURT A. M.

# Römische Militärarchitektur in Mainz

VON

HERMANN BÜSING

VERLAG PHILIPP VON ZABERN · MAINZ AM RHEIN · 1982

VIII, 97 Seiten, 36 Textabbildungen, 43 Tafeln

© 1982 by Philipp von Zabern, Mainz am Rhein
ISBN 3-8053-0513-3
Alle Rechte, insbesondere das der Übersetzung in fremde Sprachen, vorbehalten.
Ohne ausdrückliche Genehmigung des Verlages ist es auch nicht gestattet, dieses Buch
oder Teile daraus auf photomechanischem Wege (Photokopie, Mikrokopie) zu ver-
vielfältigen.
Printed in West Germany by Philipp von Zabern

# Vorwort

Die Beschäftigung mit der Mainzer Militärarchitektur empfand ich als einen gerne geleisteten Tribut an die historische Vergangenheit der Stätte, an der ich seit 1969 zunächst als Assistent, später als Assistenzprofessor tätig war. Im Jahre 1977 nahm die Abteilung für Geschichtswissenschaften (IV) der Ruhr-Universität Bochum diese Arbeit als Habilitationsschrift an.

Die Steinaufnahmen von E. Schmidt, G. Stein und R. Wormuth, die den Anstoß für das Engagement gegeben haben, überließ mir freundlicherweise H. Schönberger, heute Direktor der RGK, dem mein besonderer Dank auch für die Aufnahme der Schrift in die Reihe der Römisch-Germanischen Forschungen gilt. Wesentlich erweitert wurde das damals bekannte Material durch eine Notgrabung im Herbst 1973, an der ich durch das Entgegenkommen der Grabungsleitung – dem Landesamt für Denkmalpflege, Abt. Bodendenkmalpflege, und dem Mittelrheinischen Landesmuseum in Mainz – beteiligt war.

Ich danke außerdem für manche Anregungen und Hilfe meinen Kollegen in der RGK in Frankfurt, im RGZM in Mainz und an der Ruhr-Universität Bochum sowie den Herren B. Andreae, J. Bracker, K. V. Decker, H. Drerup, K. H. Esser, H. G. Horn, H. Klumbach, E. Künzl, W. Müller-Wiener, P. Plechl, W. Selzer, G. Stein und R. Wormuth. Meiner Frau gebührt die größte Anerkennung für ihre stete Bereitschaft, die entstehenden Probleme mit mir zu meistern.

# Inhaltsverzeichnis

| | |
|---|---|
| VORWORT ........................... V | |
| EINLEITUNG ........................ 1 | |
| Allgemeines ........................ 1 | |
| Das Fundmaterial und seine Bearbeiter ....... 3 | |

## DIE ARCHITEKTURSYSTEME UND BAUTEILE ............ 5

- A Sockel ............................ 5
- B Große Pilasterordnung ................ 6
- C Kleine Pilasterordnung ............... 10
  - Pilasterform ...................... 10
  - Pilasterhöhe ...................... 11
  - Die Positionen der Pilaster ............. 12
  - Die Bögen ........................ 14
  - Zusammensetzungen .................. 15
  - Breite der Wandfelder ................ 20
  - Erschließbare Baukörper .............. 20
  - Balkendecken ..................... 21
  - Zusammenfassung ................... 22
- D Ordnung der Oktogon-Pfeiler ........... 23
- E Ordnung der Paneel-Pfeiler ............ 26
  - Die Pfeiler ....................... 26
  - Die Bögen ........................ 27
  - Zur Verwendung der Paneel-Pfeiler ........ 28
- F Schranken und Säulenstühle ............ 30
- G Gesimse und Architrave ............... 32

## DIE REKONSTRUKTION DER ARCHITEKTURSYSTEME ............... 33

- Die Architektursysteme A–D ............ 33
  - Zahnschnittgesimse .................. 33
  - Konsolengesimse .................... 34
  - Architrave ....................... 35
  - Überlegungen zur Geschoßhöhe .......... 37
  - Grundriß und Gebäudetypus ............ 38
  - Stadt- und Lagertore ................. 40
  - Zur Fassadengliederung römischer Tore .... 43
  - Ideelle Rekonstruktion des Mainzer Lagertores ................ 46
  - Die Rekonstruktionen von E. J. R. Schmidt . 49
  - Die Rekonstruktionen von R. Wormuth .... 50
- Pfeiler- und Säulenstraßen im Mainzer Legionslager (E–F) ............. 51

## DIE RÖMISCHE MILITÄRARCHITEKTUR IN MAINZ ............................. 54

- Die Mainzer Legionen .................. 54
- Die Bautätigkeit ....................... 55
- Die Kunstformen des Lagertores ........... 58
- Exkurs zur Geschichte der Arkadenfassade ... 60
  - Anwendung und Bedeutung ............. 60
  - Die stadtrömische Entwicklung .......... 60
  - Andere Arkadenfassaden ............... 63
  - Tabellarische Übersicht zu den Proportionen ausgewählter Arkadenfassaden 64

## KATALOG ............................ 65

- Vorbemerkung zu Katalog und Tafeln ....... 65
- Die Bauteile ........................ 65

## VERZEICHNISSE ....................... 85

- Vorbemerkung zu den Konkordanzen ........ 85
- Konkordanz zu der Materialaufnahme von Schmidt ....................... 85
- Konkordanz zu der Materialaufnahme von Stein .......................... 88
- Konkordanz zu der Materialaufnahme von Wormuth ....................... 89
- Konkordanz zu der Materialaufnahme von Büsing ........................ 92
- Index der katalogisierten Steine ............ 93
- Liste der Inschriften auf Steinblöcken ........ 96
- Verzeichnis der abgekürzt zitierten Literatur ...................... 97
- Nachweis zu den Photovorlagen auf Tafel 24–43 ....................... 97

TAFELN 1–43

# Einleitung

## ALLGEMEINES

Am Gautor und am Kästrich (Castrum) in Mainz wurden am Ende des vorigen Jahrhunderts archäologische Grabungen durchgeführt[1], die einen Abschnitt der spätrömischen Stadtmauer[2] betrafen *(Abb. 1, A)*. In den Fundamenten dieser Stadtmauer traf man fast ausschließlich wiederverwendete, große Steinblöcke an[3], u. a. Grabsteine und Altäre, vor allem aber Bausteine römischer Militärarchitektur, die nach Ausweis der mitgefundenen Bauinschriften und Steinbruchmarkierungen vom steinernen Ausbau des Mainzer Doppellagers in flavischer Zeit stammten.

Die Blöcke wurden geborgen und lagern heute im Mittelrheinischen Landesmuseum in Mainz. Aus einem Teil dieser Steine konnte der Dativius-Victor-Bogen im Museum rekonstruiert werden[4], dessen Nachbildung auf dem Ernst-Ludwig-Platz in Mainz eines der wenigen, weithin sichtbaren Wahrzeichen der römischen Vergangenheit der Stadt darstellt.

Der größte Teil des Fundmaterials blieb unveröffentlicht, obwohl es sich dabei um unschätzbare Zeugnisse aus dem wichtigsten römischen Doppellager am Rhein handelt. Nur der phantasievolle Rekonstruktionsversuch von E. Schmidt[5] nach dem Vorbild des achteckigen Mausoleums Kaiser Diocletians in Split[6] hat die Funde aus dieser Grabung als »Mainzer Oktogon« bekannt gemacht.

Im Herbst 1973 konnte das Staatliche Amt für Denkmalpflege in Zusammenarbeit mit dem Mittelrheinischen Landesmuseum in Mainz erneut einen 30 m langen Abschnitt der spätrömischen Stadtmauer untersuchen, wobei wiederum in den Fundamenten Spolien aus dem römischen Lager aufgedeckt und geborgen wurden. Sie kamen ebenfalls in das Mittelrheinische Landesmuseum.

Der Grabungsleitung danke ich an dieser Stelle dafür, daß ich bereits in den ersten Tagen der Grabung hinzugezogen wurde und die Steine an Ort und Stelle und ebenso später im Museum studieren durfte. Ein Vorbericht über die Grabung ist bereits 1974 erschienen[7].

Im Plan[8] *Abb. 1* sind die Grabungsstellen, der gesicherte Verlauf der spätrömischen Stadtmauer und der nur an einigen Stellen verifizierte Verlauf der römischen Lagermauer eingetragen. Da die Stadtmauer das Gebiet des ehemaligen Legionslagers schneidet, wurde sie – zumindest in diesem Abschnitt – erst errichtet, nachdem das Lager vermutlich gegen 350 n. Chr. aufgelassen worden war[9]. Die Stadtmauer verläuft im Lagergebiet auf der Kante des Plateaus, der Höhenlinie 120 m NN folgend, und ist ein Ersatz für die tieferliegende Lagermauer. Bedingt wurde der Neubau dieses Mauerabschnitts durch den Wechsel in der Verteidigungsrichtung: das auf dem Plateau liegende Lager nutzte den nach Osten abfallenden Hang aus; die in der Ebene und am Hang liegende Stadt

---

[1] Grabungen fanden seit 1886 statt (J. Keller, Westdt. Zeitschr. 6, 1887, 79; 90ff.), wobei das nach Südwesten gerichtete Gautor 1896 niedergelegt wurde (L. Lindenschmit, Westdt. Zeitschr. 16, 1897, 341f.); dort schneidet die spätrömische Stadtmauer die ehemalige Lagermauer *(Abb. 1)*.

[2] Eine gute Zusammenfassung der früheren Grabungsergebnisse bietet Baatz, Mogontiacum 63ff. mit weiterer Literatur. Baatz datiert die Stadtmauer zwischen 320 und 406 n. Chr., hebt aber die Regierungszeit des Kaisers Julian (355 bis 363) als die wahrscheinlichste Erbauungszeit hervor. – H. Klumbach in: Führer Mainz 107ff. hält die Datierung nach der Mitte des 4. Jahrhunderts zumindest für den Abschnitt zwischen Gautor und Alexanderturm, der das Gebiet des ehemaligen Lagers überquert, für gesichert.

[3] Baatz, Mogontiacum Taf. 24.

[4] Mainzer Zeitschr. 1, 1906, 51ff. Taf. 2. – F. J. Hassel in: Führer Mainz 124ff. mit der Rekonstruktion auf dem Ernst-Ludwig-Platz. Die Rekonstruktion aus Originalteilen im Mittelrheinischen Landesmuseum, Mainz, war im Frühjahr 1980 abgeschlossen, worüber G. Bauchhenss im CSIR Deutschland II 2 berichten wird.

[5] Mainzer Zeitschr. 24–25, 1929–1930, 123f. Abb. 1. Vgl. außerdem hier S. 49f.

[6] Von Crema, Architettura 401 Abb. 490 in die Zeit zwischen 70 und 85 n. Chr. eingeordnet mit dem Zusatz »forse un mausoleo!« – Von einem flavischen Oktogon-Bau sprechen auch Baatz, Mogontiacum 75 und Klumbach in: Führer Mainz, 112.

[7] Mainzer Zeitschr. 69, 1974, 277ff. – In diesem Abschnitt wurden die Fundamente eines Turms freigelegt; dieser könnte zu einem Tor in der spätrömischen Stadtmauer gehören, das die Porta Praetoria des aufgelassenen Lagers ersetzt hat, weil er an der Stelle gefunden wurde, wo einst die Via Praetoria verlief. Von der Straßenbefestigung oder dem Pflaster hatten sich keine Spuren erhalten *(Abb. 1,3)*.

[8] Umgezeichnet nach Baatz, Mogontiacum, Beil. 1 u. 2, mit Nachträgen, die B. Stümpel verdankt werden.

[9] Vgl. Anm. 2.

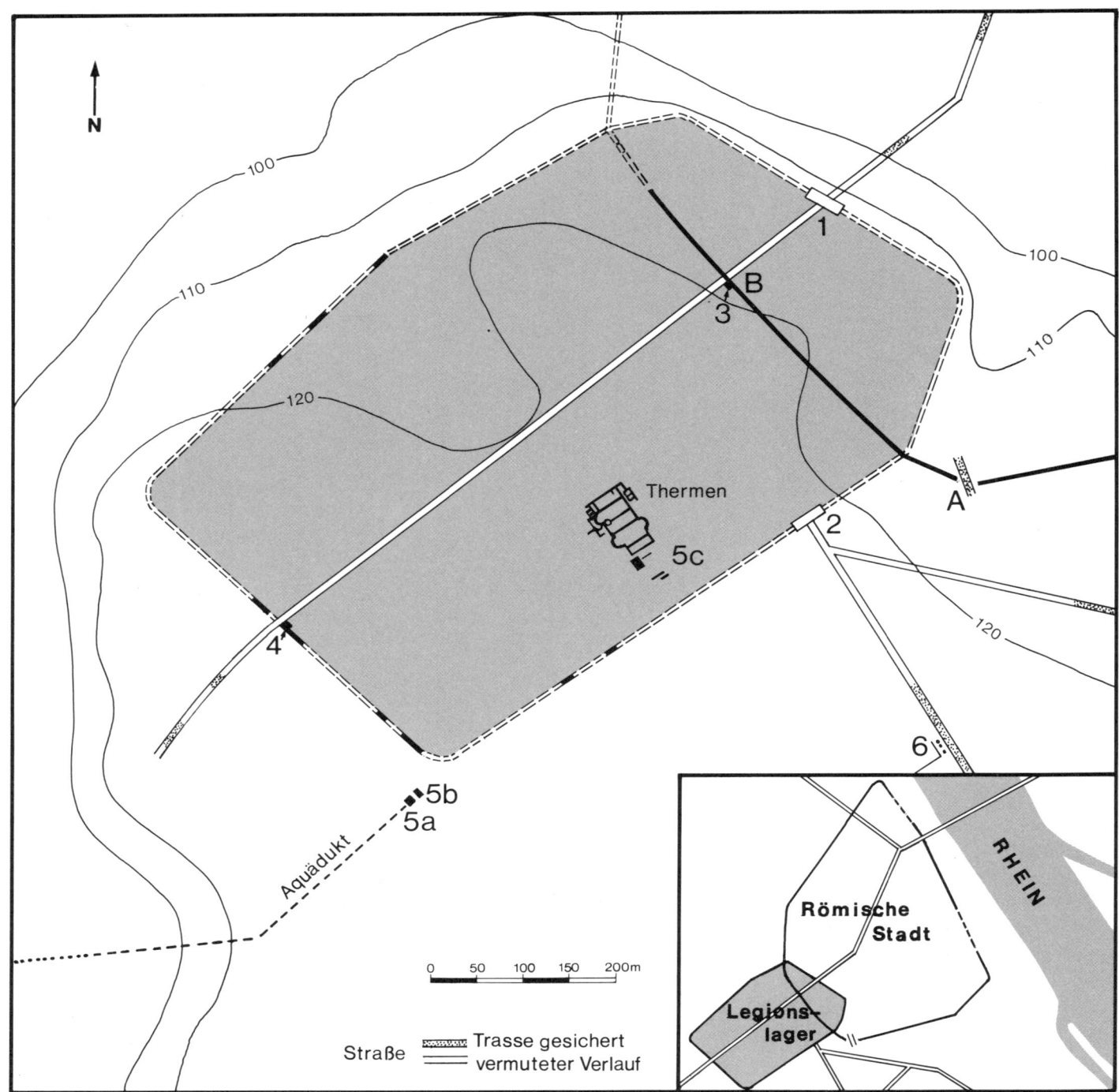

Abb. 1 Mainz. Lager und spätrömische Stadtmauer. Grabungsstellen. A Gautor. B Grabung 1973. 1 Lager, Porta Praetoria. 2 Lager, Porta Principalis dextra. 3 Stadtmauer, Tor (?)-Turm. 4 Lagermauer, Tor-Turm. 5a, b, c Wasserbecken. 6 Pfeilerhalle.

mußte sich gegen Angriffe vom Plateau aus schützen.

Die Fundamente des etwa 500 m langen Stadtmauerzuges im ehemaligen Lager sind durch die beiden Grabungen auf etwa 80 m untersucht worden. Der größte Teil dieses Stadtmauerzuges steht aber heute noch aufrecht und bildet die Gartenseite der Häuser »Am Kästrich«. Man darf deshalb annehmen, daß von den großen Bausteinen der römischen Militärarchitektur, die bei Errichtung dieses Stadtmauerabschnitts zur Fundamentierung benutzt wurden, uns heute nur etwa 12% bekannt sind. Es ist zu hoffen, daß diese Schrift dazu beiträgt, bei künftigen Baumaßnahmen am Kästrich die Aufmerksamkeit auf diese wichtige Quelle zur Mainzer Geschichte zu lenken.

## DAS FUNDMATERIAL UND SEINE BEARBEITER

Der heutige Bestand an reinen Bausteinen, also unter Ausschluß von Altären, Grabsteinen, Bauinschriften u. a., aus den beiden Stadtmauergrabungen umfaßt ungefähr 550 Blöcke, von denen 110 aus der neuen Grabung stammen. Dieses Material wurde gesichtet und nach spezifischen Merkmalen in sechs verschiedene Architektursysteme unterteilt. In den Katalog, der 262 Blöcke umfaßt, wurden einfache Quader, die zwar einen großen Teil des Materials ausmachen, sich aber einer Zuordnung zu den einzelnen Architektursystemen entziehen, nicht aufgenommen. Ausgeschlossen wurden ferner solche Bauteile, die keinem der hier zusammengestellten Architektursysteme angehören können; in die Konkordanzlisten S. 85 ff. sind diese Stücke jedoch aufgenommen worden.

Da das Material so fragmentarisch erhalten ist, und neue Grabungen das Bild beträchtlich erweitern und bereichern können, scheint es mir in methodischer Hinsicht geboten, die Aussagen, die wir mit Sicherheit über das Material machen können, scharf zu trennen von Hypothesen und Erwägungen. Diese Zweiteilung findet ihren Niederschlag im Aufbau des Buches, in dem zuerst die einzelnen Architektursysteme behandelt werden; hier finden auch gesicherte Teilrekonstruktionen ihren Platz. Die Schlußfolgerungen daraus und die Einordnung der römischen Militärarchitektur in den kunsthistorischen Kontext sind dem letzten Teil vorbehalten.

Als erster hat offenbar E. Schmidt eine zeichnerische Aufnahme jener Quader durchgeführt, die bei der ersten Stadtmauergrabung geborgen wurden; von diesen Zeichnungen existiert heute nur ein unvollständiger Satz verblaßter Kopien[10]. Schmidt trug die Nummern seiner Zählung mit roter Farbe auf die Blöcke auf, die allerdings auf fast allen Stücken heute verschwunden ist. Obwohl die meisten Blöcke später neu gezeichnet wurden, sind 25 Steine nur in Zeichnungskopien von Schmidt bekannt[11].

Nachprüfungen haben ergeben, daß die Aufnahmen von Schmidt recht unvollkommen sind. Ihm unterliefen nicht nur einige Meß- und Zeichenfehler, sondern er begnügte sich auch mit einer summarischen Darstellung, die häufig nach orthogonalen Prinzipien vereinfacht wurde.

H. Kähler wies 1931 auf elf reliefierte Blöcke hin, die er für Teile eines Siegesmonuments hielt[12]. Diese Blöcke, die z. T. schon im 19. Jahrhundert in das Museum gelangten, wies Kähler derselben »Werkstatt« zu, die am »Mainzer Oktogon« gearbeitet hatte, und stellte sie in photographischen Aufnahmen vor. Wohl aus diesem Grunde blieben die reliefierten Steine mit zwei Ausnahmen bei der zeichnerischen Neuaufnahme unberücksichtigt. Ich habe dieses Versäumnis mit Unterstützung von Frau Sunhild Kohz, Mainz, behoben.

Auf Anregung von W. Schleiermacher beauftragte die Römisch-Germanische Kommission in den Jahren 1960 bis 1962 G. Stein mit der Neuaufnahme jener Blöcke, die dem »Mainzer Oktogon« zugerechnet wurden. Es war das Ziel, die rätselhafte und ohne Begründung vorgelegte Rekonstruktion von Schmidt zu überprüfen und eine tragfähige Grundlage für die Beurteilung der Mainzer Militärarchitektur zu schaffen. Stein trug seine Numerierung mit grüner Farbe auf die Blöcke auf[13].

Die von Stein begonnene Arbeit setzte R. Wormuth von Herbst 1964 bis Mitte 1965 fort. Er begann mit einer eigenen Zählung, die mit blauer Farbe auf die entsprechenden Blöcke aufgetragen wurde[14]. Es kommen außerdem Zahlen in weißer Farbe aus der alten Inventarisierung und in schwarzer Farbe aus der laufenden Inventarisierung auf den Blöcken vor.

Bei der Grabung im Herbst 1973 skizzierte ich die neugefundenen Blöcke und überprüfte später im Museum die wichtigsten Maße. Da eine steingerechte zeichnerische Aufnahme aller neugefundenen Blöcke bisher nicht möglich war, habe ich meine Nummern nicht auf die Blöcke aufgetragen.

---

[10] Von Schmidt liegen einige Skizzen vor, die mit breitem Tuschestrich auf Transparentpapier ausgeführt und auf Packpapier oder Karton aufgeklebt sind – vielleicht grobe Pausen nach exakteren Zeichnungen im Maßstab 1 : 5. Daneben existieren anastatische Kopien von Zeichnungen, die einen sehr feinen Strich zeigen; die Vorlagen dafür sind nicht erhalten. Schmidt hatte handschriftlich Maße, kurze Erläuterungen zum Erhaltungszustand u. a. gelegentlich eingetragen, doch sind die meisten Bemerkungen wegen des unvollkommenen Kopierverfahrens heute unleserlich. Auch diese Zeichnungen sind im Maßstab 1 : 5 angefertigt worden.

[11] Die Anzahl der von Schmidt gezeichneten Steine läßt sich nicht mehr feststellen. Im Bestand der 214 Vorlagen springt öfters die Zählung, die von 1 bis 300 reicht, was Lücken vermuten läßt, doch hat Schmidt nachweislich einige Blöcke doppelt gezeichnet und doppelt gezählt. Andererseits geht aus Vermerken von G. Stein und R. Wormuth hervor, daß Schmidt mindestens 11 weitere Blöcke aufgenommen hatte.

[12] Kähler, Siegesdenkmal, 24ff. – Vgl. hier E 19–21; F 8. 9. 18–23.

[13] Stein fertigte Bleistiftaufnahmen auf schwerem Karton von 89 Blöcken an, übertrug aber nur 59 auf Transparentpapier. Die übrigen übertrug Wormuth. Stein zeichnete 34 Blöcke, die Schmidt entweder nicht gekannt hatte, oder deren Zeichnungen von Schmidt inzwischen verlorengegangen waren.

[14] Die Zählung reicht von 1–229, doch wurden 4 Nummern ausgelassen und 7 Nummern eingeschoben, so daß Wormuth insgesamt 232 Blöcke mit Bleistift auf schweren Karton aufnahm. Davon übertrug er 228 Steine auf Transparentpapier, darunter mehrere vom Dativius-Victor-Bogen.

Schmidt erkannte als erster, daß die Steine verschiedenen Gebäuden angehört haben müssen, eine Erkenntnis, die Wormuth vertiefte und in unveröffentlichten Teilrekonstruktionen niederlegte[15]. Stein hat sich mit dem Problem der Rekonstruktion nach eigener Aussage nicht beschäftigt.

Die Vorarbeiten von Stein und Wormuth haben diese Arbeit sehr erleichtert. Ich danke beiden für die Erlaubnis, ihre Zeichnungen hier verwenden zu dürfen.

[15] Vgl. S. 50f.

# Die Architektursysteme und Bauteile

Die Reste der hier vorzustellenden Architektursysteme sind im Mainzer Lager an keiner Stelle in ihrem ursprünglichen architektonischen Verband angetroffen worden. In zweiter Verwendung dienten sie als Fundamentsteine der spätrömischen Stadtmauer, die im aufgehenden Teil aus kleinen Bruchsteinen bestand. Sie hatten dabei wohl auch die Aufgabe, einen gegnerischen Versuch zu verhindern, die Stadtmauer zu untergraben. Beim Verlegen der Stadtmauerfundamente achtete man offenbar darauf, daß glatte Außenseiten entstanden. Bei der Grabung im Herbst 1973 trafen wir nur etwa ein Fünftel der profilierten Blöcke mit der ursprünglichen Ansichtsseite nach außen gewandt an[16] *(Taf. 24,1–4)*.

Die Lage der Steine in den Stadtmauerfundamenten entsprach an keiner Stelle der Gruppierung der Bauteile im ursprünglichen Verband. Außerdem wurden im Lagerbereich bisher keine Fundamente freigelegt, die sich mit einem der Architektursysteme verbinden ließen. Das bedeutet, daß sich Rückschlüsse auf die Gestalt und die Art der Gebäude ausschließlich aus der Analyse der Einzelformen ergeben müssen, womit in gleicher Weise die technischen Formen und die Kunstformen gemeint sind.

Die genaue Beobachtung der Einzelformen gestattete es, das vorhandene Material in einzelne Architektursysteme zu unterteilen, teilweise zu rekonstruieren und klar voneinander abzuheben. Dabei trat zunächst die Frage zurück, ob ein System für ein einziges Gebäude oder für mehrere gleichartige Bauwerke verwendet wurde, aber auch die Frage, ob verschiedene Architektursysteme von einem einzigen, vielgliedrigen Gebäude stammen könnten.

Im folgenden werden die Architektursysteme einzeln beschrieben und mit einem Katalog der signifikanten Steine versehen. Unter den stark beschädigten Steinen, die nicht in den Katalog aufgenommen wurden, kann sich durchaus das eine oder andere Stück befinden, dessen Zugehörigkeit zu einem System nicht mehr erkennbar ist.

Die Architektursysteme wurden mit lateinischen Großbuchstaben (A, B, C . . .) und einem Namen (z. B. Große Pilasterordnung) bezeichnet; innerhalb des Kataloges wurden die Einzelstücke jedes Architektursystems neu numeriert (A 1–A 10. B 1–B 45 etc). Eine Konkordanz mit den Numerierungen der einzelnen Bearbeiter findet sich auf S. 85 ff.

## A  SOCKEL (A 1–A 10) *Taf. 1*

Bei der Stadtmauergrabung 1973 kamen zwei Profilblöcke von den Ecken eines oktogonalen Gebäudes zutage (A 2. 3). Bei einem regelmäßigen Oktogon treffen sich die Seiten unter dem Winkel[17] von 135°; an diesen beiden Blöcken stehen zwar die beiden Wandflächen auch unter 135° zueinander, die eigentliche Ecke aber ist abgekantet oder gebrochen. Auf diese Weise steht ein glatter, vertikaler Streifen an der Außenseite der Gebäudeecke, der zu jeder der beiden Wandflächen einen Winkel von 157,5° bildet. In den Architektursystemen B–D wird die abgekantete Oktogon-Ecke stets von einem Pilaster eingenommen, während hier keine zusätzliche Betonung der Ecke auftritt.

Im Oberlager des Eckblocks A 3 *(Taf. 25,3.4)* sind nun Konstruktionslinien für die abgekantete Oktogon-Ecke eingerissen. Es ist ein gleichschenkliges Dreieck, dessen Basis von 27,5 cm Länge die Breite des vertikalen Streifens an der Oktogon-Ecke angibt. Die Schenkel, die sich unter dem Oktogon-Winkel treffen, sind 15 cm lang, was einem halben römischen Fuß entspricht. Wenn man von den einfachen Anrissen absieht, die zum Aufsetzen der nächsten Steinlage bestimmt sind, so ist dies die einzige Konstruktionsfigur, die in der Mainzer Militärarchitektur beobachtet wurde. Auch sie diente als Anriß für die nächste Lage.

---

[16] a.a.O. (Anm. 7) 277ff. Taf. 44–45.
[17] Winkel werden in Alt-Grad angegeben mit einem vollen Kreis von 360°.

Nach der Form der Eckblöcke A 2. 3 konnte ein dritter Stein von einer Oktogon-Ecke erkannt werden, der aus der alten Grabung stammt. Nach der Form des oberen Sockelprofils aber, das an A 3 besonders gut erhalten ist *(Taf. 1)*, konnten sieben Profilblöcke aus geraden Abschnitten des Sockels demselben System zugewiesen werden.

Die Profilhöhe schwankt zwischen 28 cm und 24 cm. Dieser große Spielraum für die Dimensionierung eines einheitlichen Schmuckmotivs ist für die hier zu besprechenden Architektursysteme nicht ungewöhnlich, wie sich noch zeigen wird.

Ein Fußprofil, das dem Sockel als unterer Ablauf gedient hätte, vor allem entsprechende Stücke von Oktogon-Ecken, sind bisher nicht bekannt geworden. Auch die Höhe der Sockelwand läßt sich nicht bestimmen: Die verwendete Klammerform ist identisch mit der der Kleinen Pilasterordnung (C), so daß die einfachen Wandquader sich nicht voneinander unterscheiden.

Für die Bestimmung der Breite einer Wandseite reichen die erhaltenen Profilsteine nicht aus. Von den zehn Blöcken des Sockelprofils war keiner mit einem anderen von den erhaltenen verklammert. So bleibt die Länge und die Höhe des Sockels ungewiß.

Der verschollene Block A 6 trägt auf der ungeglätteten Rückseite die im Steinbruch eingehauene Marke L I AD, das Zeichen der Legio I Adiutrix *(Taf. 23,1.* Vgl. S. 96). Dadurch wird der Sockel in den Zeitraum des Mainzer Aufenthalts dieser Legion datiert, nämlich zwischen 70 und 83/86 n. Chr.

## B  GROSSE PILASTERORDNUNG (B 1-B 45) *Taf. 2-5*

Sinnfälligstes Merkmal dieses Architektursystems ist der große Pilaster mit vier Kanneluren. Im unteren Teil des Schaftes sind die Kanneluren mit Rundstäben gefüllt, im oberen sind sie offen.

Die Form des Pilasters läßt sich aus den vielen Schaftstücken (B 1-17) weitgehend ermitteln. Danach fehlte dem Pilaster Basis wie Plinthe, eine Eigentümlichkeit, die bei den anderen Architektursystemen wiederkehrt. Sie scheint für die Mainzer Militärarchitektur typisch gewesen zu sein.

Wie der Pilasterschaft unten endete, ist hingegen nicht deutlich. Bei den erhaltenen Blöcken mit gefüllten Kanneluren (B 1-3. 10 *Taf. 2; 3; 26,1*) läuft die Gliederung bis zum Unterlager durch, während sich in der Kleinen Pilasterordnung (C 22-23 *Taf. 8*) Fußstücke finden, an denen die Kannelierung eine Handbreit über dem Unterlager ausläuft.

Die Kanneluren schließen am oberen Pilasterende halbrund ab (B 7. 12. 16 *Taf. 3; 4; 26,2*). Es folgen korinthisierende Pilasterkapitelle (B 8. 9 *Taf. 3; 26,3-6*), deren Kalathos vertikal gestreift ist.

Die Dimensionen des Pilasters lassen sich nicht exakt angeben, da die Einzelausführung erhebliche Maßschwankungen zuläßt. Der Pilasterschaft tritt 5-6 cm vor die Wandfläche vor und ist unten 36-39 cm breit. Unter dem Kapitell ist der Pilaster noch 32-34 cm breit; er verjüngt sich also von etwa 38 cm auf etwa 33 cm.

Die Übergänge vom unteren, gefüllten Teil der Kanneluren zum oberen Teil (B 4. 5 *Taf. 2*) fallen nicht mit einer Lagerfuge zusammen. Im Gegensatz dazu verläuft zwischen dem oberen Ende des Pilasterschaftes und den Kapitellen wie üblich eine Lagerfuge. Das Kapitell nimmt die gesamte Höhe der Steinlage ein, die wiederum nicht einheitlich ist, sondern im einen Fall 54 cm (B 8), im anderen Fall 56 cm (B 9) beträgt.

Kein Pilaster läßt sich aus den vorhandenen Teilen vollständig zusammensetzen. Somit bleibt die Höhe des

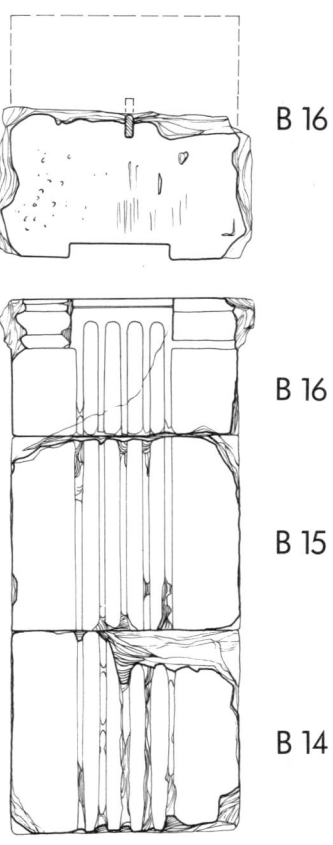

Abb. 2  Große Pilasterordnung. Zusammensetzung eines Pfeilers aus B 14, B 15, B 16 durch R. Wormuth.

Pilasters unbekannt. Die Schichthöhe der vorhandenen Blöcke schwankt außerdem zwischen 41 cm (B 30) und 57 cm (B 1).

Dennoch sind einige wenige Zusammensetzungen in der Großen Pilasterordnung gelungen. So gehören B 1 und B 5 *(Taf. 2)* zu demselben Pilaster, was aus dem ungewöhnlich starken Steg an der rechten Pilasterkante hervorgeht.

Wormuth wird die Zusammenfügung des oberen Pfeilerteils B 14–16 verdankt *(Abb. 2)*. Sie beruht auf der übereinstimmenden Pfeilerform, der Pilasterform und der Lage des Pilasters an der Pfeilerfront. Der Pilaster endet in der Kämpferzone mit Kannelurenschluß. Die erhaltene Pilasterhöhe beträgt 181 cm, erreicht aber nicht den Übergang vom offenen zum gefüllten Kannelurenteil. Weil der mit Rundstäben gefüllte Teil mindestens die halbe Höhe des offenen Teils gehabt haben wird, ergibt eine erste Schätzung für die Höhe des Pilasterschaftes ca. 270 cm. Beachtet man, daß der Übergang vom gefüllten zum offenen Kannelurenteil auf einem separaten Block gearbeitet war, so kommt für den offenen Teil (181 cm) noch eine Strecke von 30–40 cm hinzu, so daß die Schafthöhe dann zwischen 305 und 330 cm anzunehmen ist. Zusammen mit dem rund 55 cm hohen Kapitell erreichte der gesamte Pilaster mit etwa 380 cm Höhe ein Maß, das der zehnfachen Breite am Pilasterfuß entspricht. Dieses Maß ist nach Vitruvs Angaben für korinthische Säulen vorzusehen[18].

Die Pilaster nehmen im architektonischen Gefüge verschiedene Stellungen ein, die im folgenden nach ihrer Häufigkeit im Fundmaterial besprochen werden.

Am häufigsten steht der Pilaster an oktogonalen Gebäudeecken (B 1–9). In dieser Stellung ist der Pilaster der Gebäudeecke so vorgelegt, daß er die Ecke bricht oder abkantet: während die Wandflächen einen Winkel von 135° zueinander bilden, steht die Pilasterstirn zu jeder Wandfläche in einem Winkel von 157,5°. Eine ähnliche Brechung der Gebäudeecke wurde bereits am Sockel beobachtet (A 1–3). Sie wiederholt sich im Architrav der Großen Pilasterordnung (B 21); hier hat die abgekantete Ecke über dem Pilasterkapitell eine Breite von 33 cm, was genau der Pilasterbreite unter dem Kapitell entspricht. Die Zugehörigkeit der Architravblöcke B 18–21 *(Taf. 4)* zur Großen Pilasterordnung ist durch die Verklammerungsform gesichert, die sich in derselben Weise an den Pilasterblöcken findet: schwalbenschwanzförmige Klammerbettungen ohne Vertiefungen für die Klammerenden.

Wie weit der Architrav vor die Wandfläche vortrat, ist am Unterlager der Architravblöcke nicht abzulesen. Hier hilft der stufenförmige Ansatz der Frieszone weiter, der sich an jedem Architravblock findet. Die Lagerfuge, die gewöhnlich mit der Oberkante des Architravs zusammenfällt, ist also in der Großen Pilasterordnung in die Frieszone hinaufgerückt. Der Friesansatz tritt stufenförmig hinter das obere Abschlußprofil des Architravs zurück und liegt im Durchschnitt 3,2 cm hinter der Front der untersten Faszie. Nimmt man an, daß Fries und Wandfläche wie üblich in derselben Raumebene lagen, so läßt sich der Architravvorsprung vor die Wandfläche auf 3 bis 4 cm festlegen (B 18 *Taf. 4*).

Alle bisher gefundenen Architravblöcke sind im Oberlager mit Balkenlagern ausgestattet. Ihre Tiefe liegt zwischen 33 cm und 36 cm. Die Breite der Balkenlager ist nur einmal meßbar: bei B 21 beträgt sie 23–25 cm.

Die Lage der Balkenlager im Verhältnis zur Front ist aufschlußreich für die Gebäudeform: die Balken waren stets senkrecht zu der einen Wandfläche der beiden Oktogon-Seiten verlegt bzw. im Winkel von 45° zur jeweils anderen. Diese Anordnung entspricht vermutlich einem System parallel verlaufender Hauptbalken in einem oktogonalen Gebäudeteil[19].

Über die Höhe der Frieszone geben die erhaltenen Bauteile keine klare Auskunft. An den Architravblöcken ist der Ansatz der Frieszone durchschnittlich 10 cm hoch. Als Abschlußgesims der Ordnung stehen sowohl die Flachschicht eines Konsolengesimses (B 22 *Taf. 4*) als auch die Hochschichten eines Zahnschnittgesimses (B 23. 24 *Taf. 5; 40,1*) zur Verfügung. Beide Gesimsformen kommen aber auch mit einer anderen Klammerform vor (vgl. G 1–16), die sonst in der Großen Pilasterordnung nicht auftritt. Deshalb sei die Frage, welches Gesims zur Großen Pilasterordnung gehört, zurückgestellt[20].

Außer an oktogonalen Ecken sind die Pilaster in folgenden Positionen nachweisbar:

a) An rechtwinkligen Pfeilern *(Abb. 2)*. Die oben erwähnte Gruppe B 14–16 gehört zu freistehenden Pfeilern mit 76 cm Breite und 73,5 cm Tiefe. Auf dem 9 cm ausladenden und an drei Seiten umlaufenden Kämpfer wiederholen sich die Pfeilermaße als Anriß für die Bogenreihe. Da in Kämpferhöhe das etwa 55 cm hohe Pilasterkapitell ansetzte, zu seiten des Kapitells für die Bogenrahmung jeweils maximal nur 22 cm bleiben und die Bogenrahmung vermutlich nicht in die Architravzone hinaufgereicht hat, ist bei einer 20 cm breiten Rahmung nur ein Bogenradius von 35 cm, bei einer 10 cm breiten Rahmung ein Bogenradius von 45 cm möglich. Das ergibt im ersten Fall einen axialen Pfeilerabstand von etwa 145 cm (76 cm + 2 × 35 cm), im zweiten Fall von etwa 165 cm (76 cm + 2 × 45 cm).

---

[18] Vitruv IV 1,8 und IV 1,1 ergeben das Verhältnis 1 : 9⅔. Normalerweise sind die Kanneluren nur im unteren Drittel gefüllt. Vgl. z. B. Crema, Architettura Abb. 218; 289; 567.
[19] Vgl. *Abb. 21–22*.
[20] Vgl. S. 33ff.

Die übrigen Pfeilerteile lassen sich aber in ein solches System nicht einfach einordnen. Das Bruchstück B 17 *(Taf. 4)* gehört zu einem Pfeiler von etwa 96 cm Frontbreite, das sind 20 cm mehr als beim Pfeiler in *Abb. 2*. Wechselten jedoch breite und schmale Pfeiler miteinander ab, so kann der Rhythmus maximal 176 cm betragen haben.

b) Der große Pilaster kommt auch an geraden Wandflächen vor[21] (B 10. 11 *Taf. 3*). Der Pilasterblock B 10 mit gefüllten Kanneluren konnte Bruch an Bruch mit dem Paneel-Block B 25 verbunden werden *(Abb. 3)*. Im Oberlager bezeichnet eine Klammerbettung über den Bruchkanten eine antike Reparatur: an der schwächsten Stelle, zwischen Paneel und Pilaster war der Block gebrochen. Die einheitliche Schichtung des Steins und die bogenförmig bearbeitete Rückseite verdeutlichen die Zusammengehörigkeit.

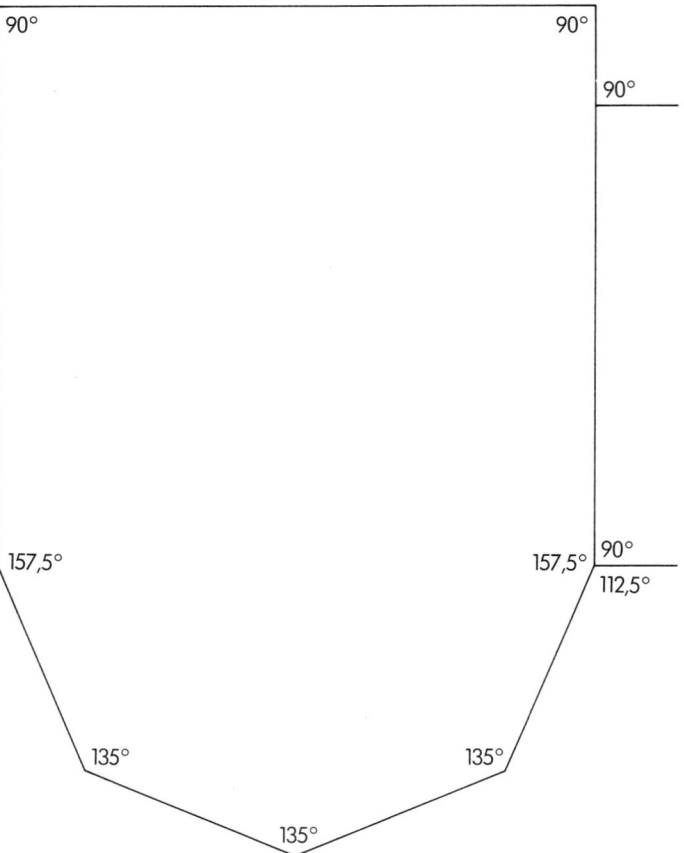

Abb. 4   Winkel, die zwischen oktogonalen und orthogonalen Gebäudeteilen auftreten.

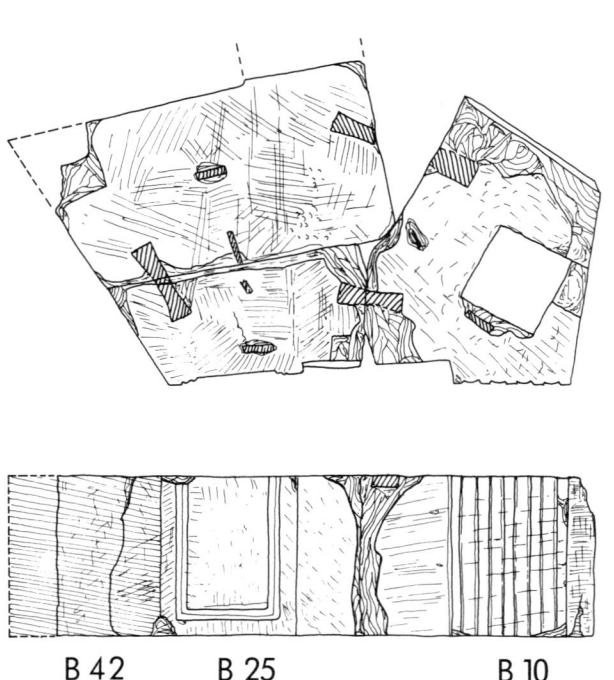

Abb. 3   Große Pilasterordnung. Anpassung von B 25, B 10, B 42.

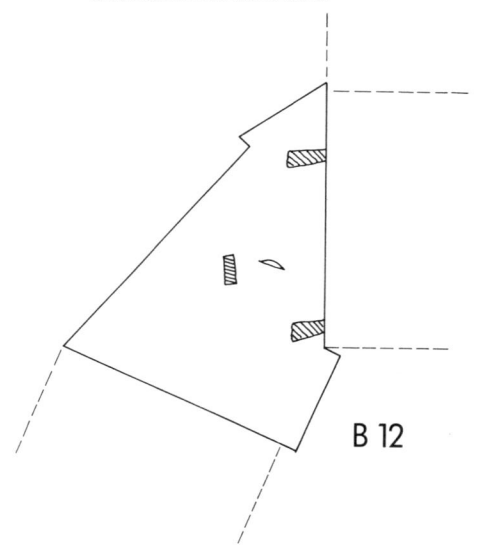

Abb. 5   Große Pilasterordnung. B 12 am Übergang vom oktogonalen zum orthogonalen Gebäudeteil.

Ein weiterer Block, der unregelmäßige Quader B 42, schließt sich hinten an den Paneel-Block an *(Abb. 3)*. Er führt die linke Ansichtsseite von B 25 fort, die stumpfwinklig (116°) auf die vordere Wandseite trifft. Die linke Ansichtsseite erreichte nach etwa 100 cm eine Ecke, die zu einer inneren Wandfläche – fast parallel zur Paneel-Front – überleitete.

c) Der große Pilaster kommt schließlich auch an stumpfwinklig einspringenden Gebäudeecken vor *(Abb. 4–5)*. An B 12 *(Taf. 3)* bildet die Pilasterstirn mit der

---

[21] In beiden Fällen strebt die eine Wandfläche leicht nach vorn. Die Ursache dafür liegt vielleicht darin, daß der Pilaster aus einem bereits geglätteten, planen Block durch bogenförmiges Eintiefen der umgebenden Wandpartie herausgearbeitet wurde. Dieses Verfahren läßt sich jedenfalls an dem unregelmäßigen Block B 25 feststellen, an dem sich der Paneel-Rahmen rechts durch Eintiefen der planen Fläche von dieser Fläche abhebt *(Abb. 3)*.

rechts anschließenden Seite einen Winkel von 157,5°, ein Winkel, den ein Pilaster an Oktogon-Ecken auch mit den Wänden des Oktogons bildet[22]. Aber hier ist die rechte Seite des Blocks auf Anschluß gearbeitet und im Oberlager mit zwei Klammern ausgestattet. Es kann sich also nicht um eine Ansichtsseite handeln wie bei den Steinen B 1–9. Die technischen Merkmale lassen nur den einen Schluß zu:

Hier traf eine Mauer auf, die mit der Anschlußseite des Blocks einen rechten Winkel, mit der Pilasterstirn aber einen einspringenden Winkel von 112,5° bildete. Damit entfällt die Möglichkeit, ein freistehendes Achteckgebäude aus der Großen Pilasterordnung zu rekonstruieren.

Es sei noch darauf hingewiesen, daß die Stoßfuge links neben dem Pilaster senkrecht zur Pilasterstirn verläuft und auf Anschluß für einen Wandquader hergerichtet ist. Da die Stoßfugen in der Regel senkrecht zur Wandfläche verlaufen, ist es naheliegend, hier einen rechtwinkligen Quader zu ergänzen, der die Richtung des Pilasters aufnimmt und fortsetzt[23].

Die Position des Blocks B 12 am Übergang von einem oktogonalen zu einem orthogonalen Gebäudeteil ist schematisch in *Abb. 4* dargestellt, in der die auftretenden Winkel eingetragen sind; die Längen der einzelnen Wandseiten sind beliebig gewählt. Die Abbildung zeigt ein halbes, regelmäßiges Achteck, geteilt in der großen Diagonalen, das rückwärtig an ein ebenso breites Rechteck anschließt. An den rechteckigen Teil schließt vorne rechts ein weiteres Rechteckteil an, das mit der ersten Oktogon-Seite einen Winkel von 112,5° bildet. An einer solchen einspringenden Ecke hat der Block B 12 seinen Platz gehabt, und zwar auf der ersten Oktogon-Seite unmittelbar neben der einspringenden Ecke.

Alle Blöcke der Großen Pilasterordnung wurden systematisch daraufhin überprüft, ob nach den technischen Merkmalen – Blockhöhe, Blocktiefe, Lage der Klammerbettungen – ursprünglich im Baugefüge nebeneinander angeordnete Steine zu finden wären. Dabei wurden alle möglichen, aber unsicheren Zusammensetzungen ausgeschlossen.

Aus dieser mühevollen und zeitraubenden Sichtung ergab sich nur eine einzige weitere Anpassung: der mittlere Pilasterteil B 5 von einer Oktogon-Ecke und der Quader B 37 gehören nach Höhe, Tiefe, Lage der Klammern, rückwärtiger Beschädigung und gemeinsamen Spuren der Glättung an der Front unzweifelhaft zusammen. Aus dieser Anpassung ergeben sich jedoch keine neuen Gesichtspunkte für die Rekonstruktion dieses Architektursystems *(Abb. 6)*.

Die Große Pilasterordnung stellt sich demnach als ein oktogonales Gebäudeteil innerhalb eines größeren, or-

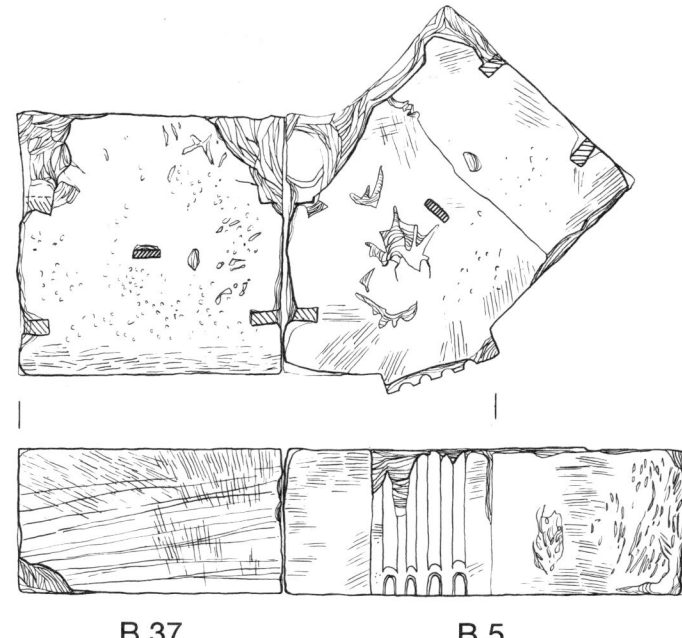

Abb. 6  Große Pilasterordnung. Anpassung von B 37 und B 5.

thogonalen Architekturgefüges dar. Weder die Breite der Oktogon-Seiten noch die Höhe der Pilasterordnung lassen sich mit Sicherheit bestimmen. Daneben kommen Pfeiler mit vorgelegtem Pilaster vor als Teile einer Arkadenreihe, von deren Bögen nichts bekannt ist. Pilaster treten aber auch an geraden Wänden auf in Verbindung mit Scheinbrüstungen und spitzwinklig endenden Durchgängen. Schließlich deuten die fehlenden Pilasterbasen auf eine erhöhte Aufstellung hin, bei der dieser Mangel nicht in Erscheinung trat.

Vom oktogonalen Baukörper sind offensichtlich mehr profilierte Steine erhalten als vom orthogonalen Baukörper. Im oktogonalen Gebäudeteil war die Mauer in der Regel einsteinig und durchschnittlich 90 cm stark.

Da nur ganz wenige Anpassungen gelangen, müssen die meisten Bausteine dieses Architektursystems heute noch unbekannt oder verloren sein.

Durch die Steinbruchmarkierungen L I AD auf den Architravblöcken B 20. 21 *(Taf. 23, 3. Vgl. S. 96)*, das Zeichen der Leg. I Adiutrix, ist die Große Pilasterordnung in den Zeitraum des Mainzer Aufenthalts dieser Legion, nämlich zwischen 70 und 83/86 n. Chr. datiert.

---

[22] Vgl. S. 7.
[23] Vgl. B 12 mit B 7 *(Taf. 3)*: schließt an B 7 links ein rechtwinkliger Quader an, so steht der Pilaster an einer Oktogon-Ecke, hat also dieselbe Position wie die Pilaster an den Blöcken B 1–6.

## C KLEINE PILASTERORDNUNG (C 1–C 75) *Taf. 5–12*

Dieses Architektursystem unterscheidet sich schon auf den ersten Blick von der Großen Pilasterordnung durch kleinere Pilaster mit nur drei Kanneluren. Auch diese Pilaster haben im unteren Teil gefüllte Kanneluren. Sie tragen Kompositkapitelle.

In die Wandflächen zwischen den Pilastern sind Bogenöffnungen eingeschnitten, deren schlichte Bogenrahmung stets bis an den Architrav heranreicht, der über der Pilasterordnung verläuft. Gelegentlich berührt die Bogenrahmung sogar den Pilaster.

Für die Verklammerung der einzelnen Bauteile wurden wie beim Sockel stabförmige, an den Enden abgewinkelte Eisenklammern verwendet, die mit Blei in vorbereitete Klammerbettungen vergossen wurden.

Charakteristisch für die Kleine Pilasterordnung ist es, daß die horizontalen Lagerfugen nicht mit den Grenzen der einzelnen Architekturformen zusammenfallen, sondern z. B. das Kapitell und den Fries zerschneiden, dafür aber den Übergang vom Pilasterschaft zum Pilasterkapitell oder den Übergang vom Architrav zum Fries in einer jeweils eigenen Wandschicht darstellen. Gelingt es, die einzelnen Wandschichten zu bestimmen, so erhalten wir eine Grundlage für die Ermittlung der Pilasterhöhe.

### Pilasterform

Es wurden bisher 39 Schaftstücke von Pilastern geborgen (C 1–39), aus denen hervorgeht, daß der Pilaster weder Basis noch Plinthe hatte. Darin stimmt der Pilaster der Kleinen Pilasterordnung mit dem der Großen Pilasterordnung überein[24]. Für das Fehlen der Basis wurde dort eine hohe Aufstellung über einem vorkragenden Gesims vermutet, die den Mangel einer Basis nicht in Erscheinung treten ließ[25]. Dasselbe gilt entsprechend für die Kleine Pilasterordnung.

In die erste und unterste Wandschicht gehören Fußblöcke (C 22. 23. 34. 35 *Taf. 8; 10; 29,1*), deren Kannelierung sich eine Handbreit über dem Unterlager verliert. Es ist nicht ausgeschlossen, daß sich bei einigen Fußblöcken die Kannelierung bis zum Unterlager fortsetzte, wie es bei dem Block von einer Oktogon-Ecke (C 1 *Taf. 5*) der Fall ist. Dieser Block kann aber ebenso gut in die zweite Wandschicht gehören, was zunächst einmal angenommen wird. In der dritten Wandschicht ist am Pilaster der Übergang vom gefüllten unteren Teil zum offenen oberen Teil der Kanneluren dargestellt (C 2–9 *Taf. 27,1.2*); das obere Ende der Rundstäbe rahmen geschwungene Stege (vgl. *Taf. 5–6*). Diese Wandschicht wird im Katalog abkürzend Pilastermitte genannt. In der vierten Wandschicht sind aus Gründen der üblichen Proportionierung Blöcke zu erwarten, die im Pilaster durchlaufend offene Kanneluren zeigen, doch ist davon bisher kein Baustein gefunden worden. In der fünften Schicht liegt das obere Ende des Pilasterschaftes und der Ansatz des Pilasterkapitells (C 10–16. 24–28. 36. 37 *Taf. 6–10; 27,3.4; 28,2; 29,2*); es sind darunter Blöcke, deren Kapitellansatz oft zerstört ist, deren Höhe aber ausreicht, in Analogie zu den besser erhaltenen Stücken (C 11. 12. 15. 16. 24. 36. 37) den Kapitellansatz zu rekonstruieren. Nur C 74 (*Taf. 30,6*) läßt keinen Kapitellansatz über dem Pilasterende zu.

Der obere Teil des Kapitells ist zusammen mit dem Architrav und dem stufenförmig zurückgesetzten Ansatz der Frieszone in der sechsten Wandschicht untergebracht (C 17–21. 29–33. 38. 39 *Taf. 7–10; 27,6; 28,1.3–6; 29,3.4*).

Die Kompositkapitelle bestehen aus einem einzigen Blattkranz vor vertikal gestreiftem Kalathos, darüber Kerbschnittband, Eierstab und Abacus. Im Blattkranz stehen drei Blätter, von denen die äußeren die Ecken einnehmen und an den Seiten des Kapitells häufig nicht ausgearbeitet sind. Der Eierstab hat drei »Eier« mit Hüllblättern und Zwischenblatt. Außerdem werden volutenartige Rosetten an den Kapitellecken im Eierstab untergebracht. Der mit schrägen Riefeln geschmückte Abacus tritt über der Kapitellmitte bogenförmig zurück und gibt oft Raum für eine kleine Mittelblüte.

Der Pilaster springt etwa 4 cm vor die Wandfläche vor. Seine Breite an den Fußblöcken liegt zwischen 25 cm und 28 cm (Mittelwert: 26,2 cm). Unter dem Kapitell schwankt die Pilasterbreite zwischen 20 cm und 25 cm (Mittelwert: 22,3 cm). Der Pilaster verjüngte sich also von etwa 26 cm auf etwa 22 cm. Die Kapitelle sind durchschnittlich 27,1 cm hoch und im oberen Teil 33,8 cm breit.

Es ist auffallend, daß alle Kapitelle in die Architravzone hineinragen und die erste Faszie überschneiden. In der römischen Architektur liegt wie in der griechischen normalerweise der Architrav auf dem Kapitell auf! Ich nehme an, daß man in der Mainzer Militärarchitektur für dieses Phänomen einen Zufall oder gar provinzielle Unfähigkeit im Umgang mit kanonischen Bauformen ausschließen darf, weil dann bei den zwölf erhaltenen Exemplaren Abweichungen von diesem eigentümlichen Vorgehen auftreten müßten. Die Einzelausführung läßt zwar Maßabweichungen zu, doch die Überschneidung des Architravs durch das Kapitell ist so konsequent durchgeführt, daß sie offensichtlich nach einem bestimmten Plan und zu einem bestimmten Zweck angewandt wurde.

---

[24] Vgl. S. 6.
[25] Vgl. S. 9.

Der Grund für diese Maßnahme kann in der Wirkung einer auf Unteransicht berechneten Architektur liegen. Jedes Kapitell überschneidet aufgrund seines Vorsprungs vor den Architrav für den Untenstehenden eben den Architrav, eine perspektivische Erfahrung, die bereits in der Wandmalerei des »Zweiten Stils« mit Erfolg ausgespielt wurde[25a]. In der reliefmäßigen Architektur der Kleinen Pilasterordnung wird die Distanz zum Betrachter dazu genutzt, die verhältnismäßig geringe Kapitellausladung (durchschnittlich 8 cm) optisch zu vergrößern: ein stark überschnittener Architrav erweckt den Eindruck eines weit ausladenden Kapitells, vgl. *Taf. 28,6; 29,3.4.*

### PILASTERHÖHE

Kein Pilaster läßt sich aus den vorhandenen Stücken vollständig zusammensetzen; allerdings schwankt die Blockhöhe nicht so stark wie in der Großen Pilasterordnung (Mittelwert: 54,9 cm), so daß die Hoffnung besteht, aus der Abfolge der Pilasterteile in Verbindung mit der mittleren Schichthöhe die Pilasterhöhe zu ermitteln.
Es bieten sich folgende Alternativen:
1) Bei vier Wandschichten (4 × 55 cm = 220 cm), nämlich mit Pilasterfuß, Pilastermitte, oberem Pilasterende und Kapitell-Architravblock (Kapitellteil 20 cm hoch) ergibt sich eine Pilasterhöhe von 185 cm. Der Pilaster ist zu kurz und zu stämmig. Seine Höhe ist nur siebenmal größer als seine Breite.
2) Bei fünf Wandschichten (5 × 55 cm = 275 cm), nämlich mit Pilasterfuß, Schaftstück mit durchlaufend gefüllten Kanneluren wie C 1, Pilastermitte, oberem Pilasterende und Kapitell-Architravblock beträgt die Pilasterhöhe 240 cm. Seine Höhe ist neunmal größer als seine Breite und bleibt damit hinter dem von Vitruv genannten Verhältnis von 1 : 10 (siehe oben S. 7) um eine halbe Wandschicht zurück. Auf den mit Rundstäben gefüllten Kanneluerenteil entfällt die Hälfte der Höhe statt – wie gewöhnlich – ein Drittel.
3) Bei sechs Wandschichten (6 × 55 cm = 330 cm), nämlich mit einer zusätzlichen Wandschicht im oberen Pilasterteil mit durchlaufend offenen Kanneluren *(Abb. 7A)* wird der Pilaster 295 cm hoch, was seiner elffachen Breite entspricht. Das Verhältnis von unterem zu oberem Pilasterteil ist 3 : 5.
4) Bei fünf Wandschichten (5 × 55 cm = 275 cm), nämlich Pilasterfuß, Pilastermitte, oberem Pilasterteil mit offenen Kanneluren, oberem Pilasterende und Kapitell-Architravblock *(Abb. 7B)* ist der Pilaster 240 cm hoch, was der neunfachen Pilasterbreite entspricht. Das Verhältnis von unterem zu oberem Pilasterteil ist 3 : 11.

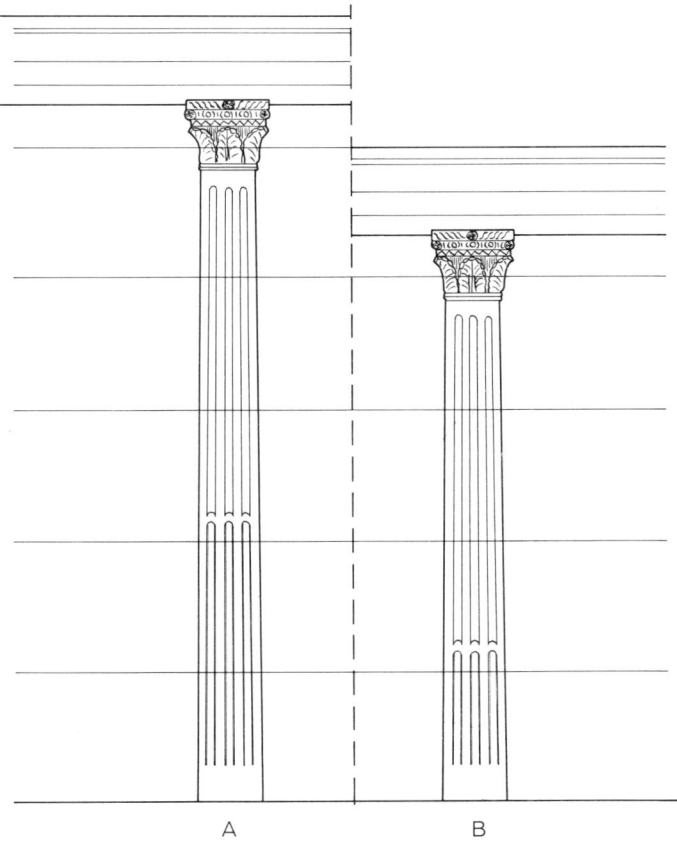

Abb. 7  Kleine Pilasterordnung. Höhenentwicklung mit sechs Wandschichten (links) gegenüber fünf Wandschichten (rechts).

Die angeführten Alternativen lassen eine eindeutige Entscheidung nicht zu. Die beiden ersten Lösungen können zwar ausgeschlossen werden, weil die Rundstäbe in den Pilasterkanneluren zu weit hinauf reichen, aber eine Entscheidung zwischen der 3. und 4. Alternative ist so lange unmöglich, wie der Block C 1 mit durchlaufend gefüllten Kanneluren nicht sicher der ersten oder der zweiten Wandschicht zugeordnet werden kann. Im Vorgriff sei dieses Problem erläutert an der Ordnung der Oktogon-Pfeiler: hier finden sich nämlich gesicherte Fußblöcke mit durchlaufend gefüllten Pilasterkanneluren (D 4 *Taf. 13*) neben solchen mit auslaufender Kannelierung (D 1. 3 *Taf. 13*). Die Frage bleibt also offen, obwohl ich der 3. Alternative den Vorzug gebe: die geringfügige Längung des Pilasters im Verhältnis zu seiner Breite (11 : 1 statt 10 : 1) kann ebenso wie die angeführte Überschneidung des Architravs durch das Pilasterkapitell be-

---

[25a] H. G. Beyen, Die pompejanische Wanddekoration vom Zweiten bis zum Vierten Stil. 2,1 (1960) Taf. 3,5; 5,14; 6,17 und öfters im Zweiten Stil. Selbst an einem Terracottarelief wird diese Überschneidung dargestellt, ebd. Taf. 31,83.

dingt sein durch die vorausberechnete Wirkung auf einen tiefer stehenden Betrachter.

Über den Pilastern liegt ein durchschnittlich 30 cm hoher Zwei-Faszien-Architrav, der unten 4,5 cm vor die Wandfläche vorspringt, im bekrönenden Profil aber eine Ausladung von durchschnittlich 12 cm erreicht. Ebenso weit tritt der Friesansatz von der vorderen Profilkante zurück. Dieser Rücksprung ist nicht immer horizontal, sondern oft nach außen geneigt durchgeführt, so daß sich ein Ablauf für Regenwasser ergibt.

### DIE POSITIONEN DER PILASTER

Die Pilaster nehmen im architektonischen Gefüge verschiedene Stellen ein. Sie begrenzen dabei Wandfelder, in die meistens ein offener Bogen eingeschnitten ist. Es gilt, zuerst die unterschiedlichen Positionen der Pilaster zu bestimmen, dann die verschiedenen Bogenformen. Erst danach werde ich versuchen, die Breite der Wandfelder zu ermitteln und die Grundrißform festzustellen.

Es wurden bisher vier verschiedene Positionen des Pilasters in der Kleinen Pilasterordnung beobachtet:

a) Am häufigsten sind die Pilaster an oktogonalen Ecken erhalten (C 1–13. 17–21 *Taf. 5–8*). Der Pilaster ist hier wie in der Großen Pilasterordnung der Oktogon-Ecke so vorgelegt, daß er die Ecke bricht bzw. abkantet. Die gebrochene Oktogon-Ecke wird auch in den Architravfaszien und dem Friesansatz durch Kanten markiert, während im Architravprofil (C 17–21) die Brechung verschliffen ist.

b) Pilaster kommen sodann an geraden Wänden vor (C 22–33 *Taf. 8–9*), die durch eine Bogenreihe arkadenartig geöffnet waren. Unter den aufgefundenen Steinen befinden sich zwei Fußblöcke von Pfeilern mit vorgelegtem Pilaster (C 22–23). Fünf Blöcke stammen vom oberen Pilasterende (C 24–28), wobei die Stoßfuge stets vertikal durch den Pilaster verläuft und ihn zerteilt. Eingeschnitten in die benachbarten Wandfelder ist immer eine halbe Bogenöffnung, deren Rahmung den Pilaster fast berührt. Die Entfernung zwischen Bogenöffnung und Pilasterkante liegt konstant zwischen 31 cm und 32 cm, was bei einer durchschnittlichen Pilasterbreite von 22 cm einen pfeilerförmigen Schaft von etwa 85 cm voraussetzt. Die oben angeführten Fußblöcke von Pfeilern mit vorgelegtem Pilaster haben in der Tat eine Frontbreite von 90 cm bzw. 83,5 cm (C 22. 23), was innerhalb des Spielraums der üblichen Maßabweichungen liegt. Die Bogenöffnungen haben einen Radius von durchschnittlich fast 45 cm, begleitet von einem durchschnittlich 29 cm breiten Rahmen. Die Steine C 22–28 gehören demnach zusammen und bilden eine Arkadenreihe mit Pilastergliederung, deren axialer Abstand etwa 175 cm betragen hat.

Abb. 8 Kleine Pilasterordnung. Anpassung von C 36 und C 38 an einer ausspringenden orthogonalen Ecke.

c) Pilaster treten auch an rechtwinklig ausspringenden Gebäudeecken auf (C 34–38 *Taf. 10; 29*), wobei an jeder Seite ein Pilaster angebracht ist. Aus dieser Position sind zwei Fußblöcke (C 34. 35), zwei Blöcke vom oberen Ende des Pilasterschaftes (C 36. 37) und ein Kapitellblock (C 38) erhalten. Wahrscheinlich gehören C 36 und C 38 zusammen, wie es *Abb. 8* zeigt. Die Pilaster in dieser Position haben dieselbe Form und Größe wie jene an Oktogon-Ecken und an geraden Wänden, so daß man mit einem komplexen Gebäude rechnen muß.

Außer der ausspringenden, mit Pilastern besetzten Ecke bietet der Fußblock C 34 den Ansatz einer im rechten Winkel einspringenden Ecke *(Abb. 9)*; die hier auftreffende, querverlaufende Wand hat dieselbe Ausrichtung wie der Wandteil an der kürzeren Blockseite und verläuft zu diesem im Abstand von 109 cm parallel. Bei den Blöcken C 36 und C 37 beträgt der Abstand zwischen

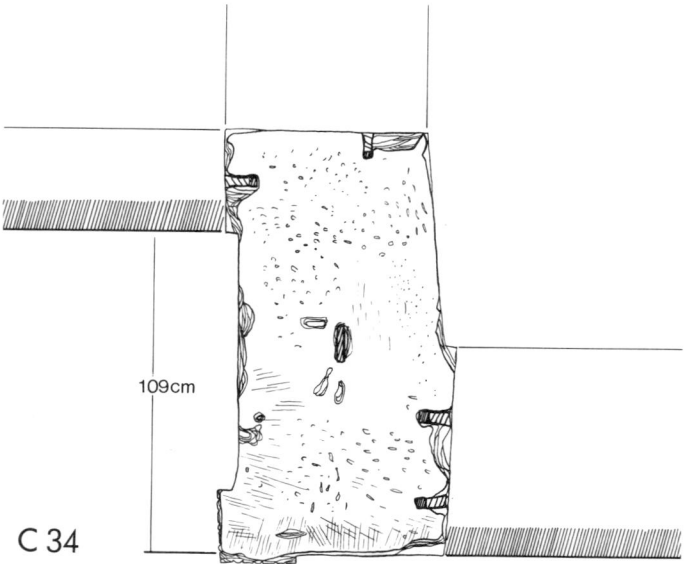

Abb. 9 Kleine Pilasterordnung. Block C 34 mit ausspringender und einspringender orthogonaler Ecke.

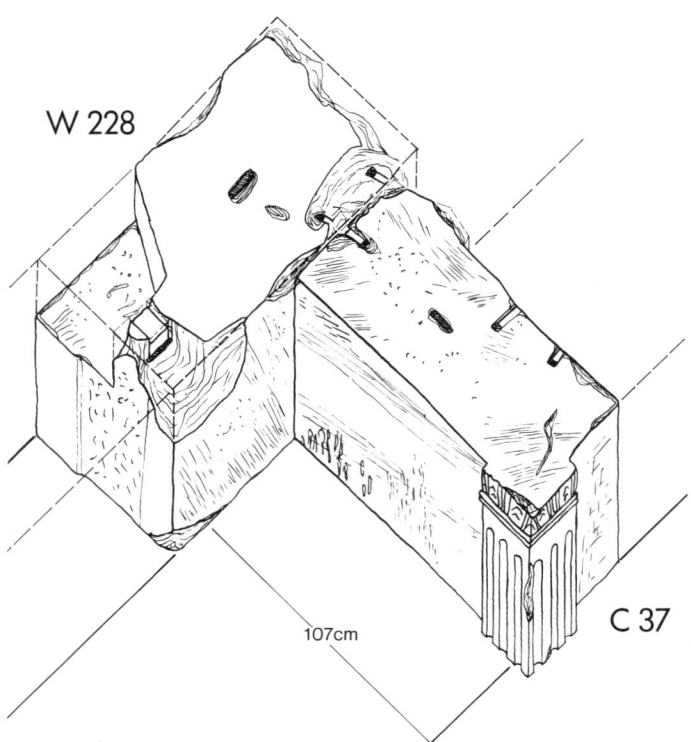

Abb. 10 Kleine Pilasterordnung. Anpassung eines Quaders an C 37 mit ausspringender und einspringender orthogonaler Ecke.

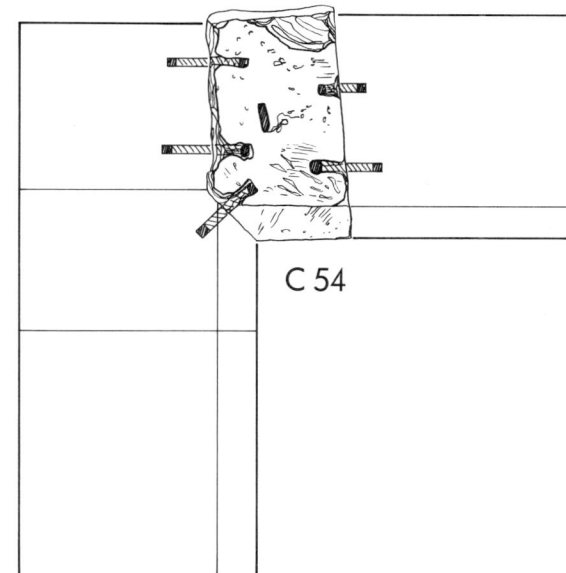

Abb. 11 Kleine Pilasterordnung. Architravblock C 54 an einspringender orthogonaler Ecke.

der kurzen Ansichtsseite und der gegenüberliegenden Stoßfuge ebenfalls 107 cm bzw. 109 cm, so daß sich das festgestellte Maß für die vortretende Pilasterecke dort wiederholt.

An C 37 konnte ich einen Wandquader anpassen *(Abb. 10)*, dessen lange Seite zur Hälfte auf Ansicht, zur Hälfte auf Anschluß gearbeitet ist. Beide Anschlußflächen sind leicht gebogen und im Oberlager von einer gemeinsamen Klammerbettung überspannt. Auch die Blockhöhe ist einheitlich. So wiederholt sich die an C 34 festgestellte einspringende Mauerecke an dieser Anpassung.

Ebenfalls von einer einspringenden Mauerecke stammt der Architravblock C 54, dessen Profil auf Gehrung geschnitten ist; im Oberlager wurde der Block über die einspringende Ecke hinweg mit dem Architravblock der benachbarten Wandseite verklammert *(Abb. 11)*.

In *Abb. 4* ist oben rechts eine rechtwinklig einspringende Ecke in der Nähe einer rechtwinklig ausspringenden Ecke eingezeichnet, womit die Position der Blöcke C 34–38. 54 in einem vielgestaltigen Gebäudekomplex veranschaulicht werden soll.

d) Der kleine Pilaster tritt außerdem am Übergang von einem oktogonalen zu einem orthogonalen Gebäudeteil auf, wo die Wandflächen nach *Abb. 4* unter einem Winkel von 157,5° aufeinander treffen.

Von einer Ecke mit dem Winkel von 157,5° stammen mit Sicherheit die Blöcke C 14 *(Taf. 6; 27,5)* und C 15 *(Taf. 7)*, wahrscheinlich auch C 16 *(Taf. 7)*. Sie gehören alle drei der Schicht mit dem oberen Pilasterende an; sie stimmen im Zuschnitt überein, wobei die Stoßfuge neben dem Pilaster senkrecht zur Pilasterstirn verläuft und die Wandfläche mit der Bogenöffnung (Radius einheitlich etwa 35 cm) gegenüber der Pilasterstirn um 157,5° abgewinkelt ist. Von der anderen Wandfläche findet sich an C 15 und C 16 ein kleiner Ansatz: diese Wand hatte dieselbe Ausrichtung wie die Pilasterstirn, war also – wenigstens bei C 15 – nicht gegen den Pilaster abgewinkelt, wie es an Oktogon-Ecken vorkommt. Wandfläche und Stoßfuge sind rechtwinklig zueinander angeordnet, wie es der Baugewohnheit entspricht. Man vergleiche dagegen B 7 *(Taf. 3)*, wo die Fuge ähnlich dicht am Pilaster verläuft: schließt dort ein rechtwinkliger Mauerquader an, so steht der Pilaster an einer Oktogon-Ecke, d. h. seine Stirn gegen beide Wandflächen um 157,5° abgewinkelt, bei den Blöcken C 14–16 jedoch nur gegen die eine Wandfläche.

Eine Bestätigung dieser Analyse gelang mit der gesicherten Anpassung des Bogensteins C 72 *(Taf. 12)* an den Bogen- und Pilasterstein C 14 *(Abb. 12)*. Im Oberlager überspannt eine Klammerbettung vorne die gemeinsame Fuge, hinten greift das einheitlich 18 cm tiefe Balkenlager in beide Steine so ein, daß die vordere Begrenzung auf einer Linie liegt. Die beiden Wandflächen bilden miteinander einen Winkel von 157,5°, wobei die Pilasterstirn dieselbe Ausrichtung hat wie die linke Wandfläche.

14 DIE ARCHITEKTURSYSTEME UND BAUTEILE

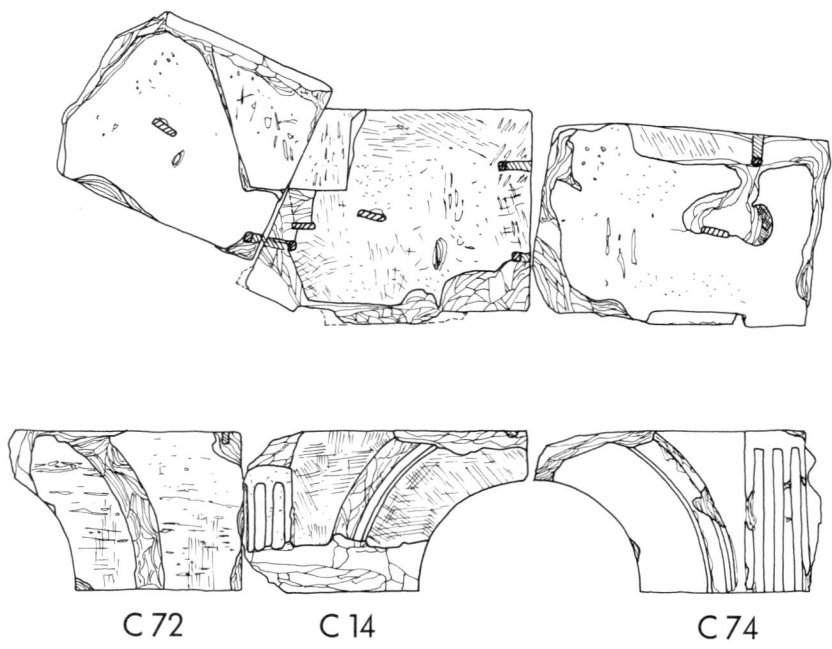

Abb. 12  Kleine Pilasterordnung. Anpassung von C 72, C 14, C 74.

Der Pilaster gehört also nicht an eine Oktogon-Ecke, sondern an den Übergang von einem oktogonalen zu einem orthogonalen Baukörper.

Damit sind die Positionen des Pilasters, die in der Kleinen Pilasterordnung auftreten, vorgestellt: es sind arkadenartig geöffnete Wandflächen, rechtwinklige Gebäudeecken, Oktogon-Ecken und Ecken mit einem Winkel von 157,5°. Es fällt auf, daß bisher im Gegensatz zur Großen Pilasterordnung kein Beleg für stumpfwinklig einspringende Gebäudeecken bekannt ist *(Abb. 4; 5)*, was ein Zufall in der Zusammensetzung des Fundmaterials sein kann.

### DIE BÖGEN

Die Bögen in der Kleinen Pilasterordnung haben verschiedene Größe und offenbar auch verschieden großen Abstand von den Pilastern: an einigen Pilasterblöcken schließt die Bogenrahmung an den Pilaster an (C 14. 24. 25 mit linker Bogenhälfte; C 15. 16. 26–28. 74 mit rechter Bogenhälfte), bei 17 weiteren Bogensteinen aber, die sich durch die übereinstimmende Rahmung der Bogenöffnung als Teile der Kleinen Pilasterordnung zu erkennen geben, folgt neben der Bogenrahmung eine glatte Wandfläche. Zehn Steine zeigen eine linke Bogenhälfte (C 57–66 *Taf. 12; 30,5*), sieben eine rechte Bogenhälfte (C 67–73 *Taf. 12*), während ein Block (C 75 *Taf. 12*) so dicht nebeneinander angeordnete Bögen hat, daß in diesem Fall auf die Pilastergliederung verzichtet werden mußte. In jedem Fall wird die Bogenöffnung gerahmt von einem etwa 20 cm breiten, glatten Streifen und einem etwa 10 cm breiten Profil, dessen Form auf *Taf. 8* dargestellt ist. Dieses Profil setzte sich in der nächstfolgenden Wandschicht fort (C 40–48 *Taf. 11; 30,1–3*), die auch den Architrav der Kleinen Pilasterordnung enthielt.

Die Bogenöffnung wurde jeweils von zwei Bogensteinen gebildet, von denen heute 27 Exemplare bekannt sind. Die Fuge liegt immer im Bogenscheitel, wo die Höhe des Steins auf einen niedrigen Steg zusammenschrumpft. Nur an 14 Blöcken ist der Steg bis zur Fuge hin erhalten; dort hat er eine Höhe von durchschnittlich 14 cm. Die geringste Steghöhe hat C 63 *(Taf. 12)* mit nur 8 cm.

Nur an diesen 14 Bogensteinen läßt sich die Bogenform exakt bestimmen. Bei der Aufstellung des Katalogs und bei der Nachprüfung mit Schablonen ergab sich nämlich eine vermutlich gewichtige Abweichung von der exakten, geometrischen Kreisform. In der folgenden Aufstellung bezeichnet der erste Wert die halbe Breite des Bogens, der zweite die Höhe des Bogens, der dritte die Abweichung der Höhe von der halben Breite:

## C KLEINE PILASTERORDNUNG

Linke Bogenhälften

| Stein | B. | H. | Diff. |
|---|---|---|---|
| C 14 | 35,5 | 37 | + 1,5 |
| C 24 | 45 | 44 | − 1 |
| C 25 | 45,5 | 44,5 | − 1 |
| C 57 | 39 | 42 | + 3 |
| C 60 | 40 | 39 | − 1 |
| C 61 | 35,5 | 38,5 | + 3 |
| C 63 | 43,5 | 45 | + 1,5 |
| C 64 | 42,5 | 45 | + 2,5 |
| C 65 | 40,5 | 45 | + 4,5 |

Rechte Bogenhälften

| Stein | B. | H. | Diff. |
|---|---|---|---|
| C 15 | 33 | 38 | + 5 |
| C 16 | 37 | 39 | + 2 |
| C 27 | 44 | 43 | − 1 |
| C 67 | 40 | 45,5 | + 5,5 |
| C 73 | 43 | 44 | + 1 |

Aus dieser Aufstellung geht hervor, daß die meisten Bögen überhöht sind, z. T. sogar sehr stark (C 15. C 65. C 67). Die konstante Verformung fordert eine Erklärung, da ja beim Zuschnitt der Steine mit jeweils einer Bogenhälfte die Möglichkeit bestanden hätte, Kreisbögen anzureißen und exakt auszuführen.

Bei den Bögen der Kleinen Pilasterordnung beginnt die Bogenöffnung im Vergleich mit einem exakten Kreisbogen zu steil, biegt auf halbem Weg stärker ein und geht von dort in einem flachen oder gedrückten Bogen hin zur Bogenmitte. Es entsteht auf diese Weise ein leicht überhöhter Bogen mit gleichwohl abgeflachtem Bogenscheitel.

Die beschriebenen Abweichungen vom geometrischen Kreisbogen betreffen sowohl die Bogenwölbung als auch die Bogenrahmung. Sie sind in der Tendenz durchaus einheitlich durchgeführt, nicht aber im Ausmaß. Dadurch erhält jeder Bogen eine individuelle Krümmung, was die Anpassungen (s. u.) erleichtert hat.

Überhöhung und Abflachung sehe ich im Zusammenhang mit der Überschneidung des Architravs durch die Pilasterkapitelle, nämlich als eine Steigerung der optischen Wirkung innerhalb der auf Unteransicht berechneten Architektur: wird der Bogenansatz gelängt und der Bogenscheitel gedrückt, so wirken die Bögen auf einen weit entfernten, untenstehenden Betrachter kreisrund.

Die meisten Bögen haben einen »Radius« von etwa 45 cm. Daneben kommen kleinere Bögen vor mit einem »Radius« zwischen 35 cm und 39 cm (C 14–18. 57. 60. 61. 74. 75). Zur Gruppe mit kleineren Bögen gehören alle drei Blöcke mit Pilaster an einer Ecke mit einem Winkel von 157,5° (C 14–16).

Die unterschiedliche Bogengröße ist auch an den Architravblöcken mit dem oberen Teil des Rahmenprofils (C 40–48 Taf. 11; 30,1–3) festzustellen. Diese Steine sind in der Regel trapezförmig zugeschnitten und verjüngen sich nach unten. Sie wurden demnach zwischen benachbarte, im Gegensinn trapezförmig zugeschnittene Architravblöcke eingehängt und bildeten einen scheitrechten Bogen, der den Druck auf die gefährdeten, stegförmigen Enden der Bogensteine verminderte oder ganz aufhob. Die Architravblöcke mit Bogenrahmung sind so bemessen, daß an ihrem Unterlager die äußere Grenze des Rahmenprofils gerade noch Platz findet.

Unter den Architravblöcken der Kleinen Pilasterordnung befinden sich acht (C 49–56 Taf. 11; 12; 30,4), die weder ein Pilasterkapitell (C 17–21. 29–33. 38) noch eine Bogenrahmung (C 40–48) aufweisen. Diese Blöcke sind in der Regel trapezförmig nach oben hin verjüngt und dürften ihren Platz zwischen den Kapitellblöcken und den Blöcken mit Bogenrahmung gehabt haben.

Die Kleine Pilasterordnung wurde oben abgeschlossen durch einen Fries und ein vorspringendes Gesims. Da sowohl ein Zahnschnittgesims (G 1–9) als auch zwei verschiedene Konsolengesimse (G 10–16; G 17–18) für den oberen Abschluß in Frage kommen, ist eine Zuordnung nicht sicher möglich. Die Frage wird jedoch später noch einmal aufgenommen[26].

### ZUSAMMENSETZUNGEN

Das Bild, das wir uns von der Kleinen Pilasterordnung machen können, wird wesentlich erweitert durch die folgenden Zusammensetzungen. Sie beruhen auf dem Vergleich aller Blockhöhen, Klammerbettungen, Stemmlöcher, Bogenkrümmungen, Krümmungen der Bogenrahmung und anderer Merkmale, ein arbeitsintensives Verfahren, das zeigen soll, daß mit dieser Methode nicht nur in der griechischen Präzisionsarchitektur[27], sondern auch in der römischen Provinzialarchitektur neue Aufschlüsse und Erkenntnisse zu erzielen sind. Von der Zusammensetzung der einen Gebäudeecke mit dem Winkel 157,5° (Abb. 12) wurde schon gesprochen. Ich wende mich nun den übrigen Anpassungen mit dem Ziel zu, die Wandbreiten zwischen den Pilastern und die Position der Bögen innerhalb der Wandflächen nach Möglichkeit zu bestimmen.

---

[26] Vgl. S. 33ff.
[27] Besonders eindrucksvoll ist die genaue Zusammensetzung des Westgiebel-Bodens am Zeus-Tempel von Olympia durch P. Grunauer, 25. Ber. Koldewey-Ges. 1969, 13ff. = Bonner Jahrb. 171, 1971, 114ff.

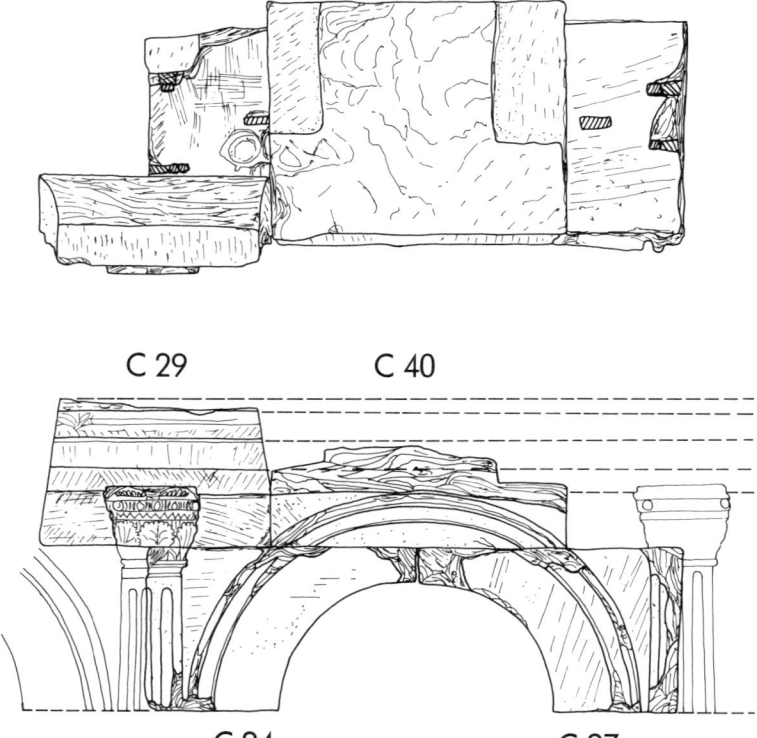

Abb. 13   Kleine Pilasterordnung. Anpassung von C 29, C 40, C 24, C 27.

Die Bogenhälften C 24 und C 27 *(Abb. 13)* schließen sich mit gleicher Steghöhe und gleicher Blocktiefe unverklammert aneinander. Setzt man den Architravblock C 40 mit seiner unteren linken Fuge auf das Stemmloch der linken Bogenhälfte, so ergibt sich im Bogenprofil eine vollkommene Übereinstimmung des Rahmenprofils. Damit ist zum ersten Mal eine Wandfläche in ihrer Gesamtbreite aus originalen Teilen wieder greifbar. Der axiale Abstand der Pilaster beträgt 175 cm, die Bogenweite 90 cm. Über dem linken Pilaster findet das Kapitellfragment C 29 seinen Platz, das rechts an den Architrav C 40 anschließt und mit seiner Kapitellmitte genau bis über die Pilastermitte reicht. Außerdem liegt die erste Architravfaszie bei beiden Blöcken in derselben Höhe und hat denselben Vorsprung vor die Wand.

Zwei weitere Bogenhälften, C 64 und C 72, konnten durch die Stemmlöcher im Oberlager beider Steine mit dem Architravblock C 43 verbunden werden *(Abb. 14)*, wobei das zerstörte Rahmenprofil des Bogens, das eine unregelmäßige Krümmung hat, die Zusammengehörigkeit sichert. Die Bogenöffnung ist in diesem Fall 92 cm breit; die äußeren Grenzen der Bogensteine liegen 199,5 cm auseinander, ohne daß ein Pilaster auftritt.

Diese Zusammensetzung ist deshalb von besonderer Bedeutung, weil der rechte Bogenstein C 72 bereits mit dem Pilaster- und Bogenstein C 14 verbunden werden

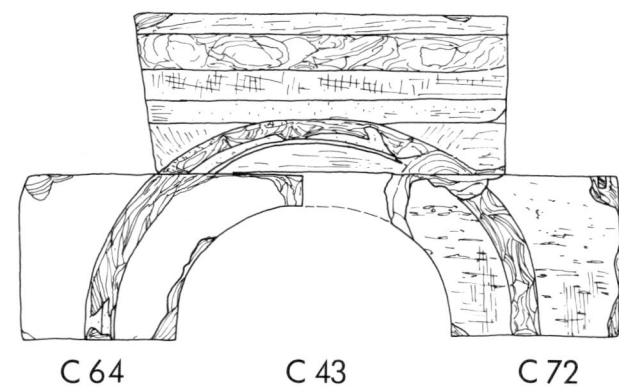

Abb. 14   Kleine Pilasterordnung. Anpassung von C 43, C 64, C 72.

## C KLEINE PILASTERORDNUNG

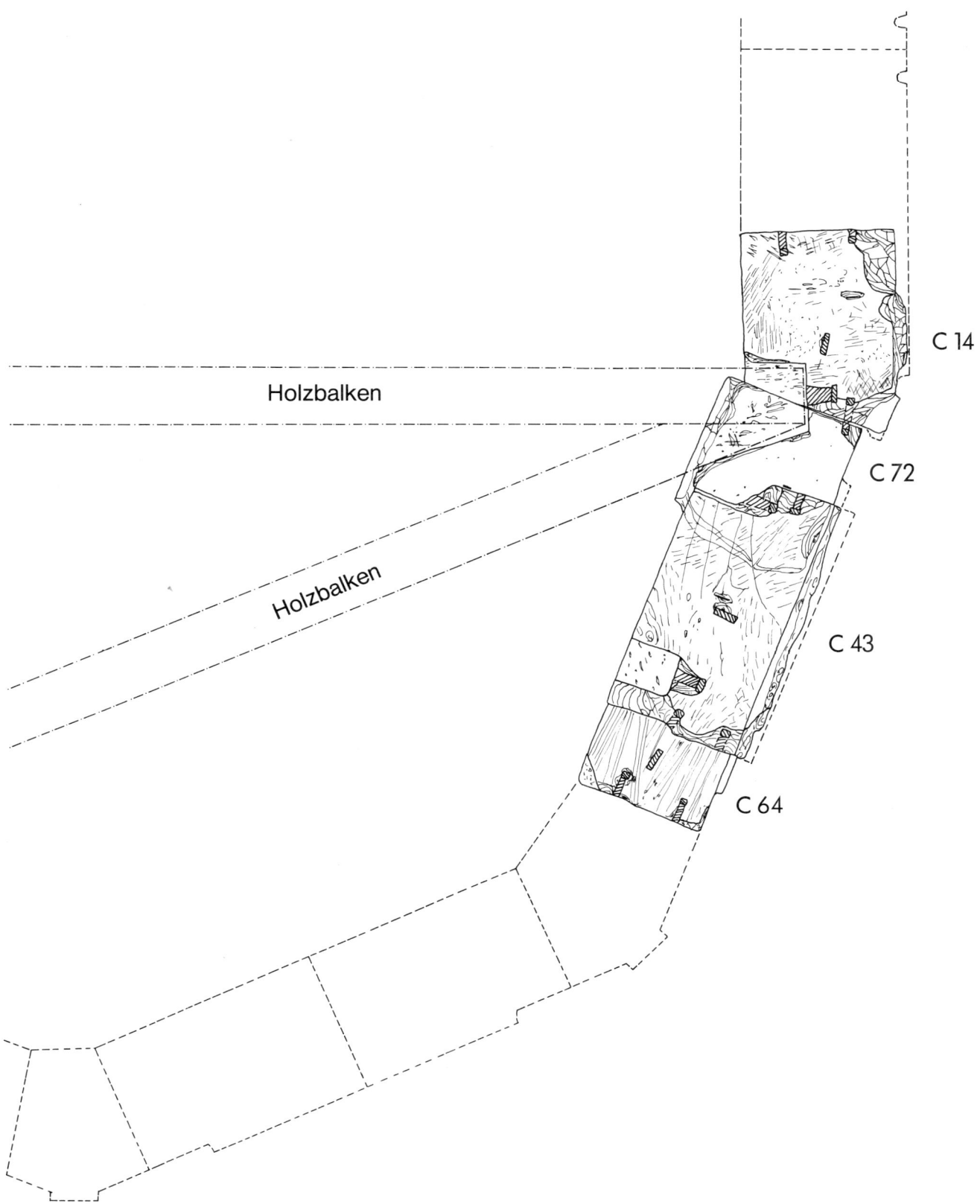

Abb. 15  Kleine Pilasterordnung. Der Übergang zwischen oktogonalem und orthogonalem Gebäudeteil durch Anpassung der Blöcke C 43, C 64, C 72, C 14.

konnte *(Abb. 12)*. Wir überschauen jetzt einen längeren Abschnitt der Kleinen Pilasterordnung *(Abb. 15)*.

Da es sich, wie schon gezeigt[28], um den Übergang vom oktogonalen zum orthogonalen Gebäudeteil handelt, fällt zunächst auf, daß die Entfernung der Bögen vom Pilaster nicht gleich groß ist. Die Frage stellt sich nun, welche Seite zum oktogonalen, welche zum orthogonalen Gebäudeteil gehört. Ein Blick auf die Pilasterblöcke von Oktogon-Ecken (C 1–13 *Taf. 5–6*) zeigt, daß alle diese Ecksteine verklammert waren mit Nachbarblöcken rechts und links, was bedeutet, daß Bogenöffnungen stets eine erhebliche Distanz zu den Oktogon-Ecken einhielten, nämlich mindestens eineinhalb Blockbreiten. Im Gegensatz dazu sind alle Bogenöffnungen an geraden Wänden (C 22–28 *Taf. 8–9*) immer so dicht an die Pilaster herangerückt, daß die Bogenrahmung den Pilaster fast berührt und der Wandteil unterhalb der Bogenkrümmung wie ein Pfeiler aussieht. In *Abb. 15* muß daher die linke Hälfte mit den Steinen C 43. 64. 72 und mit dem Pilaster von C 14 auf der ersten Wandseite des oktogonalen Baukörpers plaziert werden.

Diese Einordnung ergibt sich auch aus dem Balkenlager, das in die Blöcke C 14 und C 72 eingehauen ist. Sein rechter Rand läuft senkrecht auf die Front des rechteckigen Gebäudeteiles zu, sein linker Rand jedoch steht diagonal zur ersten Wandseite des oktogonalen Gebäudeteils. Hier trafen sich also zwei Balkenköpfe; der eine Balken überspannt rechtwinklig das rechteckige Gebäude, der andere läuft senkrecht auf die vierte Oktogon-Seite zu. Da es allen Baugewohnheiten widersprechen würde, ein rechteckiges Gebäude mit einer diagonal verlaufenden Balkendecke auszustatten, beweist auch die Form dieses Balkenlagers, daß die linke Hälfte des Ensembles in *Abb. 15* die erste Oktogon-Seite ist.

Die Mitte der Bogenöffnung in der ersten Oktogon-Seite ist 123 cm von der 157,5°-Ecke entfernt; in diesem Wert ist die gesamte Pilasterbreite enthalten, weil der Pilaster nach seiner Ausrichtung der Oktogon-Seite zuzurechnen ist. Seine Position stimmt dabei genau mit jener überein, die der Pilaster B 12 in der Großen Pilasterordnung hatte[29] *(Abb. 5)*.

Eine weitere Zusammensetzung war möglich mit der Oktogon-Ecke C 12 und dem Bogenstein C 62 *(Abb. 16)*. Höhe, Tiefe und Lage der Klammerbettungen stimmen überein. Bei einer halben Bogenseite von 47 cm liegt die Bogenmitte 166 cm weit von der Oktogon-Ecke bzw. der mittleren Pilasterkannelur entfernt.

Ebenso läßt sich die Oktogon-Ecke C 13 an den Bogenstein C 63 bei übereinstimmender Höhe, Tiefe und Lage der Klammerbettung anpassen *(Abb. 17)*. In diesem Fall liegt die Mitte des Bogens bei einer halben Bogenweite von 43 cm nur 141 cm weit von der Oktogon-Ecke entfernt.

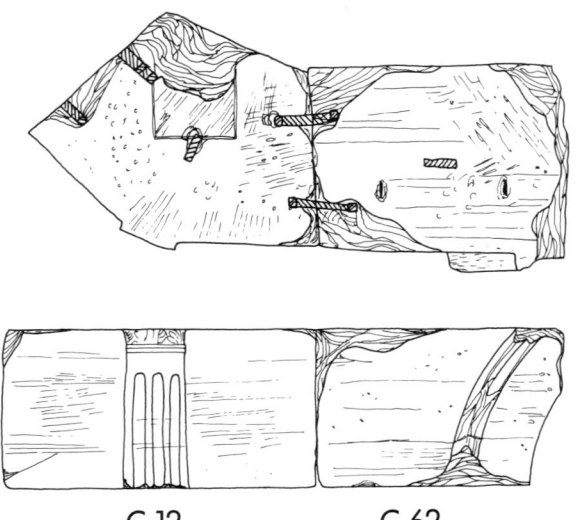

Abb. 16   Kleine Pilasterordnung. Anpassung von C 12 und C 62.

In der Architravzone ließen sich drei Blöcke aneinanderfügen *(Abb. 18)*: der Kapitellblock C 17 von einer Oktogon-Ecke, der Architravblock C 49 ohne Kapitell und ohne Bogenrahmung und der Architravblock C 45 mit dem oberen Teil des Bogenrahmens. Für diese Zusammensetzung spielte neben den gemeinsamen Klammerbettungen vor allem der trapezförmige Zuschnitt der Blöcke, das gemeinsame Balkenlager in C 49 und C 45 sowie die Lage der Architravfaszien eine Rolle. Wegen der Beschädigung des Kapitellblocks ist seine Zugehörigkeit nicht jedem Zweifel entzogen. Falls er aber an C 49

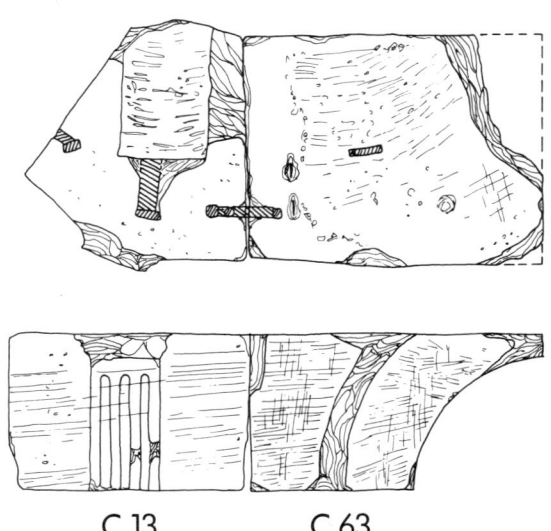

Abb. 17   Kleine Pilasterordnung. Anpassung von C 13 und C 63.

[28] Vgl. S. 13f.
[29] Vgl. S. 8.

C KLEINE PILASTERORDNUNG

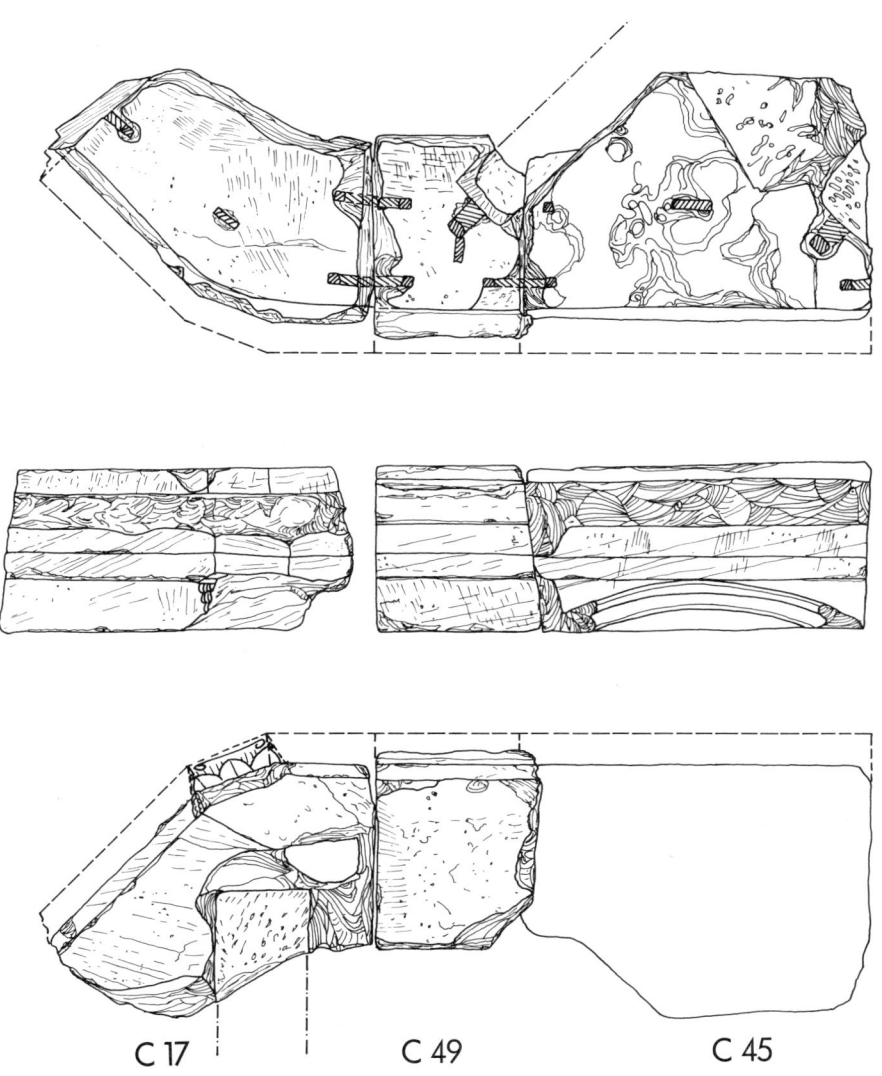

Abb. 18 Kleine Pilasterordnung. Anpassung von C 17, C 49, C 45.

anschloß, ist die Entfernung der Bogenmitte von der Oktogon-Ecke mindestens 158 cm groß.

Von einer Oktogon-Ecke stammen die Blöcke C 10 und C 19 *(Abb. 19)*, die übereinander angeordnet waren. Parallel zur linken Fuge ist auf dem unteren Block die Lage des oberen angerissen; setzt man den oberen auf, so ergibt sich ein übereinstimmender Pilasterkontur. Charakteristisch für beide Steine ist der etwas schief sitzende Pilaster, der sich stärker zur linken Wandseite hinwendet als zur rechten, vgl. *Taf. 6 und 8*.

Damit sind alle Zusammensetzungen vorgeführt, die mir in der Kleinen Pilasterordnung gelangen. Es ist nicht ausgeschlossen, daß mir trotz intensiver Suche einige weitere entgangen sind: da als Beweis für eine Anpassung fast immer die übereinstimmende Lage der Klammerbettungen angeführt wurde, können sich z. B. unter den Steinen mit ausgebrochenen Kanten noch zusammengehörige befinden.

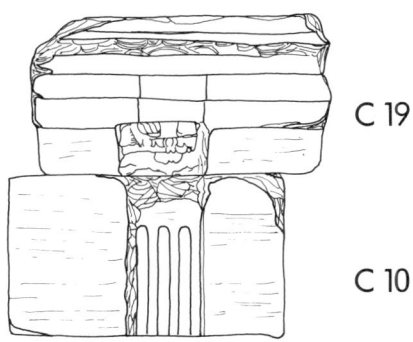

Abb. 19 Kleine Pilasterordnung. Anpassung von C 10 und C 19.

## Breite der Wandfelder

Erst die Zusammensetzungen bieten die Möglichkeit, die Breite der Oktogon-Seiten und die Gestalt des Gebäudes zu ermitteln.

Ausgangspunkt für diese Überlegungen ist das Ensemble in *Abb. 15*. Von der ersten Oktogon-Seite ist ein Abschnitt von 220,5 cm Länge zu überblicken, doch fehlt noch die linke Begrenzung durch einen Eckblock mit Pilaster. Der schmalste Eckblock (C 11. 13 *Taf. 6*) würde die Oktogon-Seite auf 255 cm Länge vervollständigen, der breiteste (C 12 *Taf. 6*) auf 278 cm, wenn wir nur die Eckblöcke mit oberem Pilasterende in Betracht ziehen. Es ist klar, daß die Mitte des Bogens, die von der rechten Ecke nur 123 cm entfernt ist, nicht in der Mitte des Wandfeldes gelegen haben kann, sondern außermittig, zur rechten Seite hin verschoben.

Bei den anderen Zusammensetzungen beträgt der Abstand von Oktogon-Ecke zu Bogenmitte einmal 141 cm, einmal 164 cm und einmal mindestens 158 cm. Diese scheinbar unregelmäßigen Abstände fügen sich in eine Ordnung, wenn man die extremen Werte mit dem mittleren Wert in Beziehung setzt wie folgt:

$$120 + 160 = 2 \times 140 = 280$$

Diese Gleichung bedeutet, daß die beiden Teilstrecken von der Bogenmitte zur Gebäudeecke jeweils eine Oktogon-Seite von zusammen 280 cm Breite ergeben. Steht der Bogen mittig in der Wandfläche, so sind beide Abstände von der Bogenmitte zu den Oktogon-Ecken 140 cm groß, steht der Bogen außermittig, so ist der eine Abstand 120 cm, der andere 160 cm.

Aus der Zusammensetzung *Abb. 18* ergibt sich jetzt, daß Architravblöcke wie C 49, die zwischen dem Eckblock mit Kapitell und dem Architravblock mit Bogenrahmung ihren Platz haben, nur in solchen Oktogon-Feldern auftreten können, deren Bogen außermittig angebracht ist[30]. Es sind die Steine C 49–53 und C 55 (*Taf. 11–12*). Sie beweisen, daß mindestens fünf Oktogon-Seiten außermittig angeordnete Bogenöffnungen hatten. Zwei dieser Architravblöcke haben außerdem diagonal verlaufende Balkenlager (C 49. 53), die nur im oktogonalen Gebäudeteil auftreten können.

Aus den Architravblöcken läßt sich umgekehrt nicht ablesen, wieviele Oktogon-Seiten mittig angeordnete Bögen hatten: ist bei einem Kapitell nämlich die eine Stoßfuge trapezförmig nach oben hin verjüngt wie bei C 20 (*Taf. 8*), um einen Architravblock mit Bogenrahmung aufzunehmen, so kann erst eine wirkliche Anpassung zeigen, ob die Bogenmitte 120 cm oder 140 cm von der Oktogon-Ecke entfernt war.

Alle Zusammensetzungen deuten auf Oktogon-Seiten von ungefähr 280 cm Breite hin. Der Steinschnitt aller bisher geborgenen Blöcke, auch jener, die in den Zusammensetzungen nicht verwendet werden konnten, beweist ein Architektursystem, wie es in *Abb. 20* dargestellt ist. Es gibt keinerlei Hinweise dafür, daß in einer Oktogon-Seite mehr als ein Bogen untergebracht war. Es müßten sich nämlich dann Pilasterblöcke finden, die nicht an Oktogon-Ecken angebracht und dennoch auf Anschluß an einen der Bogensteine C 57–72 gearbeitet sind. Solche Bausteine existieren aber nicht.

Der Übergang zwischen 280 cm breiten und 175 cm schmalen Wandfeldern fällt dagegen mit dem Übergang vom oktogonalen zum orthogonalen Gebäudeteil zusammen, wie es *Abb. 20* zeigt. Aus der Breite der Oktogon-Seiten und dem Winkel von 157,5° am Übergang läßt sich die halbe Diagonale im Achteck mit 366 cm errechnen. War dem rechteckigen Gebäude ein halbes Oktogon angegliedert, so betrug die Gebäudebreite in der Kleinen Pilasterordnung theoretisch 732 cm.

In der Teilrekonstruktion sind einige durch die Zusammensetzungen fest bezeugte Teilstücke schraffiert hervorgehoben: links eine Oktogon-Seite mit mittigem Bogen, anschließend eine Oktogon-Seite mit nach rechts versetztem Bogen und Anschluß an das Rechteckgebäude, rechts zwei Bogenöffnungen unterschiedlicher Größe in den Wandfeldern des Rechteckgebäudes.

## Erschliessbare Baukörper

Versucht man, sich ein Bild vom Umfang der antiken Baumaßnahme zu machen, für die die Kleine Pilasterordnung verwendet wurde, und geht dabei von einem Rechteckgebäude aus, an das ein halbes Oktogon anschließt (*Abb. 4*), so zeigt bereits der heute vorliegende Bestand an Bausteinen, daß es mindestens drei gleichartige Gebäude gegeben hat.

Bei einem Rechteckgebäude mit halbem Oktogon erlaubt der Grundriß nur drei Oktogon-Ecken; es sind aber acht bekannt (C 2–9 *Taf. 5–6*), die aus der Wandschicht mit dem Übergang von gefüllten zu offenen Kanneluren stammen. An einem solchen Gebäude kommen nur zwei Ecken im Winkel von 157,5° vor, doch haben wir bereits drei dieser Eckstücke (C 14–16 *Taf. 6–7*). Wenn von den vier Wandflächen des halben Oktogons zwei einen mittigen Bogen hatten, die beiden anderen einen außermittigen Bogen, so müssen die fünf einfachen Architravblöcke C 49–53. 55 (*Taf. 11–12*) von drei Rechteckbauten mit halbem Oktogon stammen.

---

[30] Im rechteckigen Gebäudeteil können allerdings auch Wandflächen ohne Bogenöffnungen vorgekommen sein und folglich auch Architravblöcke ohne Bogenrahmenprofil. An solchen geschlossenen Wandpartien sind jedoch vertikale Stoßfugen zu erwarten.

C KLEINE PILASTERORDNUNG

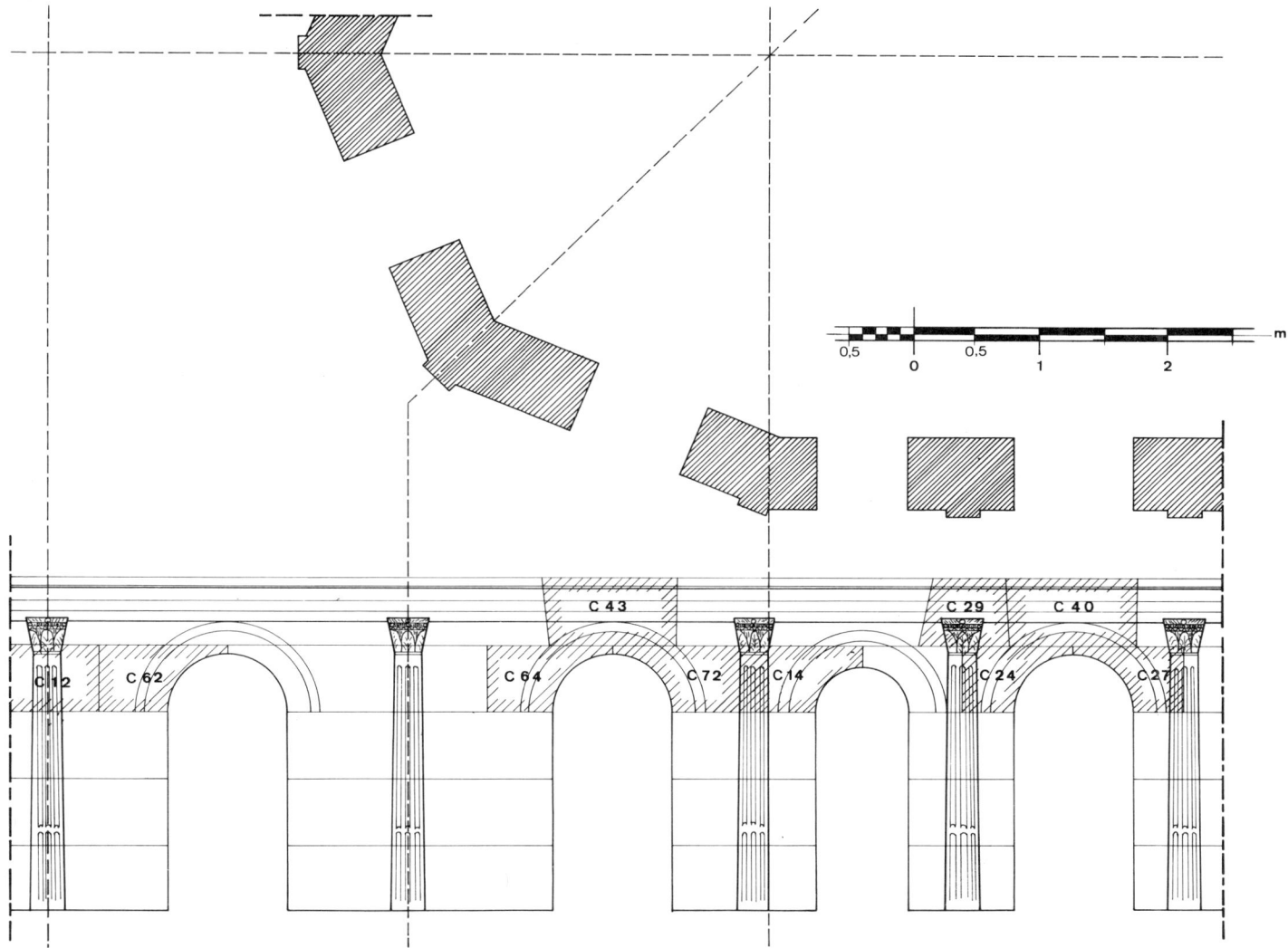

Abb. 20   Kleine Pilasterordnung. Teilrekonstruktion unter Verwendung der Zusammensetzungen. Dargestellt ist der halbe Umfang des oktogonalen Gebäudeteils und die ersten Joche des orthogonalen Gebäudeteils.

Aus diesem Grunde ist es unumgänglich, die durchaus einheitliche Kleine Pilasterordnung nach ihrem Bauumfang zu den größeren Bauaufgaben des Mainzer Doppellagers zu zählen.

Es wurde nicht versucht, das vorhandene Material, das – wie schon bemerkt – nur etwa 12% des Spolien-Fundaments darstellt[31], auf die drei oder vier zu erschließenden Rechteckgebäude mit halbem Oktogon zu verteilen. Für das Architektursystem ist eine solche Aufteilung nämlich nur dann von Interesse, wenn sich in der Anwendung des Systems an verschiedenen Gebäuden unterschiedliche Ausprägungen ergeben. Das vorliegende Material bietet jedoch keine Hinweise darauf, daß es sich um ein beliebig kombinierbares Fassadenmotiv handelte, das bei unterschiedlichen Grundrißformen hätte angewandt werden können.

BALKENDECKEN

Möglicherweise ausgenommen von dieser Feststellung ist die Anordnung der beiden Balkendecken in den einzelnen Baukörpern. Es mag sich zwar um spiegelbildliche Entsprechungen handeln, doch reicht der erhaltene Bestand nicht aus, diese Frage abschließend zu klären.

Balkenlager finden sich sowohl in der Wandschicht mit dem oberen Pilasterende, vom Oberlager her eingetieft, als auch in der Wandschicht mit Architrav, hier aber sowohl im Oberlager wie im Unterlager. Der Kapitellblock von einer Oktogon-Ecke C 20 *(Taf. 8)* zeigt beispielsweise oberes und unteres Balkenlager, woraus her-

[31] Vgl. S. 2.

vorgeht, daß die obere Balkendecke auf der unteren aufgelegen hat oder sogar mit ihr verzahnt war.

Die Balkenlager der unteren Balkendecke greifen 17 cm bis 24 cm tief in die Oberlager ein (C 12–14. 24. 59. 64. 72. 73). Nur zweimal ist ihre Breite meßbar: 27,5 cm bei C 12 und 28 cm bei C 13 *(Taf. 6)*. Da das Balkenlager von C 12 nur angerissen, aber nicht ausgeführt wurde, muß 27,5 cm die Mindestbreite der unteren Balkenlager gewesen sein.

Der obere Teil der Balkenlager für die untere Balkendecke findet sich in der Unterseite der Architravblöcke (C 17. 20. 21. 31. 50. 52. 56), mit einer Ausnahme (C 50) durchschnittlich 18 cm hoch und in den drei meßbaren Exemplaren C 17. 20. 21 durchschnittlich 30,5 cm breit. Bei den deckenden Blöcken wurde also für die Breite zusätzlich ein Spielraum von 3 cm eingeräumt. Rechnet man mit einem ähnlichen Spielraum für die Höhe, so waren die Balken in der unteren Balkendecke wohl knapp 27 cm breit (fast 1 römischer Fuß) und rund 36 cm hoch (1 ¼ römischer Fuß).

Die erwähnte Ausnahme in C 50 betrifft zwei Balkenlager, die im Architravblock von unten her 37 cm und 40 cm hoch reichen und damit die festgestellte Balkenhöhe bestätigen. An diesem Block beträgt die Entfernung der beiden Balkenlager voneinander, die sonst nirgends direkt meßbar ist, 75 cm.

Es versteht sich, daß im rechteckigen Gebäudeteil sämtliche Balken der unteren Balkendecke senkrecht auf die Außenwand zulaufen. Im halben Oktogon beweist die Zusammensetzung *Abb. 15* eine Balkenrichtung, die um 22,5° von der parallelen Anordnung im Rechteckteil abweicht. Das bedeutet aber, daß im oktogonalen Teil die Balken zu einer Oktogon-Seite parallel, zu einer anderen senkrecht und zu den beiden übrigen diagonal verliefen. In *Abb. 21* ist die untere Balkendecke in dieser Weise dargestellt.

Von der oberen Balkendecke im Oberlager der Architravblöcke wurden bisher 18 Balkenlager in 13 Blöcken festgestellt. Ihre Tiefe liegt zwischen 30 cm (C 33) und 49 cm (C 41), durchschnittlich bei 38 cm. Aus der Lage der zur Verankerung des Balkenkopfes vorgesehenen starken Klammerbettungen geht hervor, daß die Balken der oberen Balkendecke nicht die ganze Höhe ihrer Lager ausfüllten, sondern nur 23 cm bis 25 cm hoch waren. Die Balkenlager sind durchschnittlich 22 cm breit, wobei der niedrigste Wert von 20 cm dreimal nachzuweisen ist.

Die Balken der oberen Decke waren also mit etwa 20 × 24 cm schwächer als die der unteren Balkendecke.

Sind in einem Block für die obere Balkendecke zwei Balkenlager eingeschlagen, so laufen sie immer parallel zueinander. Ihr Abstand reicht von 52 cm (C 46) über 58 cm (C 40), 62 cm (C 47), 65 cm (C 45) bis 75 cm (C 43), war also nicht konstant.

Aus der Zusammensetzung *Abb. 15* geht hervor, daß im oktogonalen Gebäudeteil die obere Balkendecke um 45° gegenüber der unteren Balkendecke versetzt war. Ob sich diese Anordnung in allen Oktogon-Teilen wiederholte, ist unbekannt. In *Abb. 22* wurde versuchsweise die obere Balkendecke zusammen mit der unteren Balkendecke dargestellt.

ZUSAMMENFASSUNG

Damit ist die Kleine Pilasterordnung im wesentlichen beschrieben. Sie stellt sich dar als eine mehrfach wiederholte Kombination von Rechteckbau mit angegliedertem halbem Oktogon, ausgestattet mit zwei starken Balkendecken, in den Wandfeldern geöffnet durch Bögen, die bis auf den Boden herabreichen, und gegliedert durch einfache Pilaster mit kompositen Kapitellen.

Es bleibt noch zu erwähnen, daß drei Architravblöcke der Kleinen Pilasterordnung auf der unbearbeiteten Rückseite Steinbruchmarkierungen der Legio I Adiutrix tragen (C 51. 54. 55 *Taf. 11–12*), Markierungen, die in ganz ähnlicher Form auch am Sockel (A 6), in der Großen Pilasterordnung (B 2. 20. 21 *Taf. 4*) und an Gesimsblöcken (G 7. 10. 17 *Taf. 22*) auftreten. Sie datieren diese Architektursysteme in flavische Zeit.

Außer diesen zehn Steinbruchmarkierungen auf Blöcken, die sich durch ihre besondere Profilierung oder sonstige Bearbeitung einem bestimmten Architektursystem zuweisen lassen, sind mir 16 weitere Blöcke mit entsprechenden Markierungen bekannt, von denen einige wahrscheinlich zur Kleinen Pilasterordnung gehören werden: dieses Architektursystem ist im Fundmaterial mit den meisten Steinen vertreten. Andere Blöcke gehören sicher nicht zu den hier behandelten Architektursystemen, so die Kämpferblöcke (W 137. W 178. Bü 27 *Taf. 23*) und die Steine anderer Legionen.

Ich nehme die Gelegenheit wahr, sämtliche Steinbruchmarkierungen auf *Taf. 23* vorzustellen; nur die Markierung auf B 21 fehlt dort, weil sie in der zeichnerischen Aufnahme des heute verschollenen Blocks durch Schmidt nur erwähnt, aber nicht gezeichnet wurde[32].

Sofern eine Identifizierung der heute vorliegenden Markierungen mit den Angaben im CIL XIII zweifelsfrei ist, habe ich es vermerkt. Von den 16 dort angeführten Markierungen sind nur drei heute nicht mehr nachweisbar (CIL XIII 6848, c. f; 11842). Weitere sieben sind so summarisch beschrieben, daß die Eintragungen auf mehrere der auf *Taf. 23* wiedergegebenen Marken bezogen

---

[32] Aus drucktechnischen Gründen findet sich die Tabelle mit den Erläuterungen zu *Taf. 23* auf S. 96.

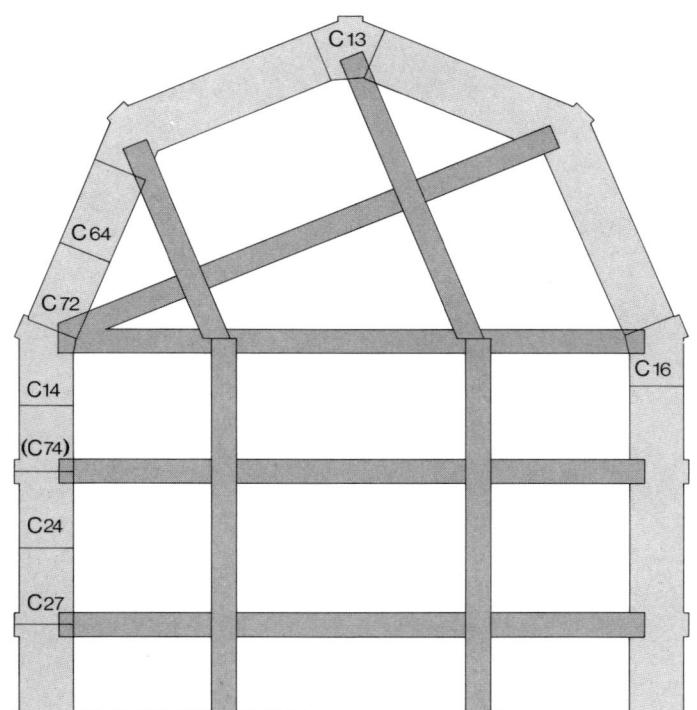

Abb. 21 Kleine Pilasterordnung. Vorschlag für die untere Balkendecke.

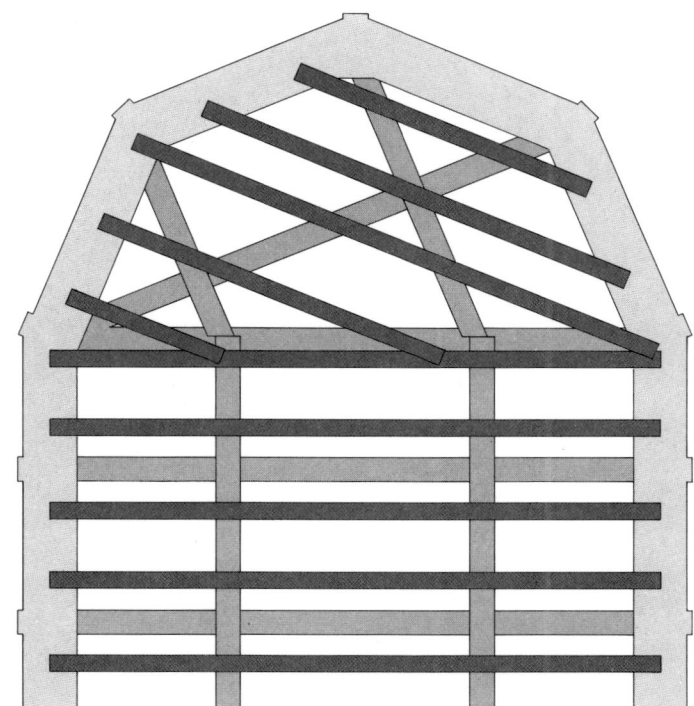

Abb. 22 Kleine Pilasterordnung. Vorschlag für die obere Balkendecke; darunter die untere Balkendecke.

werden können (CIL XIII 6848; 6848 a. b. e; 11838 a. b. d). Die vier Nachträge zum CIL XIII, der letzte im Ber. RGK 58, 1977 (1978) 477ff. veröffentlicht, erwähnen Steinbruchmarkierungen nicht; auch die Inschriftenfunde der Stadtmauergrabung von 1973 sind in den 4. Nachtrag noch nicht eingegangen.

Daß die Markierungen bereits im Steinbruch eingehauen wurden, nicht erst bei der Errichtung der Gebäude, geht daraus hervor, daß sie zumeist auf der nicht mehr überarbeiteten Rückseite der Steine und außerdem fast immer kopfstehend anzutreffen sind. Es wird sich um Besitzvermerke handeln, die einst im Steinbruch zum Abtransport vorbereitetes Baumaterial kennzeichneten. Durch diese Marken, die neben der Legionsbezeichnung gelegentlich auch die Centurie umfassen, ist zumindest die Materialbeschaffung für den steinernen Ausbau des Mainzer Legionslagers in die Zeit zwischen 70 und 83/86 n. Chr. datiert, als die Leg. I Adiutrix in Mainz stand.

## D ORDNUNG DER OKTOGON-PFEILER (D 1–D 18) *Taf. 13–14*

Unter den Fundstücken aus der spätrömischen Stadtmauer von Mainz befinden sich Teile von Kompositstützen, die als Eckstücke eines oktogonalen Gebäudes hier Oktogon-Pfeiler genannt werden.

Es sind vier Basisblöcke (D 1–4 *Taf. 13; 31,1–3*), drei Schaftstücke (D 5–7 *Taf. 13; 31,1.4.5*) und drei Kapitellblöcke (D 8–10 *Taf. 13; 32,1–6*) vorhanden. Diesen Steinen schließen sich Wandquader mit Teilen von Oktogon-Pfeilern an, und zwar ein Basisblock (D 11), vier Schaftstücke (D 12–15) und drei Kapitellblöcke (D 16–18 *Taf. 14; 33,1–6*). Unsicher ist, ob die Architrave G 19–23 zur Ordnung der Oktogon-Pfeiler gehören[33].

Die Grundform des Pfeilers ist fünfeckig. Die beiden Frontteile bilden einen stumpfen Winkel miteinander, der unterschiedlich groß ist und an den zehn erhaltenen Exemplaren zwischen 126,5° und 145° liegt, im Durchschnitt aber 136° mißt. Damit liegt wohl der Oktogon-Winkel von 135° vor.

Der Pfeiler bildet keine eigene Basis und kein eigenes Kapitell aus. Er scheint sich nicht verjüngt zu haben, soweit die Durchschnittswerte einen Schluß erlauben.

Die stumpfe Frontecke des Pfeilers wird von einem Pilaster eingenommen, der wie in den beiden Pilasterord-

---

[33] Vgl. S. 35 *Abb. 29–30*.

nungen die Ecke bricht. Der Pilaster hat drei Kanneluren, die im unteren Teil des Schaftes mit Rundstäben gefüllt sind, sich dann öffnen und eine Handbreit unter dem Kompositkapitell halbrund schließen.

Das Pilasterkapitell besteht wie in der Kleinen Pilasterordnung aus einem dreiblättrigen Blattkranz vor vertikal gestreiftem Kalathos, Kerbschnittband, Eierstab und schräg geriefeltem Abacus. In der Zone des Eierstabs sind an den Ecken kleine Voluten untergebracht.

Der Pilaster hat weder Basis noch Plinthe, womit er eine Eigentümlichkeit der beiden Pilasterordnungen wieder aufnimmt. Seine Kannelierung läuft teils eine Handbreit über dem Boden aus (D 1. 3 *Taf. 13*), teils setzt sie sich bis zur Standfläche fort (D 4 *Taf. 13*).

Der Pilaster ist am Fuß durchschnittlich 27 cm breit, unter dem Kapitell noch 20,5 cm. Da der Pilaster der Oktogon-Pfeiler ebensoviele Kanneluren und dieselben Kapitellelemente hat wie jener der Kleinen Pilasterordnung, scheint er diesem gegenüber nur eine stärkere Verjüngung und dementsprechend eine etwas größere Höhe gehabt zu haben. Durch den neugefundenen Block D 18 (*Taf. 14; 33,5.6*), der neben einem Säulenkapitell eines Oktogon-Pfeilers ein Pilasterkapitell der Kleinen Pilasterordnung zeigt, läßt sich die tatsächliche Höhendifferenz mit 40 cm bestimmen.

Die Seiten des Pfeilerkerns stehen zu den Pfeilerfronten annähernd rechtwinklig, doch schwanken auch hier die Werte beträchtlich zwischen 86° und 102,5°. Trotz aller Unregelmäßigkeiten zeichnet sich die Tendenz ab, die mit Säulen besetzten Pfeilerseiten stärker nach außen zu wenden als es das geometrische Grundmuster gestattet.

Die Pfeilerseiten sind 57,5 cm bis 65,5 cm breit und treffen stumpfwinklig auf die Rückseite des Pfeilers. Hier ist der Pfeiler noch 21 cm bis 26 cm breit und – wenn nicht durch Bruch zerstört – leicht gekehlt *(Taf. 13)*.

An die beiden Pfeilerseiten schließen unkannelierte Säulen an, die auf ionisch-attischen Basen mit Plinthe stehen und von einem Kompositkapitell bekrönt werden. Die Plinthen entwickeln sich übergangslos aus dem Pfeilerkern. Die Profilierung der Basen ist grob und zum Teil nicht zu Ende geführt *(Taf. 31,2.3)*.

Der Säulendurchmesser über der Basis ist 31 cm bis 37 cm, unter dem Kapitell 26 cm bis 32 cm groß. Die Säulen verjüngten sich also ähnlich wie die Pilaster.

Das etwa 40 cm hohe Säulenkapitell wird von einem einzigen Blattkranz bestimmt, der aus fünf oder aus sechs Blättern gebildet ist. Die Blätter ähneln denen der Pilaster, sind aber etwas fleischiger und etwas stärker unterschnitten. Über dem Blattkranz liegt ein Astragal aus meist nur runden Perlen; einmal kommen auch längliche Perlen vor (D 17 *Taf. 14; 33,4*). Darüber folgt ein Eierstab und der Abacus. Die Voluten streben auf blockartigen Helices diagonal nach außen. Einmal tritt zur Volute noch ein knopfförmiges Ornament (D 16 *Taf. 14; 33,1*). Andere Verzierungen finden sich neben den Kapitellen auf den Pfeilerwänden: zwei Scheiben neben dem Pilasterkapitell und ein Blütenstengel neben dem linken Säulenkapitell am Block D 10 *(Taf. 13; 32,5–6)*.

Zweimal endet das Kapitell unterhalb des Eierstabs (D 9. 18). In beiden Fällen kann man sich Eierstab und Abacus auf einer 10 cm hohen Flachschicht dargestellt denken.

Unter den zehn Blöcken von Oktogon-Pfeilern lassen sich nicht einmal zwei finden, die nach ihren Abmessungen und Winkeln zweifelsfrei demselben Pfeiler angehören. Möglicherweise ist aber die Art der Bearbeitung so roh, daß Zusammengehöriges nicht mehr erkannt werden kann.

Treffen Oktogon-Pfeiler auf eine Wand, so werden sie reduziert auf eine einzige Säule; vom Pfeilerkern ist in einem Fall (D 11 *Taf. 14*) wohl noch eine Kante zu erkennen, doch werden der Pilaster und die zweite Säule immer ausgelassen. Die Säulen schließen sich an die Quader entweder stumpfwinklig (D 11. 14–16) oder rechtwinklig (D 12. 13. 17. 18) an. Sie sind im Bereich des Schaftes nur durch die Größe des Säulendurchmessers als zugehörig zu erkennen *(Taf. 14)*.

Von besonderem Interesse sind in der stumpfwinkligen Gruppe der Basisblock D 11 und der Kapitellblock D 16 *(Taf. 14)*. Am Basisblock ist zwar die Pfeilerkante und ein Teil der Pfeilerfront vorhanden, statt des Pilasters bietet der Block jedoch den Ansatz einer hier auftreffenden Quermauer. Mit dieser Mauer bildet der halbe Oktogon-Pfeiler einen einspringenden Winkel von 112,5° (vgl. *Abb. 4*), womit seine Position im architektonischen Gefüge genau jener von B 12 in der Großen Pilasterordnung entspricht *(Abb. 5; 23)*.

Bei dem Kapitellblock D 16 *(Taf. 14; 33,1–3)* bildet die Vorderkante des verschobenen Abacus – von der Ansichtsseite eines Oktogon-Pfeilers aus gesehen – mit der rechten Anschlußfläche einen Winkel von 157,5°, was bei einem rechtwinklig anschließenden Quader eine einspringende Ecke von 112,5° ergibt *(Abb. 23)*. Aus der Ordnung der Oktogon-Pfeiler sind folglich zwei Blöcke vom Übergang eines oktogonalen Baukörpers zu einem Rechteckbau erhalten, wobei an der Verbindungsstelle gleichzeitig eine quergerichtete Mauer abgeht. Basis und Kapitell gehören nicht zu derselben Ecke, sondern zu spiegelbildlich zueinander gestalteten Ecken *(Abb. 23)*.

Von Quadern mit rechtwinklig anschließenden Säulen sind nur Schaftstücke (D 12. 13) und Kapitelle (D 17. 18) erhalten. In dieser Gruppe ist das wichtigste Stück der Kapitellblock D 18 *(Taf. 14; 33,5.6)*. An seiner Schmalseite ist der obere Teil des Säulenschaftes und das Säulenkapitell angearbeitet. Im rechten Winkel zu dieser Seite ist links eine zweite Ansichtsseite ausgearbeitet: ein Pilaster-

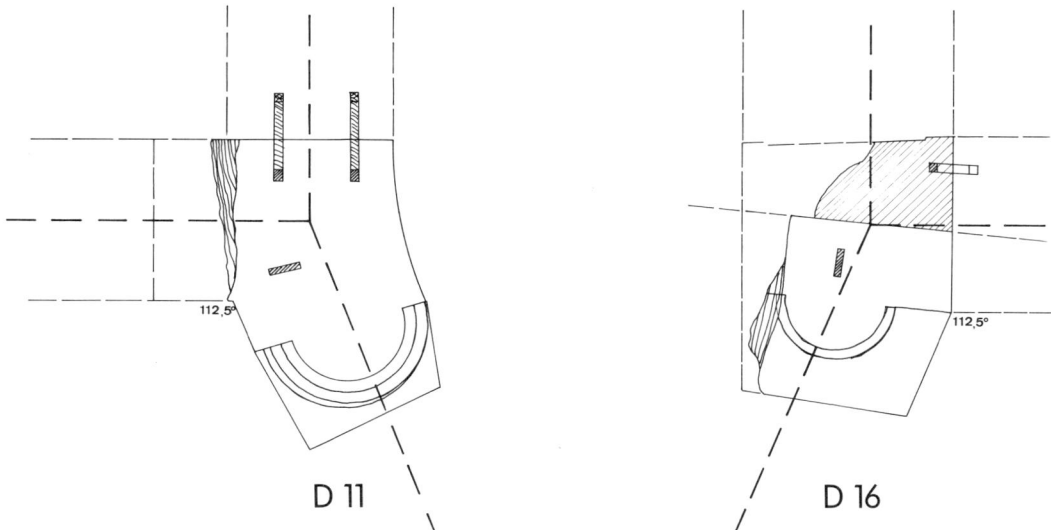

Abb. 23 Ordnung der Oktogon-Pfeiler. Säulenbasis D 11 und Säulenkapitell D 16 am Übergang vom oktogonalen zum orthogonalen Gebäudeteil mit querverlaufender Mauer.

kapitell der Kleinen Pilasterordnung, das in den Zwei-Faszien-Architrav hinaufreicht, sowie der stufenförmig zurückgesetzte Friesansatz. Es kann kein Zweifel daran bestehen, daß hier im rechten Winkel die Kleine Pilasterordnung und die Ordnung der Oktogon-Pfeiler aufeinandertreffen. Da das Säulenkapitell aber um 40 cm über das Pilasterkapitell hinausragt, ergibt sich eine unvermittelte Trennung beider Architektursysteme gerade an der Ecke des Gebäudes. Diese Trennung war nicht nur in der unterschiedlichen Höhenlage der Kapitelle, sondern ebenso in den Architravzonen, Frieszonen und Gesimszonen zu sehen.

Der Kapitellblock D 18, dessen Säulenkapitell in Form und Größe vollkommen mit jenen an Oktogon-Pfeilern übereinstimmt, unterscheidet sich von diesen wesentlich durch die Ausrichtung der Säule: war bei den kompositen Oktogon-Pfeilern die Säule gewissermaßen im Profil zu sehen, da sie die Seiten des Pfeilers einnahm, so ist sie an dem Kapitellblock D 18 gewissermaßen von vorn zu sehen, nämlich als Halbsäule vor einer Wandfläche. Mit anderen Worten: bei den Oktogon-Pfeilern liegt die lange Seite des Abacus unter dem Architrav, bei dem Kapitellblock D 18 jedoch ist die lange Abacus-Seite nach außen gewendet, so daß die Kapitellausladung die Stärke des Architravs bestimmt[34].

Zu dem Kapitellblock D 18 kann nach seinen Abmessungen das Schaftstück D 12 gehören. An ihm ist zwar nur der Säulenschaft erhalten; an der Stelle aber, wo der Pilaster zu erwarten ist, sieht man eine 21 cm breite und noch 3 cm vorspringende Bruchfläche.

Der zweite Kapitellblock an einem rechtwinkligen Quader (D 17 Taf. 14; 33,4) ist besonders am Unterlager und im Bereich des Pilasterkapitells beschädigt. Das Profil des Zwei-Faszien-Architravs und der stufenförmige Friesansatz in der Höhe des Säulenkapitells reichen aus, um ihn einer entsprechenden Ecke wie D 18 zuzuweisen, an der die Kleine Pilasterordnung unvermittelt auf die Ordnung der Oktogon-Pfeiler traf. Er ist spiegelbildlich zu D 18 geformt.

In der Ordnung der Oktogon-Pfeiler haben sich überraschend viele Verbindungen zur Kleinen Pilasterordnung ergeben: die Pfeiler treten an Oktogonecken auf, verbinden sich an stumpfwinkligen und an rechtwinkligen Ecken mit Mauern, sie haben dieselben Pilaster und verbinden sich an rechtwinkligen Ecken dreimal direkt mit der Kleinen Pilasterordnung (D 12. 17. 18). Aus den Eckstücken geht hervor, daß die Pilaster der Oktogon-Pfeiler 40 cm höher waren als die der Kleinen Pilasterordnung.

Inschriften oder Steinbruchmarkierungen der Leg. I Ad. wurden an keinem Stein dieser Ordnung bemerkt. Es kann jedoch kein Zweifel darüber bestehen, daß beide Architektursysteme zur selben Zeit entstanden sind und aus demselben Umkreis kommen.

---

[34] Vgl. Anm. 33.

## E  ORDNUNG DER PANEEL-PFEILER (E 1–E 68) *Taf. 15–19*

### Die Pfeiler

Bei den Stadtmauergrabungen in Mainz wurden Teile einer umfangreichen Pfeilerarchitektur geborgen, die sich auf einem ausschließlich rechtwinkligen Grundriß erhob. Bisher sind 21 Pfeilerblöcke (E 1–21) und 47 Bausteine von Keilsteinbögen (E 22–68) bekannt, die diesem Architektursystem angehören. Es wird hier nach dem häufigsten Schmuckmotiv der Pfeilerfronten, einem großen Paneel, die Ordnung der Paneel-Pfeiler genannt.

Die meisten Pfeiler haben einen quadratischen Querschnitt von etwa 74 cm Seitenlänge, doch kommen auch stärkere Pfeiler (bis 93,5 cm Breite) vor. Die Zugehörigkeit der Keilsteinbögen, schon früher von Wormuth vermutet, ist jetzt gesichert durch den 1973 geborgenen Kämpferblock mit Bogenansätzen (E 13 *Taf. 16*). Die Keilsteinbögen haben eine Spannweite von etwa 95 cm, so daß der axiale Pfeilerabstand rund 170 cm betragen hat.

Die meisten Pfeilerblöcke (E 1–12 *Taf. 15; 34,1–3*) haben nur eine hervorgehobene Ansichtsseite. In diesem Fall ist die Pfeilerfront immer mit einem Paneel geschmückt, das von einer Mittelrippe unterteilt wird. Der Paneel-Grund ist gegenüber der Mittelrippe und der umgebenden glatten Pfeilerfläche, die hier als Paneel-Rahmen aufgefaßt wird, um etwa 2 cm eingetieft. Der Rahmen ist seitlich etwa 8 cm breit, über der Standfläche und unter dem Kämpfer ist er etwa 15 cm hoch *(Taf. 15–16)*.

Ein S-förmiges Profil faßt das Paneel ein und leitet über zum Rahmen und zur Mittelrippe (Profil: *Taf. 15*). Die Mittelrippe beginnt etwa 30 cm über dem Boden (E 1–3. 14) und endet oben 30 cm unter dem Kämpfer (E 11. 12. 16).

Der Kämpfer (E 11–13. 16 *Taf. 15–16; 34,3*) springt 9 cm vor den Pfeiler vor und hat unterschiedliche Höhe. Hat der Pfeiler nur eine Front, läuft der Kämpfer an drei Seiten um, bei Eckpfeilern an allen vier Seiten.

In den Nebenseiten der Pfeiler finden sich Falze zur Anbringung von Schrankenplatten (E 1–6. 14. 15 *Taf. 15–16*). Gelegentlich wurden die vorgesehenen Falze nicht eingeschnitten, sondern die dafür bestimmten Bossenstreifen rauh belassen und nicht geglättet.

Die ehemals vorhandenen Schrankenplatten traten durchschnittlich 11 cm weit hinter die Pfeilerfront zurück; nur bei dem Eckpfeiler E 14 *(Taf. 16)* ist der Abstand mit 17 cm und 19 cm wesentlich größer. Hinter den Falzen ist gewöhnlich ein rauher Streifen von der feineren Glättung der Nebenseiten ausgenommen. Er diente als Anschlag für den rückwärtigen Teil der Schrankenplatten und wurde von ihnen verdeckt.

Eckpfeiler mit zwei Paneelen an benachbarten Pfeilerseiten werden durch die Blöcke E 14–16 belegt *(Taf. 16)*. Auch an diesen Pfeilern greifen Falze für Schrankenplatten in die beiden anderen Pfeilerseiten ein, wobei die Fronten der Schrankenplatten und die Fronten der Pfeiler außen liegen. Die Pfeilerhalle bildet also dort einen ausspringenden rechten Winkel und kann aus diesem Grunde keinen Innenhof eingefaßt haben, wie früher einmal vermutet wurde[35].

Die Blöcke E 17 und E 18 *(Taf. 16; 34,4)* stammen von Pfeilern, deren eine Front mit einem Paneel geschmückt war, doch sind zusätzlich die drei übrigen Pfeilerseiten mit 40 cm breiten Pilastern besetzt. Die Pilaster sind in sehr flachem Relief ausgeführt, erheben sich auf einer äußerst niedrigen Basis (E 18) und haben sechs Kanneluren, die im unteren Teil mit Rundstäben gefüllt sind.

Überraschenderweise liegen am Block E 18 die Basen von zwei Pilastern in jener Höhe, die am dritten Pilaster durch den Übergang vom gefüllten zum offenen Kannelurenteil bereits als Schaftmitte des Pfeilers ausgewiesen wird; auch das Paneel findet auf diesem Block noch nicht seine untere Begrenzung, sondern setzt sich nach unten hin fort. An diesem Pfeiler sind offenbar zwei Seiten, die einander benachbart sind, vom Boden an mit einer dekorativen Front ausgestattet worden, nämlich mit einem Paneel und einem Pilaster, während an den beiden anderen Seiten die Dekoration erst in der Höhe dieses Blockes einsetzt.

Die Reliefpfeiler[36] aus dem alten Bestand des Museums (E 19–21 *Taf. 17; 34,5.6; 35,1–4*) klären diesen Sachverhalt. Es sind Teile von Eckpfeilern, wie die Dekoration mit Reliefs an zwei benachbarten Pfeilerseiten beweist. Am Fußblock E 19 greifen in die Nebenseiten Falze für Schrankenplatten ein, die in 80 cm Höhe jeweils eine flache Reliefbasis zerschneiden. Die Form dieser Pilasterbasen entspricht nun jener, die auf den Nebenseiten von E 18 zu finden ist. Das bedeutet, daß die Pilasterdekoration auf den Nebenseiten erst oberhalb der Schrankenplatten einsetzt. E 18 erweist sich so als Teil eines Eckpfeilers mit einer Dekoration der Nebenseiten, wie sie bei den Reliefpfeilern wiederkehrt. Bei den oberen Schaftblöcken der Reliefpfeiler E 20 und E 21 *(Taf. 17)* ist das obere Ende der 40 cm breiten Pilaster zu sehen: die sechs Kanneluren schließen oben halbrund ab; ein Kapitell können

---

[35] Behrens, Römerbauten 70ff.
[36] Kähler, Siegesdenkmal 24ff.; 20 Nr. I u. II. Vgl. S. 3. Ein ähnlicher Pfeiler mit verwandter Victoria in Augst. F. Stähelin, Die Schweiz in römischer Zeit² (1931) 212 Abb. 46.

# E ORDNUNG DER PANEEL-PFEILER

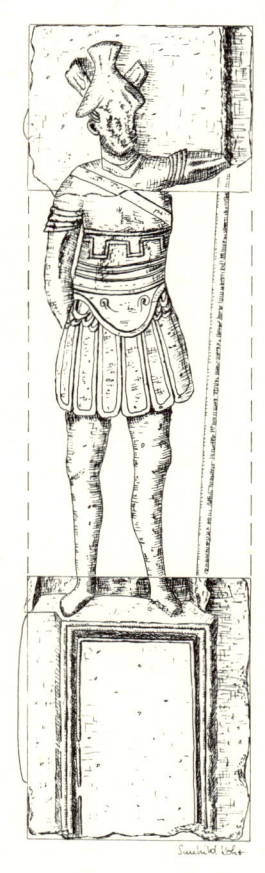

Abb. 24 Ordnung der Paneel-Pfeiler. Die reliefierten Pfeilerteile E 19 und E 20 zeichnerisch ergänzt.

sie nicht getragen haben, da die Reliefdarstellungen der anderen Seiten ihren oberen Abschluß gefunden haben. An die Stelle eines Pilasterkapitells muß bei diesen Eckpfeilern der Kämpfer getreten sein[37].

Kähler erkannte, daß von den drei reliefierten Pfeilerblöcken die Blöcke E 19 und E 20 von demselben Pfeiler stammen[38]. Ich habe eine zeichnerische Rekonstruktion in Anlehnung an andere provinzialrömische Reliefs durchführen lassen *(Abb. 24)*, um einerseits die ungefähre Höhe der Pfeiler zu ermitteln, die sich auf rund 275 cm beläuft; andererseits um die Vorstellung von den reliefierten Pfeilerseiten zu verstärken.

Die beiden Relieffiguren, Victoria und Mars, stehen auf Untersätzen, die etwa ebenso hoch sind wie die Schrankenplatten zwischen den Pfeilern, womit im Bild durch andere Mittel die architektonische Gliederung fortgesetzt wird. Victoria steht auf der Kugel des Alls, die über dem Boden schwebt. Der Kosmos wird geschmückt und symbolisch zusammengehalten von Bändern, die sich kreuzen und wohl die durch menschlichen Geist hergestellte Ordnung darstellen. Victoria trägt den mit Lorbeer bekränzten Clipeus, auf dem eine Portrait-Büste mit auffällig kurzem Brustschild zu sehen ist, das Bild des Herrschers, unter dem diese Ordnung entstand. Mars steht auf einem altarähnlichen Podest, voll gerüstet und auf eine lange Lanze gestützt.

Der dritte Block von einem entsprechenden Reliefpfeiler (E 21 *Taf. 17; 34,6*) zeigt auf der einen Seite einen langhaarigen Jüngling mit Füllhorn und Lanze, vielleicht Honos, auf der anderen Seite einen Krieger mit Helm, Tropaion und Lanze, ein Gegenstück zu Mars. Von diesem Pfeiler ist nur der oberste Block erhalten, der wie E 20 unmittelbar unter dem Kämpfer angeordnet war. Auch hier muß in der unteren Bildzone jeweils ein Untersatz für diese Personifikationen militärischer Tugenden vorhanden gewesen sein.

Die Reliefpfeiler, auf denen die Figuren etwas überlebensgroß erscheinen, stellen in der Ordnung der Paneel-Pfeiler eine dritte Gattung von Eckpfeilern dar. Verglichen mit den Eckpfeilern, die an beiden Frontseiten je ein Paneel tragen, und mit jenen, deren eine Front mit einem Paneel und deren andere mit einem Pilaster geschmückt ist, sind die Reliefpfeiler sicherlich die aufwendigsten und anspruchsvollsten.

## DIE BÖGEN

Die Pfeiler waren mit einer Bogenreihe verbunden, von der bisher 47 Steine geborgen wurden. Den Übergang vom Pfeiler zu den Keilsteinbögen zeigt der neugefundene Kämpferblock mit Bogenansätzen E 13 *(Taf. 16)*.

Aus diesem Material konnte bereits Wormuth einen Bogen wieder zusammenstellen *(Abb. 25)* und damit den Aufbau über den Pfeilern sichern *(Abb. 26)*.

Über dem Kämpfer liegt ein Block mit den Ansätzen beider Bögen (E 13. 22–24 *Taf. 16; 18; 36,1*), der auch geteilt sein kann in einen Bogenansatz nach rechts (E 25–28 *Taf. 18; 36,3*) und in einen Bogenansatz nach links (E 29–33 *Taf. 18; 36,4*). Ein solches Paar ließ sich wieder zusammensetzen *(Abb. 27)*. Vom Oberlager dieser Blöcke zur Bogenöffnung hin läuft stets auf kurzer Strecke eine radial geschnittene Lagerfuge, die der Lage des jeweils zugehörigen Keilsteins entspricht *(Abb. 25)*. Jeder Bogen hat drei Keilsteine, von denen zwölf linke (E 34–45 *Taf. 18; 36,5*), sieben mittlere (E 46–52 *Taf. 18;*

---

[37] Da bei den Reliefpfeilern die mit Pilasterschäften dekorierten Nebenseiten unter der Bogenwölbung stehen, müßte das Pilasterkapitell unterhalb des Bogenansatzes seinen Platz haben. Werden die Nebenseiten aber um eine (nicht erhaltene) Kapitellschicht gelängt, so werden auch die Reliefbilder aufgestockt, obwohl sie mit den vorliegenden Blöcken ihren oberen Abschluß bereits erreicht zu haben scheinen.

[38] Vgl. Anm. 36.

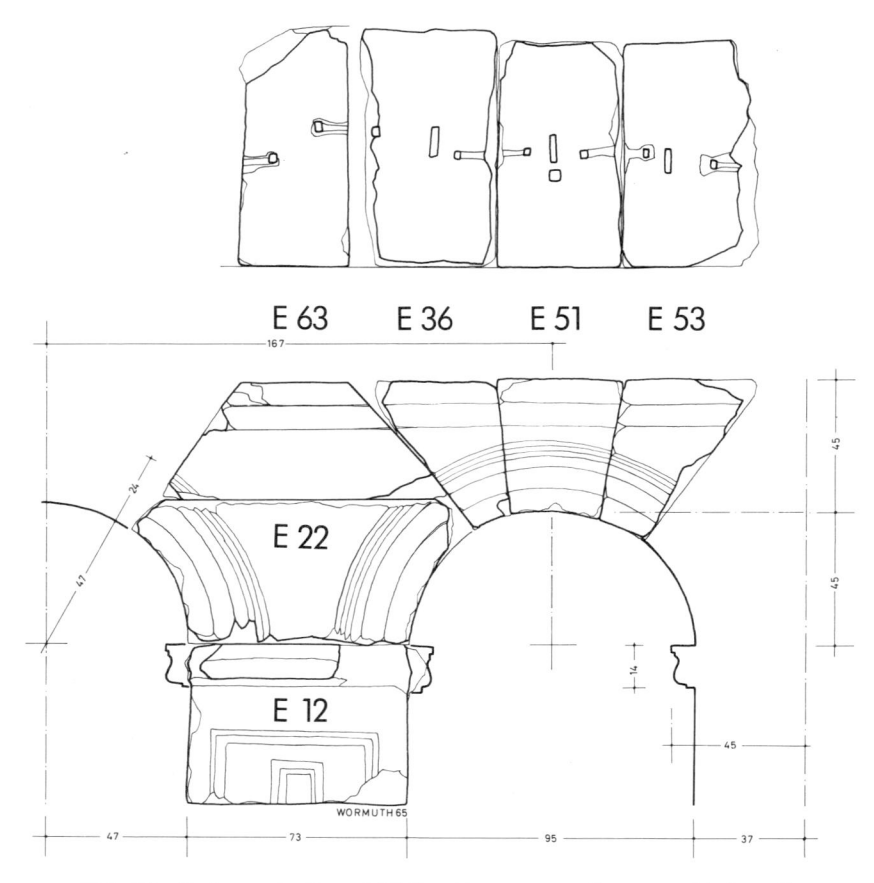

Abb. 25 Ordnung der Paneel-Pfeiler. Zusammenstellung verschiedener Bauteile zur Ermittlung der Maße durch R. Wormuth.

36,6) und neun rechte (E 53–61 *Taf. 18; 36,7*) vorhanden sind. Über den Bogenansätzen bietet ein trapezförmig geschnittenes Zwischenstück (E 62–68 *Taf. 19; 36,2*) den Keilsteinen ein Widerlager.

Die Bögen sind gerahmt mit einer wechselnden Anzahl glatter Streifen, die sägezahnartig gegeneinander versetzt sind, gelegentlich tritt als äußerste Leiste ein S-förmiges Kyma auf. Den horizontalen Abschluß bilden zwei ganz flache Tänien, die in keinem Fall den Bogenrahmen berühren.

Die Bögen haben eine Spannweite von 95 cm. Bei einer Pfeilerhöhe von 275 cm und einer Kämpferhöhe von etwa 15 cm ist die gesamte Pfeilerhöhe dreimal größer als die lichte Weite zwischen den Pfeilern. Die Bogenreihe ist etwa 90 cm hoch, so daß die Ordnung der Paneel-Pfeiler bis zur oberen Tänie rund 380 cm hoch ist.

Wormuth hat eine Systemzeichnung angefertigt (*Abb. 26*), die eine gute Vorstellung von der Pfeilerreihe geben kann, obwohl er die Pfeilerhöhe unbestimmt ließ. Das deuten die unterbrochenen vertikalen Linien an. Die Pfeiler müßten um ein Viertel gelängt werden. Wormuth setzt jene Schrankenplatten zwischen die Pfeiler, die im nächsten Abschnitt zusammen mit den Säulenstühlen vorgestellt werden: ihre Aufteilung unter die beiden unterschiedlichen Architektursysteme ist nicht möglich, weil beide Ordnungen wohl mit gleichen Schranken ausgestattet waren. Schließlich sei bemerkt, daß für die Ordnung der Paneel-Pfeiler bisher kein seitlicher Abschluß oder ein Eckstein für eine ausspringende Ecke gefunden wurde.

Charakteristisch für die Ordnung der Paneel-Pfeiler sind die engen Bögen über den starken Pfeilern, ferner die reliefmäßige Dekoration mit Paneelen, Bogenrahmung und zwei Tänien sowie der konsequente Verschluß aller Durchgänge.

## ZUR VERWENDUNG DER PANEEL-PFEILER

Trotz der großen Zahl erhaltener Blöcke und der guten Möglichkeit, die Ordnung der Paneel-Pfeiler als Architektursystem zu rekonstruieren, läßt sich die ursprüngliche Verwendung der Pfeilerhalle nicht mehr mit Sicher-

# E   ORDNUNG DER PANEEL-PFEILER

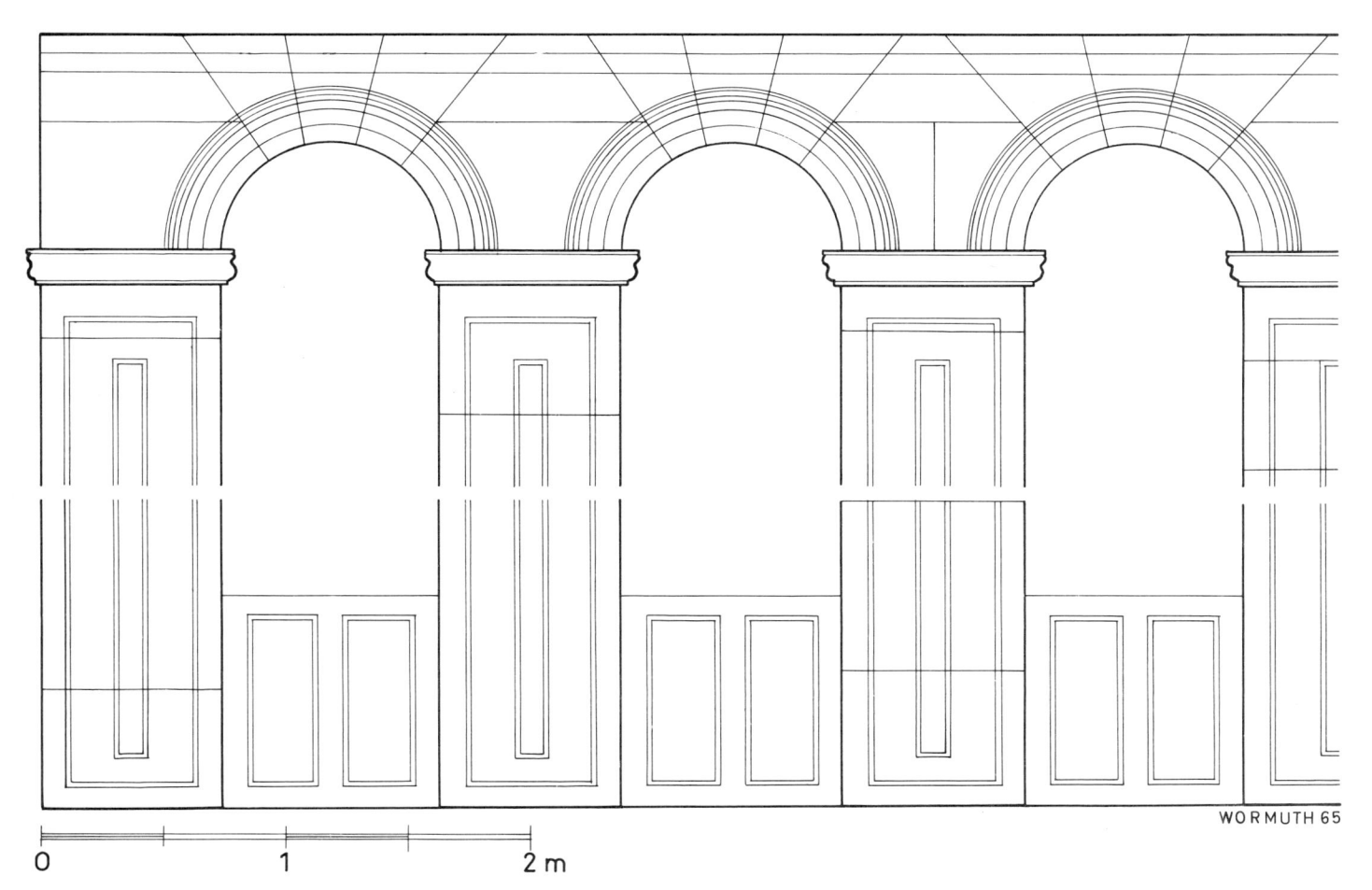

Abb. 26   Ordnung der Paneel-Pfeiler. Systemzeichnung von R. Wormuth. (In der Bogenreihe über den Pfeilern sind keine Eckstücke erhalten.)

heit ausmachen. Über die Art der Aufstellung aber geben die klar von den Haupt- und Nebenseiten geschiedenen Rückseiten der Pfeiler, die Eckpfeiler und die Art, wie Brüstungen an den Pfeilern angebracht waren, genaue Auskunft: Paneele, Reliefs und Brüstungsfronten waren nach außen gewandt, die ungeschmückten Rückseiten aber, über denen die rauh und roh belassenen Rückseiten der Bogensteine verschieden weit vorspringen, waren einer rechteckigen inneren Fläche zugekehrt, die offensichtlich nicht betreten werden sollte. Über die Art des umschlossenen Inneren läßt sich nichts aussagen: weder die Balkenlager eines Dachstuhls noch die Ansätze für ein Tonnen- oder Kreuzgratgewölbe sind zu finden.

Um eine Vorstellung von den Möglichkeiten der Aufstellung für die Pfeilerhalle zu geben, habe ich unter Einschluß der drei verschiedenen Eckpfeiler-Typen eine Skizze angefertigt *(Abb. 28)*, für die sowohl die Anzahl der Pfeiler wie auch die Anordnung rings um einen geschlossenen Platz willkürlich gewählt wurden.

In dem Schaubild sind die Eckpfeiler mit zwei Paneelen an den äußeren Ecken angeordnet, die anderen Eckpfeiler jedoch in einer Durchgangssituation: vorne stehen die

Abb. 27   Ordnung der Paneel-Pfeiler. Anpassung von E 30 und E 25.

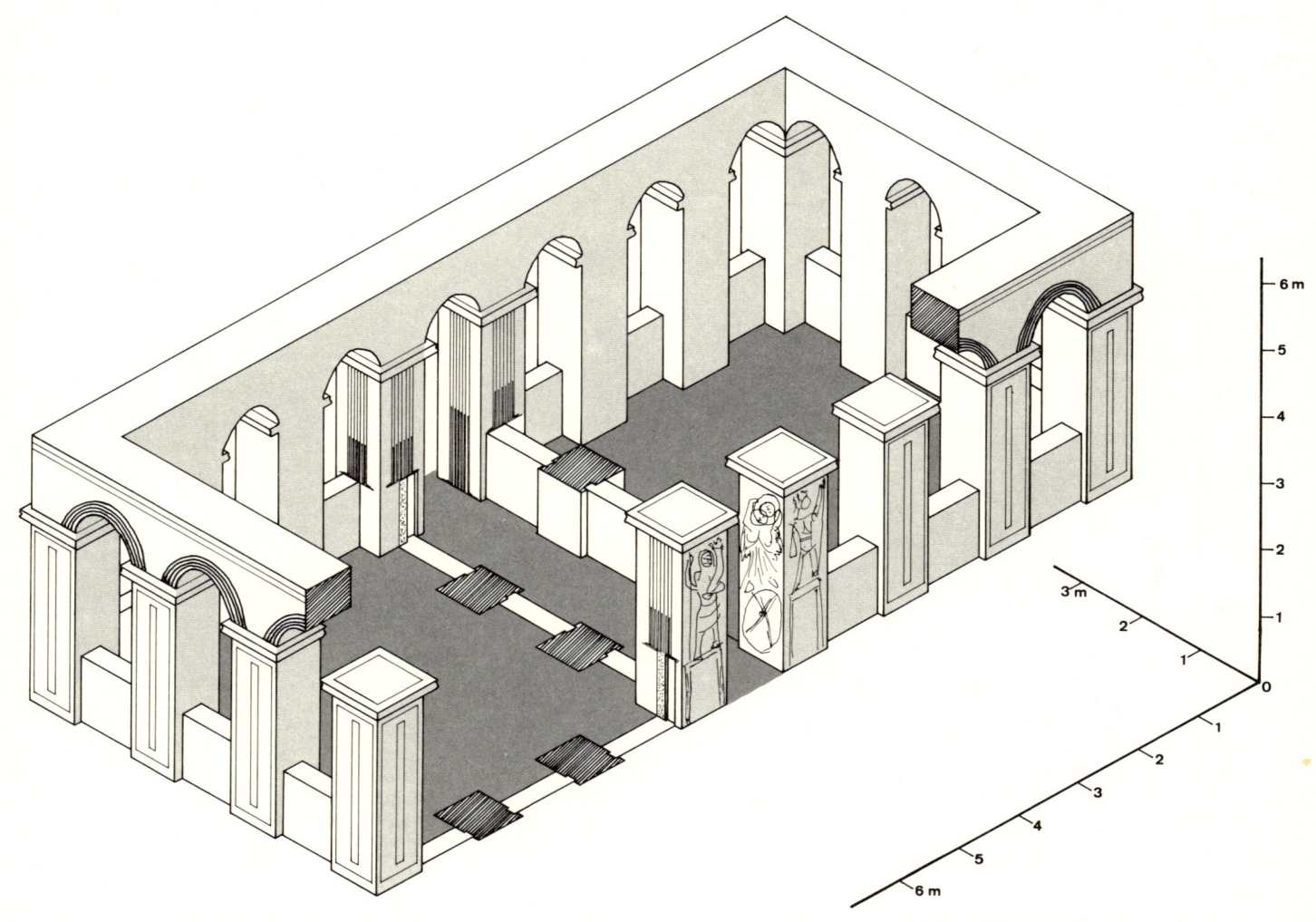

Abb. 28 Ordnung der Paneel-Pfeiler. Schematische Darstellung der Pfeilerformen auf beliebigem Grundriß.

Reliefpfeiler mit Pilastern über den Brüstungen, hinten die Pfeiler mit Paneel-Front, Pilasterfront und Pilastern über den Brüstungen.

Eine Datierung der Pfeilerhalle in flavische Zeit, die durch keine Steinbruchmarkierung oder eine Inschrift auf den Blöcken gestützt wird, scheint durch den Figurenstil der Reliefs in der provinzialrömischen Umgebung hinreichend gesichert (vgl. S. 31.52). Ob die Pfeilerhalle aber gleichzeitig mit dem Oktogon-System entstand oder später, ist nicht deutlich: das Gesicht der Portrait-Büste auf dem Clipeus der Victoria *(Taf. 35,1)*, das darüber Aufschluß hätte geben können, ist zerstört. Der glatte Hals des Dargestellten spricht eher für einen der Söhne Vespasians als für Vespasian selber.

## F SCHRANKEN UND SÄULENSTÜHLE (F 1–F 23) *Taf. 19–21*

Es wurden bisher elf Schrankenplatten gefunden (F 1–11 *Taf. 19–20*), von denen sieben jeweils zwei nebeneinander angeordnete, glatte Paneele an der Front zeigen *(Taf. 19; 37,1–3)*, die anderen (F 8–11 *Taf. 20*) jedoch ein gerahmtes Reliefbild[39]. Die beiden nach Erfindung und Ausführung bedeutendsten stammen aus der Stadtmauergrabung von 1973 und zeigen je einen gelagerten Greifen (F 10. 11 *Taf. 38,3.4*).

[39] F 8 = Kähler, Siegesdenkmal 22 Nr. IV = Espérandieu VII 5829. – F 9 = Kähler, Siegesdenkmal 22 Nr. III = Espérandieu VII 5774. – F 10 = Mainzer Zeitschr. 69, 1974 Taf. 46,15. – F 11 = Mainzer Zeitschr. 69, 1974 Taf. 46,15 – Bei F 10. 11 auf *Taf. 38,3.4* ist der untere Plattenrand durch eine Ziegellage verdeckt.

## E ORDNUNG DER PANEEL-PFEILER – F SCHRANKEN UND SÄULENSTÜHLE

Alle zwölf Säulenstühle (F 12–23 *Taf. 20–21*) gehören zum alten Bestand. Sechs von ihnen tragen an der Front ein Paneel (F 12–17 *Taf. 20; 37,1*), die anderen sind mit ungerahmten Reliefs geschmückt. Von ihnen sind vier (F 20–23 *Taf. 21; 39,3–6*) wegen ihrer drastischen Bilder bereits weit bekannt geworden[40]; ihre Datierung in flavische Zeit wurde nie bezweifelt. Eine neue Bearbeitung aller Reliefs in einem größeren Rahmen wird zur Zeit von H. G. Frenz für das Corpus Signorum Imperii Romani vorbereitet.

Die Paneele sind mit dem beliebtesten Profil der Mainzer Militärarchitektur, dem glatten, S-förmigen Kyma *(Taf. 20)*, eingefaßt: mit seinem erhabenen Teil wendet es sich dem Rahmen, mit seinem flachen Teil dem versenkten Paneel-Spiegel zu. Es hat zugleich eine dekorative und eine überleitende Funktion.

Die Schrankenplatten sind von ungleicher Größe. Mit 92 cm und 93 cm Höhe übertreffen die Schranken F 1 und F 7, beide mit Paneelen geschmückt, die niedrigste Reliefplatte F 8 um 20 cm, die Paneel-Platte F 6 um 16 cm. Die durchschnittliche Höhe aller Schrankenplatten ist 85,5 cm.

Die Breite der Schrankenplatten schwankt ebenso stark und liegt zwischen 87,5 cm (F 1) und 109 cm (F 6). Die sichtbare Breite vermindert sich, weil der seitliche Steg der Platten durch die Falze der Säulenstühle auf 78 cm (F 5) bis 102 cm (F 6) verdeckt wird. Die durchschnittliche sichtbare Breite aller Schrankenplatten liegt bei 90 cm.

Unter den breiten Platten befinden sich sowohl hohe (F 3) als auch niedrige (F 6), unter den schmalen Platten sind aber nur besonders hohe vertreten (F 1).

Die Größe der Paneele auf den Schrankenplatten, die zum Teil von der Plattengröße abhängt, schwankt ebenfalls. Die Höhe der Paneele liegt zwischen 57 cm (F 6) und 71 cm (F 7), die Breite zwischen 28 cm (F 1. 5) und 42 cm (F 6). Die Paneele sind stets weiter vom Boden entfernt als von der oberen Brüstungskante.

Von den vier Schrankenplatten mit Reliefs (F 8–11 *Taf. 20; 38,1–4*) haben nur die beiden neugefundenen Platten F 10 und F 11 in der Rahmung eine gewisse Verwandtschaft mit den Paneel-Platten, weil nur bei ihnen ein S-förmiges Kyma alle Seiten des Bildfeldes einfaßt. Der Abstand des Bildfeldes von der oberen, gerundeten Brüstungskante ist jedoch größer als von der unteren.

Der einfache Leistenrahmen von F 9 und das nur oben und seitlich angelegte Kyma von F 8 weichen noch stärker von den Paneel-Platten ab.

Die Säulenstühle mit angearbeiteter Basis auf achteckiger Plinthe haben in den Hauptmaßen einen geringeren Spielraum als die Schrankenplatten. Ohne Basis und Plinthe sind die Säulenstühle 73 cm (F 21) bis 78,5 cm (F 12. 17) hoch. Ihre Frontbreite liegt zwischen 57 cm (F 18) und 69 cm (F 14) mit einem Durchschnittswert bei 62 cm.

Für die Säulenstühle ist ein quadratischer Querschnitt angestrebt, doch kommen Differenzen bis zu 4,5 cm (F 21) zwischen Breite und Tiefe vor.

Die Paneele an den Stirnseiten der Säulenstühle sind gedrungener als die an den Schrankenplatten, sind aber ebenfalls hochrechteckig. Diese Paneele sind 53 cm (F 14) bis 56,5 cm (F 12) hoch und 45,5 cm (F 12) bis 52 cm (F 14) breit.

Die Falze an den Seiten der Säulenstühle durchschneiden gelegentlich die achteckige Plinthe der Säulenbasis (F 12. 14. 15 *Taf. 20*). Die Falzbreite von 14,5 cm (F 21) bis 24 cm (F 17) ist zum Einfalzen der vorhandenen Schrankenplatten geeignet, da deren Stegbreite zwischen 13 cm (F 1. 6) und 20 cm (F 3. 10) liegt.

Die den Säulenstühlen angearbeitete Säulenbasis auf achteckiger Plinthe besteht aus einer Kehle zwischen zwei Tori. Hier sind die Maßschwankungen besonders groß: die Plinthenbreite reicht von 50,5 cm (F 16) bis zu 60 cm (F 14); der Durchmesser des unteren Torus von 39 cm (F 21) bis zu 54 cm (F 14); der Durchmesser des oberen Torus von 29 cm (F 15. 21) bis zu 37 cm (F 14). Dementsprechend dürfte die Säulenstärke recht uneinheitlich gewesen sein.

Basis und Plinthe treten an zwei Säulenstühlen aus einer rückwärtigen Mauerstirn hervor (F 14. 16 *Taf. 20*). Die Säulenstellung muß also an mindestens zwei Stellen durch rückwärtige Mauern in einzelne Raumabschnitte gegliedert gewesen sein.

Säulenstühle mit zwei Ansichtsseiten gibt es ebenso wenig wie Säulenstühle ohne Falze. Das bedeutet, daß weder Eckstücke noch Durchgänge nachweisbar sind.

Die Säulenstühle mit Frontreliefs unterscheiden sich weder in ihrer Größe noch in ihrer Form von den Säulenstühlen mit Paneelen. Allein die Dekorationsweise der Front ist verschieden. Eine ähnliche Abwechslung in der Frontdekoration begegnete in der Ordnung der Paneel-Pfeiler, mit der die Säulenstühle auch die Falze für Schrankenplatten gemeinsam haben. Es ist daher zu untersuchen, ob sich Kriterien finden lassen, um die Schrankenplatten aufzuteilen zwischen Paneel-Pfeilern und Säulenstühlen.

---

[40] F 18 = Kähler, Siegesdenkmal 22 Nr. V = Espérandieu VII 5816. – F 19 = Kähler, Siegesdenkmal 22 Nr. VIII. – F 20 = Kähler, Siegesdenkmal 22 Nr. VI = Espérandieu VII 5818 = Römer am Rhein. Ausstellung Röm.-Germ. Mus. Köln (1967) 87 Nr. A 171. – F 21 = Kähler, Siegesdenkmal 22 Nr. VII = Espérandieu VII 5819. – F 22 = Kähler, Siegesdenkmal 22 Nr. IX = Espérandieu VII 5822a = Römer am Rhein a.a.O. 186f. Nr. A 170 (dort zu berichtigen: B. 61 cm). – F 23 = Kähler, Siegesdenkmal 22 Nr. X = Espérandieu VII 5822.

Die Höhe der Schrankenplatten ist bis auf zwei Exemplare (F 6. 8) größer als die Höhe der Säulenstühle. Wäre die Höhe der Säulenstühle ein Ausschlußgrund, so könnte man nur die Paneel-Platte F 6 und die Reliefplatte F 8 den Säulenstühlen zuweisen, so daß sich im einfachsten Falle bereits beide Dekorationsweisen auf den Schrankenplatten finden, die auch auf den Säulenstühlen vorkommen.

Erweitert man den Spielraum und nimmt die Oberseite der höchsten Plinthe mit 82,5 cm (F 17) als Kriterium, so würde sich keine weitere Schrankenplatte finden; am nächsten kommen dieser Höhe jedoch F 4 mit 83 cm und F 9 mit 84 cm. Diese Reihe ließe sich kontinuierlich fortsetzen bis zu einer Plattenhöhe von 93 cm (F 7), ohne daß ein derart großer Sprung von 7 cm wie zwischen 76 cm (F 6) und 83 cm (F 4) noch einmal aufträte.

Das Problem läßt sich nur dann umgehen, wenn man annimmt, daß die Schrankenplatten tiefer im Boden verankert waren als die Säulenstühle, wofür aber weder die technische Herrichtung noch signifikante Verwitterungsspuren sprechen.

Haben die Schrankenplatten die Säulenstühle einschließlich der Plinthen überragt, wie es jetzt den Anschein hat, bleibt als weiteres Kriterium der Unterscheidung die Abarbeitung der Stege am oberen Ende der Schrankenplatten. Diese Abarbeitung hat nur dann einen Sinn, wenn entweder der Falz eine obere Begrenzung hat, oder das Bauglied, in das die Schrankenplatten eingelassen wurden, bereits seine sichtbare Oberseite erreicht hat.

Die Stege der meisten Schrankenplatten sind niedriger als der größte Säulenstuhl; das ist zu sehen bei F 12 mit 78,5 cm Höhe. Doch diese Höhe wird von mindestens vier Schrankenplatten in ihren Stegen zum Einfalzen überschritten (F 3. 4. 7. 9). Nimmt man an, daß die Steghöhe bis zur Oberkante der Plinthe reichen kann, so übertreffen noch immer drei Schrankenplatten (F 3. 4. 7) den Säulenstuhl mit höchstgelegener Plinthe (F 17; 82,5 cm). Diese drei Platten sind deshalb mit Sicherheit als Brüstungen zwischen Säulenstühlen auszuschließen. Es sei aber bemerkt, daß die Stege an den Platten nicht immer in derselben Höhe enden: bei F 2 *(Taf. 19)* ist beispielsweise der linke Steg 77 cm hoch, der rechte dagegen nur 58,5 cm.

Geht man hingegen von der Ordnung der Paneel-Pfeiler aus, für die in einer Zusammensetzung *(Abb. 25)* die lichte Bogenweite mit 95 cm bestimmt wurde, und hält dagegen die durchschnittliche sichtbare Breite der Schrankenplatten von 90 cm, so zeigt sich bereits, daß der in Anspruch genommene Spielraum der antiken Militärarchitekten sowohl in der Ordnung der Paneel-Pfeiler wie in der der Säulenstühle so groß ist, daß eine nachträgliche Zuordnung der Schrankenplatten nicht mehr möglich ist. Die Frage, welche Schrankenplatte zu welchem Architektursystem gehört, muß demnach offen bleiben.

Säulenschäfte und Kapitelle, die zu den Säulenstühlen passen könnten, sind bisher nicht gefunden worden. Aus diesem Grunde ist es unmöglich, über den weiteren Aufbau irgendwelche Aussagen zu machen.

Die Beschreibung der Reliefs ist im Katalog gegeben. Hier sei nur erwähnt, daß die Delphine auf den Helmen der Legionäre, die auf dem Säulenstuhl F 22 dargestellt sind *(Taf. 21; 39,5)*, ein Symbol der einst aus Schiffsmannschaften aufgestellten Leg. I Ad. sein können[41]. Unabhängig davon wird die Ordnung der Schranken und Säulenstühle, in der Steinbruchmarkierungen fehlen, aufgrund des Reliefstils in flavische Zeit datiert.

## G  GESIMSE UND ARCHITRAVE (G 1–G 23) *Taf. 21–22*

In der vorgestellten Form sind die Architektursysteme B–F noch unvollständig; es fehlt ihnen die obere architektonische Begrenzung durch Fries und Gesims, bei den Systemen D und F außerdem der Architrav.

Das Fundmaterial enthält nun verschiedenartige Formen von Zahnschnittgesimsen (G 1–9) und Konsolengesimsen (G 10–18), meistens mit angearbeitetem glattem Friesteil, außerdem einige Architrave (G 19–23). Diese Bauteile gehören mit Ausnahme der Architrave sicher zu den vorgestellten Architektursystemen, doch konnte bisher nicht ermittelt werden, welche Gesimsform zu welchem System gehört. Deshalb werden die genannten Bauteile im folgenden Abschnitt behandelt, der die Rekonstruktion der Architektursysteme zum Ziel hat.

Andere Bauteile wie z. B. Kämpferblöcke und Wandprofile, für die ich keinen Zusammenhang mit den hier besprochenen Architektursystemen erkennen kann, sind nur in der Konkordanz stichwortartig charakterisiert. Sofern sie Steinbruchmarkierungen tragen, sind sie auf *Taf. 23* abgebildet.

---

[41] Vgl. dazu O. Doppelfeld in: Römer am Rhein a.a.O. (Anm. 40) 186f. Nr. A 170.

# Die Rekonstruktion der Architektursysteme

Die vorgestellten Architektursysteme A–F stammen nach den Inschriften, Reliefs und Symbolen von militärischen Bauwerken, deren Form und Zweck noch unbekannt sind. Von diesen Systemen schließen sich A–D durch den gemeinsamen Oktogonwinkel von 135°, durch Eckstücke mit dem Winkel von 157,5° und einspringende Ecken von 112,5° zu einer Gruppe zusammen. Diese vier Systeme stehen im Mittelpunkt der folgenden, freilich oft hypothetischen Überlegungen.

Die Systeme E und F bilden wiederum einen zusammenhängenden Komplex, der am sinnfälligsten durch die gemeinsame Verwendung von Brüstungen annähernd gleicher Größe und Dekoration und durch ausschließlich orthogonale Gebäudeecken bezeichnet wird. Dem Versuch einer Rekonstruktion beider Komplexe folgt abschließend eine Gegenüberstellung früherer Rekonstruktionen.

## DIE ARCHITEKTURSYSTEME A–D

Über den Oktogonwinkel von 135° hinaus wurden bereits Gemeinsamkeiten festgestellt, die sich auf die Markierungen für die Leg. I Ad.[42], auf die Kapitell- und Pilasterformen[43] sowie auf den Anschluß des oktogonalen Baukörpers an einen Rechteckbau erstreckten[44]. Das Architektursystem A wurde als oberes Abschlußprofil eines Sockels bestimmt und bleibt vorerst außerhalb der Überlegungen.

Offen blieb bisher die Frage, wie das Abschlußgesims jeder Ordnung gestaltet war. Für die Große Pilasterordnung B bot sich sowohl ein Konsolengesims (B 22 = G 11 *Taf. 4*) als auch ein Zahnschnittgesims (B 23. 24 = G 2. 4 *Taf. 5; 40,1*) an, weil Blöcke beider Gesimse mit der in Mainz seltenen schwalbenschwanzförmigen Klammerform vorhanden sind, die für die Große Pilasterordnung ausschließlich verwendet wurde. Beide Gesimsarten treten aber bemerkenswerterweise auch mit der sonst üblichen Verklammerungsform auf, nämlich Stabklammern mit umgebogenen Enden, und zwar häufiger als mit schwalbenschwanzförmigen Klammern. Für das Zahnschnittgesims sind es die Blöcke G 1–9 *(Taf. 21; 40,1.2)*, für das Konsolengesims die Blöcke G 10–16 *(Taf. 21; 40,3.4)*. Daher sei zunächst untersucht, ob es Kriterien gibt, die es erlauben, die verschiedenen Gesimsformen den unterschiedlichen Architektursystemen B–D zuzuweisen.

### ZAHNSCHNITTGESIMSE *(Taf. 21)*

Von den neun erhaltenen Zahnschnittblöcken (G 1–9 *Taf. 5; 21*) trägt allein der Block G 7 aus der neuen Grabung die Steinbruchmarkierung der Leg. I Ad. *(Taf. 23,7)*. Zwei Blöcke – G 2 und G 4 – legen durch ihre schwalbenschwanzförmigen Klammerbettungen eine Verbindung zur Großen Pilasterordnung nahe.

Es handelt sich um acht Blöcke mit Friesteil (Hochschicht) und um einen Block ohne Fries (G 9 Flachschicht). Die Hochschicht G 8 bietet links einer Flachschicht ein 5 cm breites Auflager.

Trotz der geringen Zahl von Zahnschnittblöcken lassen sich nach der Höhe des Zahnschnittprofils doch zwei Gruppen klar voneinander scheiden. In der ersten Gruppe beträgt die Profilhöhe 26 cm bis 28 cm (G 1. 3. 5–7), in der zweiten Gruppe jedoch nur 21 cm bis 22 cm (G 2. 4. 8. 9). Zur zweiten Gruppe gehören die Flachschicht G 9, die Hochschicht mit Auflagerstufe für eine Flachschicht G 8 und die beiden Blöcke mit schwalbenschwanzförmigen Klammerbettungen G 2 und G 4.

---

[42] Vgl. S. 6. 9. 22f. *Taf. 23*.
[43] Vgl. S. 24f.
[44] Vgl. S. 8f. 13. 15ff. 24f.

Der Rhythmus im Zahnschnitt ist in beiden Gruppen fast gleich: in der ersten Gruppe finden wir 10 cm bis 10,9 cm, in der zweiten Gruppe 11 cm bis 12 cm. Auch die Höhe des Friesteils unter dem Profil, der in der ersten Gruppe zwischen 28 cm und 30 cm, in der zweiten Gruppe zwischen 21 cm und 27 cm liegt, reicht nicht aus, um eine weitere Unterscheidung der beiden Formen des Zahnschnittgesimses zu ermöglichen; denn die Höhe des Friesteils hängt von der schwankenden Höhe des Friesansatzes an den Architravblöcken der Architektursysteme ab (B 18–21; C 17–21. 29–33. 40–56). Das sicherste Unterscheidungsmerkmal beider Gesimsgruppen bleibt die unterschiedliche Profilhöhe.

Wenn die Form der Klammerbettungen eine Zuweisung des Zahnschnittgesimses mit niedrigem Profil an die Große Pilasterordnung erlaubt, wie ich vermute, so ist es auffällig, daß eines der anderen Architektursysteme – die Ordnung der Oktogon-Pfeiler oder die Kleine Pilasterordnung – mit einem höheren Zahnschnittgesims ausgestattet gewesen sein muß, obwohl deren Stützen niedriger gewesen sind als die Pilaster der Großen Pilasterordnung.

Ein hohes Gesims über einer niedrigen Ordnung tritt nach den architektonischen Regeln immer dann auf, wenn das Gesims nicht nur diese eine Ordnung, sondern im Stockwerkbau gleichzeitig das gesamte Gebäude nach oben hin abschließt. In der Tat zeigen fast alle Zahnschnittblöcke im Oberlager einen Anriß parallel zur Front für einen weiteren Aufbau, wobei die Blöcke mit niedrigem Profil eine wesentlich größere Tiefe erreichen als jene aus der zweiten Gruppe; sie setzen eine größere Mauerstärke voraus. Nun nimmt im Stockwerkbau die Mauerstärke nach oben hin regelmäßig ab, so daß die Große Pilasterordnung jetzt als ein unteres Geschoß eines mehrstöckigen Gebäudes definiert werden kann.

Voraussetzung für diese Einstufung ist jedoch, daß die verschiedenen Höhen des Zahnschnittprofils nicht durch andere Faktoren bedingt sind. Denkbar sind z. B. Unterschiede zwischen Front und Nebenseite, Außenfront und Hoffront eines Gebäudes. Aus diesem Grunde ist eine vollkommene Sicherheit über die Verteilung des Zahnschnittgesimses nicht zu erreichen.

### Konsolengesimse *(Taf. 21–22)*

Von den neun Gesimsblöcken mit Konsölchen (G 10–18 *Taf. 40,3–6*) hat ein einziger schwalbenschwanzförmige Klammerbettungen (G 11 = B 22 *Taf. 4*). Der heute verschollene Block G 10 trug die Steinbruchmarkierung L I AD, das Zeichen der Leg. I Adiutrix, das noch einmal an dem Block G 17 auftritt. Unter den neun Blöcken sind sechs Hochschichten (G 10. 12–14. 17. 18) und drei Flachschichten (G 11. 15. 16).

Die Konsölchen der Gesimsblöcke G 10–16 sind übereinstimmend dekoriert; alternierend kommen Blatt und Riefeln vor; ebenso wechseln in den Zwischenfeldern Kreisblüte und Kreuzblüte. Die Blattform der Konsölchen ist unmittelbar vergleichbar mit den Blattformen der Pilasterkapitelle in der Ordnung der Oktogon-Pfeiler und in der Kleinen Pilasterordnung.

Die Gesimsblöcke G 17 und G 18 sind im Gegensatz dazu mit undekorierten Blockkonsölchen ausgestattet; auch die Zwischenfelder sind glatt und schmucklos. Im Oberlager deuten paarweise im Dreieck angeordnete Dübellöcher mit Gußkanälen darauf hin, daß sie einen möglicherweise bronzenen Aufsatz getragen haben *(Taf. 40,6)*.

Der Rhythmus aller Gesimsblöcke ist auffallend gleichartig und beträgt 17 cm bis 18,5 cm bei einem Mittelwert von 17,7 cm.

Ebenso einheitlich sind bei beiden Arten des Konsolengesimses Profilhöhe und Profilausladung. Eine leichte Differenzierung könnte vorliegen zwischen Hochschichten und Flachschichten, doch sind die Unterschiede nicht groß genug, um eine eindeutige Trennung vornehmen zu können. Bei den Hochschichten beträgt die Profilhöhe 22 cm bis 26 cm[45], bei den Flachschichten 29 cm bis 30 cm, während die Profilausladung bei den Hochschichten um 23 cm, bei den Flachschichten um 24 cm liegt.

Unter diesen Umständen ist eine sichere Zuweisung der unterschiedlichen Gesimsformen an die verschiedenen Architektursysteme nicht möglich. Es bieten sich jedoch folgende Alternativen:

1. Das Gesims mit Blockkonsölchen gehört in einen anderen, unbekannten Zusammenhang trotz gleicher Proportionierung mit dem Blattkonsölchen-Gesims.
2. Das Gesims mit Blockkonsölchen ist eine vereinfachte Form des Blattkonsölchen-Gesimses, bestimmt für eine Nebenseite des Gebäudes.
3. Die Maßunterschiede im Gesims mit Blattkonsölchen bezeichnen den Ausführungsspielraum; es gehört nur zu einem einzigen Architektursystem bzw. Geschoß.
4. Die Maßunterschiede im Gesims mit Blattkonsölchen bezeichnen verschiedene Architektursysteme bzw. Stockwerke, die sich außerdem darin unterscheiden, daß im einen Fall Fries und Gesims aus einer Schicht, im anderen Fall aus Friesschicht und Profilschicht hergestellt wurden.

---

[45] Eine Ausnahme mag mit 29,5 cm Profilhöhe der verschollene Block G 10 gemacht haben, der nur von Schmidt gezeichnet wurde. Vgl. jedoch den Katalogtext. Auch die Profilausladung gibt Schmidt mit 30 cm wahrscheinlich zu groß an.

Aus dieser Aufstellung geht hervor, daß es für die Möglichkeiten, Konsolengesimse mit den Architektursystemen B–D zu verbinden, ein viel größeres Spektrum gibt, als bei den beiden Gesimsformen mit Zahnschnitt. Der Bogen spannt sich zwischen einer einheitlichen Verwendung in einem einzigen System (2) und einer unterschiedlichen Verwendung in drei verschiedenen Systemen oder Stockwerken (4).

Hinzu kommt, daß der Block G 11 (= B 22 *Taf. 4*), der schwalbenschwanzförmige Klammerbettungen hat, in die Nähe der Großen Pilasterordnung gehören muß. Dasselbe gilt aber auch für die Zahnschnittblöcke G 2 und G 4 (= B 23. 24 *Taf. 5*), so daß für dieselbe Ordnung zwei verschiedene Gesimsformen zur Verfügung stehen. Beiden gemeinsam muß nach den vorangehenden Ausführungen der Wechsel der Klammerform gewesen sein. Die Gesimszone, die in den Oberlagern stets Anrisse für einen weiteren Aufbau hat, bildet offenbar den Übergang von der einen zur anderen Klammerform.

Berücksichtigt man die bisher festgestellte komplexe Grundrißform, also zumindest ein Rechteckbau mit angegliedertem, halbem Oktogon und quergerichtetem Mitteltrakt, so ist evident, daß für unterschiedliche Abschnitte des Gebäudes auch unterschiedliche Gesimsformen verwendet werden konnten. Da sich aber weder im Zahnschnittgesims noch im Konsolengesims ein Eckstück erhalten hat, läßt sich aus dem vorhandenen kargen Bestand kein Gesims einem bestimmten Bauabschnitt mit Gewißheit zuweisen.

### Architrave *(Taf. 22)*

Unklarheit besteht bisher über die Architravform, die einst in der Ordnung der Oktogon-Pfeiler und in der Ordnung der Säulenstühle verwendet wurde. Aus der alten Grabung stammen jedoch vier Architravbruchstücke (G 19. 20. 22. 23) und ein vollständiger Architrav (G 21) von 172 cm Länge, die entweder einem der beiden genannten Architektursysteme oder einem bisher nicht identifizierten System angehören.

Da Säulen für die Säulenstühle nicht erhalten sind, kann auch die zugehörige Architravform nicht bestimmt werden. Es bleibt also zu prüfen, ob die vorhandenen Architrave zur Ordnung der Oktogon-Pfeiler gehören.

Es handelt sich um Drei-Faszien-Architrave mit einer stets gleichen Auflagertiefe von 33 cm. Die Unterseite ist mit einer Soffitte geschmückt, die von einem S-förmigen Kyma eingefaßt wird.

An zwei Exemplaren ist das Kyma über den drei Faszien als lesbisches Kyma plastisch ausgearbeitet (G 22. 23 *Taf. 40,7.8*); gleichzeitig ist aus der dritten Faszie ein gedrehtes Band herausgeschnitten als Abgrenzung gegen- über der mittleren Faszie. Da die Proportionen der beiden Architrave sich von denen der einfacheren Architrave nicht unterscheiden – vor allem die Form und die Lage der Soffitten ist einheitlich –, dürften sich die unterschiedlichen Formen auf die Front und die Nebenseiten eines einzigen Gebäudes verteilt haben.

Nach Vitruv III 5 (9 B) soll die Architravunterseite die Breite des oberen Säulendurchmessers, die Architravoberseite die Breite des unteren Säulendurchmessers haben. Verglichen mit den Säulen der Ordnung der Oktogon-Pfeiler, scheinen die Architrave zu breit zu sein. Denn dem unteren Säulendurchmesser von 33 cm steht eine obere Architravtiefe von 39 cm gegenüber, dem oberen Säulendurchmesser von 28 cm eine untere Architravtiefe von 33 cm. Vitruv bezieht seine Angaben jedoch auf ionische Säulen, während an den Oktogon-Pfeilern allseitig weit ausladende Blattkapitelle vorliegen, die einen tieferen Architrav aufnehmen können.

Eine entscheidende Bedeutung für die Verwendung der Architrave hat die Verklammerung mit einer rückwärtigen Mauer, die an den Blöcken G 20 und G 21 sicher bezeugt ist. Daß es sich nicht um die Verklammerung mit einem Gegenarchitrav handeln kann, zeigt die Lage der Soffitte an der Unterseite: die Architravtiefe ist vollständig, die Soffitte ist mittig angeordnet[46] *(Taf. 22)*.

Die Architrave können demnach nicht zu einer freistehenden Stützenstellung gehört haben, sondern nur zu einer vorgeblendeten Säulenstellung. Eine solche Aufstellung unmittelbar vor einer Wand ist nun gerade bei der Ordnung der Oktogon-Pfeiler vorhanden gewesen, wie es die Blöcke D 12. 13. 17. 18 *(Taf. 14)* belegen.

Der Versuch, die Wandsäulen mit den Wandarchitraven zu verbinden, stößt auf erhebliche Schwierigkeiten, wie es *Abb. 29* zeigt. Obwohl die Säulenachse vor der Wandfläche liegt, ist die Abacus-Tiefe so gering, daß die Architrav-Vorderkante auf dem äußersten Abacus-Rand aufsetzen müßte, damit der Soffittenrahmen gerade noch vor die Wandflucht vortreten kann. Ein Teil des Architravs müßte in die Wand hineingeschoben werden. Legt man eine Linie längs durch die Mitte der Soffitte, so trifft sie keineswegs, wie sonst üblich, auf die Säulenachse, sondern liegt in einer vorderen Raumebene. Aus diesen Gründen ist die Verbindung der Wandsäulen mit den vorhandenen Wandarchitraven wenig wahrscheinlich.

Die genannten Unstimmigkeiten ließen sich beheben, wenn die Wandarchitrave auf den Oktogon-Pfeilern auf-

---

[46] Soffitten über Halbsäulen hat auch ein anderes flavisches Schmucktor, die Porta Borsari in Verona: Die Soffitte ist mittig auf dem sichtbaren Teil der Architrav-Unterseite angebracht, ohne gleichzeitig auf die Mitte der Halbsäulen ausgerichtet zu sein.

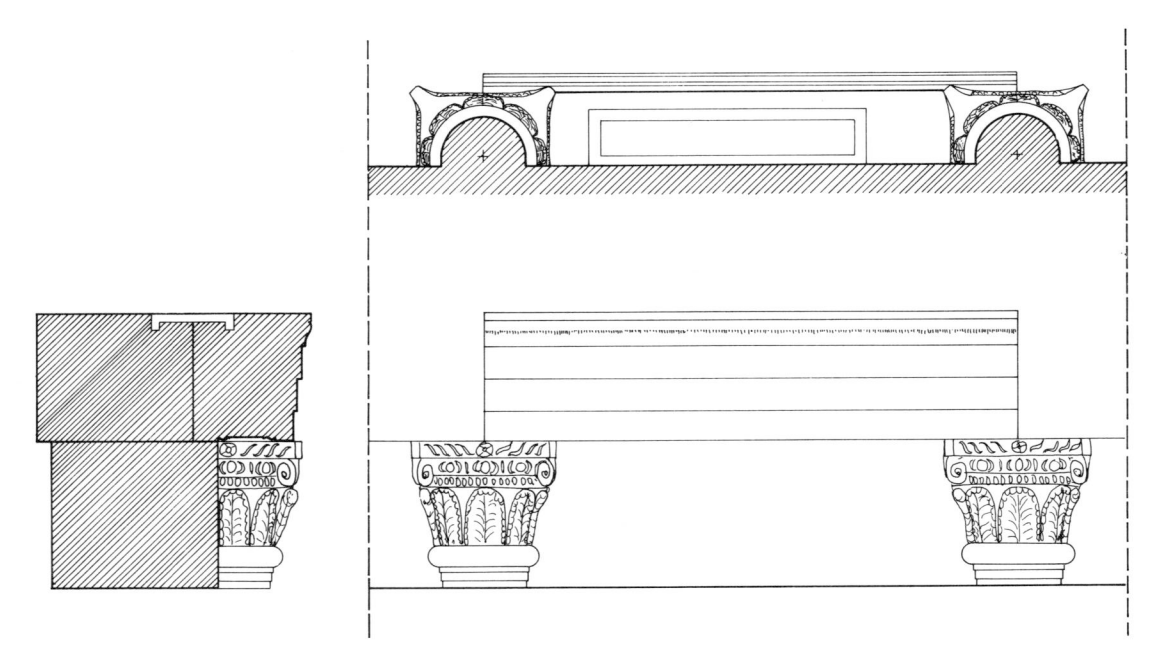

Abb. 29   Architrave über Wandsäulen von der Art der Oktogon-Pfeiler.

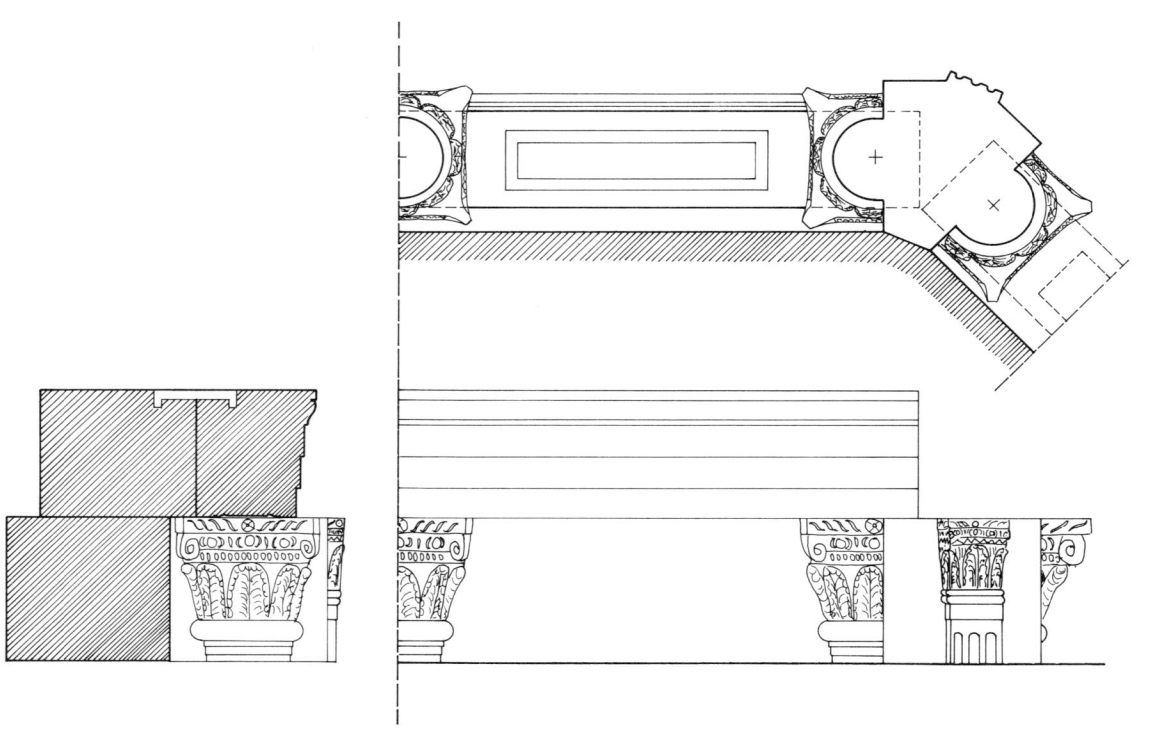

Abb. 30   Architrave über Wandsäulen und Oktogon-Pfeilern.

gelegen hätten *(Abb. 30)*, doch müßten dabei andere Schwierigkeiten in Kauf genommen werden.

Eine wichtige Voraussetzung für eine solche Verbindung ist die Aufstellung der Oktogon-Pfeiler unmittelbar vor oktogonalen Mauerecken und das heißt: unmittelbar vor einer Wand. Eine rückwärtige Verklammerung der Blöcke von Oktogon-Pfeilern fehlt jedoch. Andererseits schließt die keilförmige, unansehnliche Rückseite der Pfeiler eine solche Aufstellung nicht aus. Im Gegenteil: die konstatierten Abweichungen des Pfeilerquerschnitts vom geometrischen Grundmuster können zum Ziel gehabt haben, einen möglichst geringen Säulenteil von der rückwärtigen Wand zu verdecken und einen möglichst großen Säulenteil von vorn sichtbar werden zu lassen. Außerdem ist die Rückseite beider Säulenkapitelle am Block D 8 *(Taf. 32,2)* im Bereich der Volutenzone nicht ausgearbeitet worden.

Bringt man nun die Soffittenmitte der Wandarchitrave mit den Säulenachsen der Oktogon-Pfeiler in Übereinstimmung *(Abb. 30)*, so werden die ausladenden Kapitellteile vom Wandarchitrav nicht belastet; dieser liegt nun senkrecht über dem kräftigen Halsring des Säulenschaftes. Die größte Ausladung des Wandarchitravs steht lotrecht über der Abacus-Vorderkante, was der normalen Position entspricht. Sogar für die Verschiebung der Soffitte G 21 *(Taf. 22)* stellt sich eine Erklärung ein: auf dem Oktogon-Pfeiler ist das Auflager für den Wandarchitrav länger als auf einer einfachen Säule.

Problematisch bleibt aber eine derartige Anordnung aus mehreren Gründen. Erstens müßte die mit dem Wandarchitrav verklammerte Quaderschicht vor die Wandflucht vortreten *(Abb. 30)*. Zweitens fehlen einige für eine solche Lösung zwingend erforderliche Bausteine im Fundmaterial, nämlich Teile freistehender Säulen auf der einen Seite und Eckblöcke von Wandarchitraven an Oktogon-Ecken auf der anderen Seite.

Diese Einwände legen es nahe, die Architrave von der Ordnung der Oktogon-Pfeiler zu trennen.

## Überlegungen zur Geschosshöhe

Als Resumé aus der kritischen Durchsicht der Gesimsform kann festgehalten werden, daß es zwar nicht gelang, jedem Architektursystem eine bestimmte Gesimsform zuzuweisen, daß aber unter den vorhandenen Gesimsformen vermutlich alle ehemals für die Systeme B–D verwendeten Gesimsformen vorhanden sind.

Jede Gesimsform tritt mit Anrissen im Oberlager der einzelnen Blöcke auf, die für ein Obergeschoß bestimmt sind. Aus diesem Grunde ist es erlaubt, in den einzelnen Architektursystemen die Geschosse eines einheitlichen Gebäudekomplexes zu sehen. Auf den ersten Blick scheint sich die Ordnung der Oktogon-Pfeiler dieser Einordnung zu entziehen, da weder der zugehörige Architrav, noch die Art des Gesimses bestimmt werden konnte. Es ist aber daran zu erinnern, daß einige Blöcke von rechtwinklig ausspringenden Ecken das unvermittelte Zusammentreffen der Ordnung der Oktogon-Pfeiler mit der Kleinen Pilasterordnung beweisen (D 12. 13. 17. 18 *Taf. 14)*, eine Tatsache, die beide Ordnungen untrennbar miteinander verbindet.

Für die Große Pilasterordnung konnte die Pilasterhöhe wegen der stark schwankenden Schichthöhen nur geschätzt werden: bei zehnfacher Pilasterbreite erreicht der Pilaster 380 cm Höhe[47]. Die erhaltenen Architravblöcke (B 18–21 *Taf. 4*) sind jeweils 54 cm hoch. Gehört das Zahnschnittgesims mit niedrigem Profil zur Großen Pilasterordnung, so kommen noch rund 45 cm hinzu. Die Große Pilasterordnung hat demnach eine Höhe von ungefähr 480 cm gehabt *(Abb. 31,A)*.

In der Kleinen Pilasterordnung liegt das Pilasterkapitell wahrscheinlich in der sechsten Wandschicht zusammen mit dem Architrav und dem Friesansatz[48]. Vervollständigt mit einer der vorhandenen Gesimsarten, etwa mit dem Konsolengesims wie G 13 *(Taf. 21)*, umfaßt die Ordnung sieben Schichten von jeweils ungefähr 55 cm Höhe, was einer Gesamthöhe von 385 cm entspricht. Die Kleine Pilasterordnung wird demnach rund einen Meter niedriger gewesen sein als die Große Pilasterordnung *(Abb. 31,C)*.

Stattet man die Ordnung der Oktogon-Pfeiler mit einem Gebälk aus Architrav, Fries und einer der vorhandenen Gesimsformen aus, so daß der Aufbau den beiden Pilasterordnungen ähnelt, so zeigt sich, daß die Höhe dieser Ordnung ungefähr in der Mitte zwischen den beiden Pilasterordnungen gelegen haben muß *(Abb. 31,B)*. Dabei ist die Pfeilerhöhe abhängig von der Pilasterhöhe der Kleinen Pilasterordnung, da die Differenz an D 18 40 cm beträgt[49].

Die Höhenstaffelung verschiedener Architektursysteme, die gleichwohl eine enge Verwandtschaft miteinander haben, wie sie hier durch die Pilastergliederung betont ist, begegnet in der römischen Architektur nur dann, wenn es sich um einzelne Geschosse eines einzigen Gebäudes handelt. Man denke nur an die Arkadenfassaden römischer Theater und Amphitheater, wo in der Regel die höheren Geschosse unten, die niedrigeren Geschosse oben angeordnet sind.

Ganz entsprechend ist nach der Höhenstaffelung der Architektursysteme B–D die Große Pilasterordnung unten, die Ordnung der Oktogon-Pfeiler in der Mitte und die Kleine Pilasterordnung darüber angeordnet zu denken. Bei dieser hohen Aufstellung der Kleinen Pilasterordnung – über zwei Geschossen von zusammen etwa 9 m Höhe – werden die auf starke Unteransicht berechneten Maßnahmen wie die Überschneidung des Architravs durch das Kapitell[50] und die deformierte Bogenform[51] erst recht verständlich.

---

[47] Vgl. S. 7.
[48] Vgl. S. 11f. und *Abb. 7 A*.
[49] Vgl. S. 24f. Nimmt man hinzu, daß dem Kapitell D 18 Eierstab und Abacus fehlen (S. 24), vergrößert sich die Differenz auf 50 cm.
[50] Vgl. S. 11.
[51] Vgl. S. 14f.

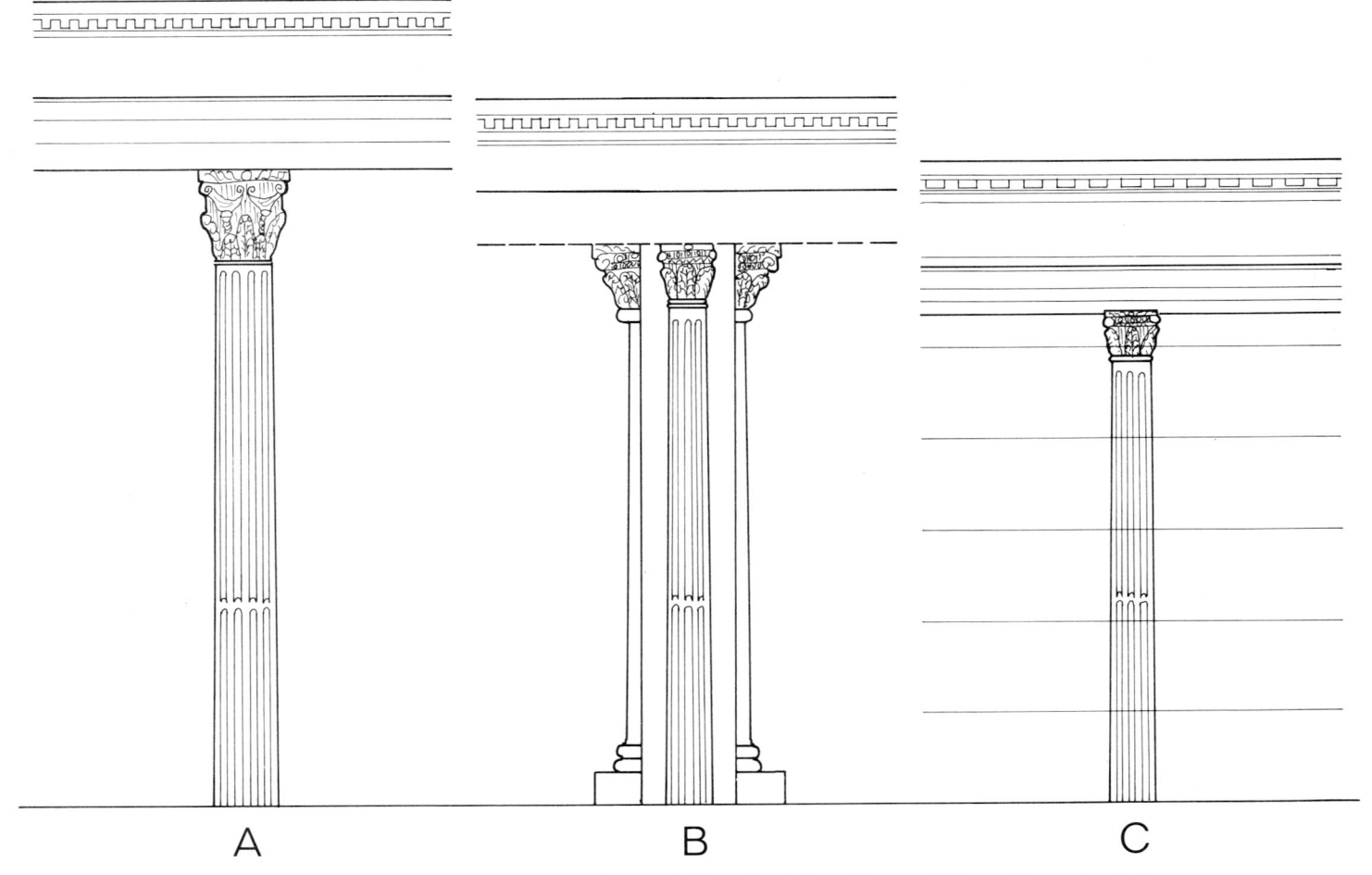

Abb. 31  Rekonstruktionsvorschläge für die Höhenentwicklung der drei an Oktogon-Ecken auftretenden Ordnungen.

An dieser Stelle wird die Frage dringlich, welcher Gebäudetypus im militärischen Bereich sowohl die komplexe Grundrißgestalt wie auch den mehrgeschossigen Aufbau einschließt. Darum wende ich mich noch einmal der Grundrißform zu.

## Grundriss und Gebäudetypus

Bei einer geschoßmäßigen Staffelung der Architektursysteme B, D und C sind die Anhaltspunkte für die Grundrißgestalt aus allen drei Systemen zusammenzutragen und in eine umfassende Rekonstruktion einzugliedern. Dabei ist zu berücksichtigen, daß Veränderungen in der Grundrißform von Stockwerk zu Stockwerk nur in begrenztem Umfang möglich sind; so kann das obere Stockwerk z. B. etwas zurückspringen und bei gleicher Form etwas kleiner sein als das darunterliegende, oder es kann das darunterliegende Geschoß nur zu einem Teil überbauen.

Als Ausgangspunkt wähle ich die Teilrekonstruktion der Kleinen Pilasterordnung *(Abb. 20)* und die in *Abb. 4* dargestellte, abstrakte Grundrißfigur. In der Kleinen Pilasterordnung fanden sich ausspringende und einspringende rechte Winkel, Oktogon-Ecken und 157,5°-Ecken; dagegen fehlten einspringende Mauerecken von 112,5°, wie sie nach *Abb. 4* als Gegenstücke zu den rechtwinklig einspringenden Mauerecken zu erwarten sind. Es haben sich aber sowohl in der Großen Pilasterordnung wie in der Ordnung der Oktogon-Pfeiler Blöcke gefunden, die von einspringenden Ecken mit 112,5° stammen[52]. Dafür haben diese beiden Ordnungen keine Blöcke von Ecken mit 157,5°-Winkeln geliefert.

Diese Verteilung des Fundmaterials auf die verschiedenen Geschosse wird verständlich, wenn der querliegende Trakt nicht alle Geschosse erreichte: zumindest ein Ober-

---

[52] B 12 *Abb. 5;* D 11. 16 *Abb. 23.*

geschoß, mit der Kleinen Pilasterordnung ausgeführt, überragte den querliegenden Trakt.

Die spiegelbildlich gearbeiteten Eckstücke von 112,5°-Ecken (D 11. 16 *Taf. 14*) beweisen, daß der querliegende Trakt an beiden Seiten von je einem Rechteckgebäude mit halbem Oktogon flankiert wurde. Diese Zwillingsgebäude können insgesamt auf einem Stockwerk nur sechs Oktogon-Ecken Platz bieten. Im Bestand des Fundmaterials aber befinden sich allein acht Oktogon-Ecken, die alle aus derselben Schicht im Aufbau der Pilaster der Kleinen Pilasterordnung stammen. Das Ergebnis ist zwingend: mit der Kleinen Pilasterordnung waren zwei übereinander liegende Geschosse ausgeführt[53]. Schon die Fülle der Bausteine dieser Ordnung im Vergleich mit der Großen Pilasterordnung hätte diesen Schluß zugelassen. Ein Beweis dafür ist aber erst aus der so ermittelten Grundrißform zu gewinnen.

Betrachtet man die Bausteine der Kleinen Pilasterordnung noch einmal unter dem Aspekt der Herkunft aus zwei übereinanderliegenden Geschossen, so scheint es, daß sich einige Steine wie z. B. C 1 *(Taf. 5)* durch ihre geringere Mauerstärke als vom oberen, andere wie C 6 *(Taf. 5)* durch ihre größere Mauerstärke als vom unteren Geschoß zu erkennen geben.

Zwillingsgebäude mit polygonalen oder halbrunden Fronten, verbunden durch einen rechteckigen oder quadratischen Zwischentrakt, im Aufbau aus mehreren Geschossen aufgetürmt, wobei die Zwillingsgebäude den Zwischentrakt überragen, kommen in der römischen Architektur tatsächlich häufig vor: es sind Stadt- und Lagertore mit flankierenden Tortürmen.

In den Fundamenten der spätrömischen Stadtmauer, aus denen das begrenzte Fundmaterial der Architektursysteme A–D stammt, wurden offenbar die Blöcke eines abgerissenen Lagertores verbaut, nachdem das Mainzer Lager nicht mehr belegt war und die Zivilsiedlung zu Füßen des Lagers eines eigenen, neuen Schutzes bedurfte. Nach dem Lageplan *(Abb. 1)* wird von der Stadtmauer allein das tieferliegende Nordost-Tor des ehemaligen Lagers eingeschlossen, das das Haupttor, die Porta Praetoria, gewesen war. Es war nun überflüssig geworden, weil es innerhalb des Stadtgebietes lag. Das Steinmaterial dieses Tores, so vermute ich, liegt uns ausschnittsweise als Spolien aus der Fundamentierung der Stadtmauer in den Architektursystemen A–D vor.

Es besteht keine Hoffnung mehr, die Fundamente der ehemaligen Porta Praetoria aufzudecken. Der frühere Standort ist durch tiefreichende Keller und Terrassierungen schon im letzten Jahrhundert beim Bau der Sektkellerei Kupferberg[54] und der angrenzenden Keller eines heutigen Bierverlags vollkommen verändert worden.

Eine Vorstellung vom ehemaligen Lagertor ist aus diesem Grunde allein aus den bisher geborgenen Bausteinen zu gewinnen, ein Material von begrenztem Umfang, das wesentliche Bestandteile des Torbaus, wie z. B. Teile der Torbögen, nicht enthält. Offenbar sind in den bisher untersuchten Abschnitten der spätrömischen Stadtmauer überwiegend solche Blöcke gefunden worden, die von den oberen Geschossen des Torgebäudes stammen. Darunter mögen sich auch Teile des Wehrganges über den Torbögen befinden, und zwar die Bogenreihe mit Pilastergliederung an durchlaufend geraden Wänden, wie sie als Teil der Kleinen Pilasterordnung in den Blöcken C 22–33 *(Taf. 8–9)* vorliegt.

Über die Breite des Torgebäudes, die Breite und Höhe der Torbögen und über die Tiefe der flankierenden Tortürme, die mit einem halben Oktogon vor dem Torbau vortreten, erfahren wir aus dem Fundmaterial nichts. Lediglich die Breite der Tortürme – und zwar nur in den oberen Geschossen – ist einigermaßen genau zu erschließen, falls die Teilrekonstruktion der Kleinen Pilasterordnung eine tragfähige Basis bietet *(Abb. 20)*: sie beträgt etwa 732 cm[55], wenn die oktogonalen Turmseiten stets gleiche Breite (280 cm) gehabt haben.

Ist eine Rekonstruktion des gesamten Torbaus unter diesen Umständen auch nicht möglich, so kommt den festgestellten Mauerwinkeln eine erhöhte Bedeutung zu. Sie liefern den Beweis für eine Grundrißform, die ausschließlich für Stadt- und Lagertore verwendet wurde. Damit ist das Gebäude typologisch festgelegt. Aus dem Gebäudetypus, der nun eingegrenzt werden muß, ergeben sich neue Anhaltspunkte für eine hypothetische Rekonstruktion des Mainzer Lagertores. Aus diesem Grunde wende ich mich zunächst den Stadt- und Lagertoren zu.

---

[53] Kommen an jedem halben Oktogon nur drei Oktogon-Ecken mit dem Winkel von 135° vor, so hat ein Geschoß mit zwei halben Oktogonen insgesamt sechs Oktogon-Ecken gehabt. Da acht Oktogon-Ecken allein aus einer Schicht vorhanden sind, müssen zwei davon einem zweiten Geschoß angehören. Von ursprünglich zwölf Oktogon-Ecken derselben Schicht sind also heute vier noch nicht bekannt.

[54] An dieser Stelle möchte ich Herrn Christian Kupferberg und Graf von Pfeil meinen besonderen Dank aussprechen für ihr Interesse und Engagement gegenüber meinen Fragen und Wünschen. Mit Graf von Pfeil habe ich ausgiebig und genußvoll die entsprechenden Sektkeller abgesucht nach eventuell dort vermauerten Bausteinen der Mainzer Militärarchitektur, konnte dabei aber keine weiteren Spolien entdecken.

[55] Vgl. S. 20.

## Stadt- und Lagertore

L. Crema[56] hat einige Tore mit halbrunden oder polygonalen Tortürmen aus augusteischer Zeit zusammengestellt: Fano[57], Arles[58], Nîmes[59], deren Stadttore eine erste Vorstellung von der Art des Mainzer Lagertores geben können. An diese Reihe schließt sich das bekannteste Torgebäude dieses Typus an, die Porta Nigra in Trier[60] *(Abb. 32)*.

Neuere Arbeiten über Stadt- und Lagertore von Kähler[61], H. Schönberger[62] und T. Bechert[63] zeigen die Vielfalt römischer Toranlagen, aber auch die Beschränkung auf zwei, bisher nicht deutlich genug voneinander geschiedene Typen. Ich möchte versuchen, die beiden Typen in aller Kürze zu charakterisieren, um das Mainzer Lagertor typologisch möglichst genau zu bestimmen. Beide Typen reichen in die republikanische Zeit zurück. Durch die Bezeichnung »erster Typus« und »zweiter Typus« soll keine Priorität des einen Typus vor dem anderen ausgedrückt, sondern lediglich eine Unterscheidung von zwei in der römischen Architektur geläufigen Bauformen bezeichnet werden.

Als Beispiele des ersten Typus seien die Tore in Spello[64], Turin[65] und Köln[66] genannt. Bei diesem Tortypus wird die Außenfront des eigentlichen Torgebäudes, das die Tordurchgänge enthält, von freistehenden, vieleckigen Türmen flankiert, die eine regelmäßige geometrische Grundrißfigur haben: in Köln sind die Türme quadratisch, in Como[67], Salona[68], Avenches[69] und Zara[70] achteckig, in Spello[71] zwölfeckig, in Turin[72] sechzehneckig und in Ravenna[73] kreisrund. Es handelt sich um die parataktische Anordnung eines Torgebäudes als selbständige bauliche Einheit und um eine begleitende Einfassung aus Türmen, die wiederum als selbständige Baueinheiten aufgefaßt sind.

Diesem Tortypus gehört das Mainzer Lagertor nicht an. Seine Türme sind keine selbständigen Baueinheiten gewesen, die sich auf einem vollständigen Polygon erheben, sondern es waren gewissermaßen Halbtürme mit anschließendem Rechteckbau, der das eigentliche Torgebäude auf ganzer Länge begleitete und noch ein Stück darüber hinaus ins Lagerinnere vorstieß. Das beweisen einerseits die Ecken im Winkel von 157,5°, andererseits die risalitartig vorspringenden Gebäudeecken in der Kleinen Pilasterordnung *(Abb. 4; 9; 10; 35)*.

Das Hauptkennzeichen des zweiten Tortypus sind die tiefgreifenden Türme, die nicht nur die Außenfront des eigentlichen Torgebäudes flankieren, sondern das Torgebäude in ganzer Tiefe begleiten. Dabei verschmilzt die Seitenwand des Torturms mit der seitlichen Begrenzung des eigentlichen Torgebäudes in einer gemeinsamen Mauer. Man könnte behaupten, das Torgebäude sei reduziert auf eine Frontwand an der Landseite und eine zweite an der Stadt- oder Lagerseite: der Zwingerhof wird seitlich von den Turmmauern begrenzt.

Als Beispiel für diesen Tortypus diene die Porta Praetoria von Aosta[74]: die Türme haben einen rechteckigen Grundriß mit dem Seitenverhältnis von 1 : 2¼ zwischen Frontbreite und Tiefe; zwischen die beiden Türme sind die beiden Torwände des Zwingerhofs gesetzt, die nicht Bestandteil eines herauslösbaren, selbständigen Baukörpers, sondern lediglich Querriegel zwischen den Turmflanken sind.

Dieser zweite Tortypus ist der übliche für römische Lagertore, seien sie nun aus Holz und Erde[75] oder aus Stein[76] erbaut. Gegenüber dem ersten Tortypus hat der zweite in der Lagerarchitektur besondere Vorteile, wenn einfache Rechtecktürme gewählt werden. Die Turmfront kann dann nämlich bis auf einen geringen Vorsprung vor die Lagermauer zurückgenommen werden, unterbricht also nicht das Grabensystem vor der Lagermauer: die Gräben können ohne Unterbrechung bis zu der Straße, die aus dem Lager herausführt, fortgesetzt und damit die Angriffsschneise möglichst eng gehalten werden. Außerdem bieten die Turmflanken bei der üblichen Erdfüllung hinter den nur feldseitig aus Stein errichteten Lagermauern eine willkommene Abstützung der losen Erdschüttung an den Stellen, wo die Agger-ähnlichen Wehrmauern von Toren unterbrochen werden.

---

[56] Crema, Architettura 216 ff.

[57] Ebd. Abb. 227; 229.

[58] Ebd. Abb. 225.

[59] Ebd. Abb. 230.

[60] Ebd. Abb. 734; 735. Gose, Porta Nigra. – *Abb. 32* nach: F. Frigerio, Riv. Arch. Como 108–110, 1934–1935 Taf. 10 bis.

[61] Kähler, Torburgen 1ff.

[62] Saalburg-Jahrb. 19, 1961, 37ff. Bonner Jahrb. 164, 1964, 39ff.

[63] Bonner Jahrb. 171, 1971, 201ff.

[64] Kähler, Torburgen Abb. 4; 59; 70. Crema, Architettura Abb. 226; 228.

[65] Kähler, Torburgen 5 Abb. 1; 48. Crema, Architettura Abb. 234–236.

[66] Kähler, Torburgen 25 Abb. 18. Crema, Architettura Abb. 238–239.

[67] Kähler, Torburgen 23 Abb. 16.

[68] Ebd. 27 Abb. 23; 58.

[69] Ebd. Abb. 40.

[70] Ebd. Abb. 27.

[71] Vgl. Anm. 64.

[72] Vgl. Anm. 65.

[73] Kähler, Torburgen Abb. 28; 63. Crema, Architettura Abb.233.

[74] Kähler, Torburgen 5 Abb. 2; 50; 51. Crema, Architettura Abb. 223; 224.

[75] Schönberger a.a.O. (Anm. 62); jetzt auch W. H. Manning u. I. R. Scott, Britannia 10, 1979, 19ff.

[76] Bechert a.a.O. (Anm. 63).

Abb. 32   Trier. Porta Nigra. Nach F. Frigerio.

Diese beiden Vorteile scheinen die römischen Militärarchitekten höher eingeschätzt zu haben als den Vorzug, den die weit vorspringenden Türme des ersten Tortypus' bieten, nämlich den Gegner vor dem Tor auf drei Seiten umfassen zu können. Diesen Vorzug sicherte man sich jedoch dadurch, daß der Torverschluß und damit der Wehrgang über dem Tor des zweiten Typus' gelegentlich zwischen die Türme zurückverlegt[77] und so eine dreiseitige Umfassung des Gegners ermöglicht wurde.

Außerdem kann beim zweiten Tortypus auf der Stadt- oder Lagerseite wie in Aosta mit einer zweiten Torwand ein Zwingerhof erstellt werden, der den Verteidigern die besten Angriffsmöglichkeiten gegen einen eingedrungenen Feind bietet.

Dieser Zwinger, Kählers Torburg[78], ist nun ein konstituierender Teil des ersten Tortypus'. Er stammt zusammen mit den außenliegenden, regelmäßigen Türmen aus der griechischen Festungsbaukunst[79], die seit der Frühzeit[80] mit steinernen Wehrmauern arbeitete.

Der zweite Tortypus mit eingebundenen Türmen ist dagegen wohl italischen Ursprungs. Er läßt sich an griechischen Toren nicht nachweisen, sondern ist den besonderen Bedingungen der Agger-Mauer und des vorgelegten Grabens angepaßt. Soweit wir es überblicken, wird dieser Tortypus an Stadttoren auch mit einem Zwinger ausgestattet, doch scheint der Zwinger an Lagertoren erst spät belegt zu sein[81].

Beide Tortypen waren bereits ausgebildet, als seit der Mitte des 1. Jahrhunderts n. Chr. die Agger-Mauern nach und nach durch Steinmauern ersetzt wurden[82]. Der Wechsel in der Mauerkonstruktion war aber kein Anlaß für einen Wechsel der Tortypen. Bei militärischen Anlagen jedenfalls hat sich der zweite Tortypus mit eingebundenen Tortürmen bis in die späte Kaiserzeit gehalten, wenn auch die Turmform Modifikationen unterworfen war.

In diesem Zusammenhang ist die »Porta Paphia« in Köln[83] bemerkenswert, die im Jahre 50 n. Chr. erbaut wurde. Durch den ersten Tortypus mit selbständigen Türmen und Zwingerhof, der den Stadttoren vorbehalten ist, hebt Köln seinen neuen Status als Stadt bzw. Colonia Claudia Ara Agrippinensium hervor. Daß die Stadtmauer aber an die Turmseiten anschließt und nicht – wie sonst bei Stadttoren – an den Zwinger, ist wohl auf die Nähe zu den Militärlagern am Rhein zurückzuführen.

Die häufigste Turmform des zweiten Tortypus' ist der Rechteckturm. Er kann bei geringer Stärke der Wehrmauer zum quadratischen Turm schrumpfen[84]. Daneben hält sich seit augusteischer Zeit eine stattlichere Sonderform: der Rechteckturm mit feldseitiger Front in Form eines halben Rundturms oder eines halben Polygonalturms. Prägnante Beispiele für halbrunde oder halbpolygonale Turmfronten bieten die folgenden Tore:

Fano, Arco di Augusto[85]; Arles, Osttor[86]; Nîmes, Porte d'Auguste[87]; Fréjus, Osttor[88]; Autun, alle vier Tore[89]; Lambaesis, Nordtor[90]; Regensburg, Porta Praetoria[91]; Toulouse, Nordtor[92]; Trier, Porta Nigra[93] *(Abb. 32)*; Cǎşei, Nord- und Westtor[94].

In diese Reihe fügt sich das Mainzer Lagertor mit seinen vorspringenden halben Polygonaltürmen ein. Nach dem heutigen Stand der Forschung ist das Mainzer

---

[77] Schönberger a.a.O. (Anm. 62).

[78] Kähler, Torburgen.

[79] F. E. Winter, Greek Fortifications (1971) 205ff.

[80] A. Wokalek, Griechische Stadtbefestigungen. Stud. zur Gesch. d. frühgriech. Befestigungsanlagen. Abhandl. zur Kunst-, Musik- u. Litwiss. 136 (1973).

[81] Bechert a.a.O. (Anm. 63) passim. – Erst um 260 n. Chr. dringt das Zwingertor mit selbständigen Tortürmen in die Lagerarchitektur ein: Westtor in Vindonissa (ebd. 285 Abb. 37,1). Aus der gleichen Zeit stammt das Nordtor in Toulouse (F. Salviat, Gallia 30, 1972, 486 Abb. 23) mit rundem Zwinger, eingefaßt von Rechtecktürmen mit halbrunden Fronten.

[82] H. Dragendorff, Ber. RGK 1, 1904, 21ff.

[83] Kähler, Torburgen 25 Abb. 18. Crema, Architettura Abb. 238–239. Römer am Rhein a.a.O. (Anm. 40) 81 Nr. 15.

[84] Bechert a.a.O. (Anm. 63) 223 Abb. 6; 231 Abb. 7; 241 Abb. 12; 243 Abb. 13; 245 Abb. 14.

[85] Kähler, Torburgen Abb. 24; 52. Crema, Architettura Abb. 226; 229. – Ein Modell des Tores befindet sich im Museo della Civiltà Romana, Rom, Saal 32 Nr. 16.

[86] Kähler, Torburgen 7; 29. Crema, Architettura Abb. 225. Bechert a.a.O. (Anm. 63) 211 Abb. 1,3.

[87] Kähler, Torburgen Abb. 17; 60; 61; 69. Crema, Architettura Abb. 230. Ein Modell des Tores befindet sich im Museo della Civiltà Romana, Rom, Saal 32 Nr. 25.

[88] Crema, Architettura Abb. 225. Bechert a.a.O. (Anm. 63) 211 Abb. 1,1.

[89] Kähler, Torburgen Abb. 25; 26; 54–57. Crema, Architettura Abb. 232. P.-M. Duval u. P. Quoniam, Relevés inédits des monuments antiques d'Autun. Gallia 21, 1963, 159ff. mit Zeichnungen von J. Roidot (1794–1878). Vgl. hier S. 45 *Abb. 33–34, Taf. 41–42*.

[90] Crema, Architettura Abb. 409. P. Romanelli, Topografia e Archeologia dell'Africa Romana. Enciclopedia Classica 3,10,7 (1970) 40ff. Taf. 27a.

[91] W. Boll, Regensburg³ (1969) 7ff.; 50 Abb. 2. – Vgl. auch P. Reinecke, Zur Porta Principalis dextra in Regensburg. Germania 36, 1958, 85ff.; G. Ulbert, Das römische Regensburg. In: Germania Romana. 1. Römerstädte in Deutschland. Gymnasium Beih. 1 (1960) 64ff. Taf. 9–11; Bechert a.a.O. (Anm. 63) 242ff. Abb. 15. – U. Osterhaus teilte mir freundlicherweise mit, daß eine photogrammetrische Vermessung der Lagermauern und der Tore 1973 durchgeführt wurde; K. Schwarz überließ mir dankenswerterweise Kopien von Horizontalschnitten durch den östlichen Torturm der Porta Praetoria nach der neuen Vermessung. Siehe jetzt: K. Dietz, U. Osterhaus, S. Rieckhoff-Pauli, K. Spindler, Regensburg zur Römerzeit (1979) 198ff. Abb. 37–38.

[92] Salviat a.a.O. (Anm. 81) 486 Abb. 23.

[93] Gose, Porta Nigra.

[94] Bechert a.a.O. (Anm. 63) 276 Abb. 29. Römer in Rumänien. Ausstellung d. Röm.-Germ. Mus. Köln u. d. Hist. Mus. Cluj (1969) 114 Abb. 5.

Tor vor Lambaesis, Regensburg und Căşei das früheste Lagertor, das für die Türme die stattlichere Sonderform benutzt.

In Aquincum (Budapest) wurde eine Porta Praetoria mit Achtecktürmen ausgegraben, deren Erbauungszeit noch umstritten ist[95]. Die Anlage des Doppellagers jedenfalls geht in das späte 1. Jahrhundert n. Chr. zurück und ist ein Werk der Legio IV Flavia (rechte Lagerseite) und der Legio II Adiutrix (linke Lagerseite)[96]. Die Durchfahrt wird von Rechtecktürmen flankiert, die in der Flucht der Lagermauern liegen und für Passagen genutzt wurden; an diese innenliegenden Türme schließen sich mit jeweils einer Seite Achtecktürme an, die mit drei Seiten vor die Mauerflucht vortreten. Falls die Kombination von rechteckigem »Lager«-Turm und polygonalem »Stadt«-Turm tatsächlich in spätflavische Zeit zurückgeht, könnte die Porta Praetoria von Aquincum ein Zeuge für die Innovationskraft dieser Epoche sein.

Eine Besonderheit im Grundriß des Mainzer Lagertors ist es, daß in der Mitte jeder Turmfront eine Oktogon-Ecke wie ein Bug angeordnet ist. Das Budapester Tor hat an dieser Stelle eine Oktogon-Seite. Ein Bug in der Turmmitte ist zwar selten, steht aber nicht vereinzelt. So haben die Polygonaltürme der Porta Caesarea in Salona[97], ebenfalls auf achteckigem Grundriß, diese Ausrichtung. Hellenistische Vorbilder bietet Isaura am Taurus[98], wo alle 14 Türme einen Bug haben; sechs davon sind reine Oktogone, die anderen aber Halb-Oktogone mit rückwärtigem Rechteckturm. Den Wert eines Bugs an Türmen betont ausdrücklich der Festungsbaumeister Philon von Byzanz[99].

Die im wesentlichen gesicherte Form des Mainzer Lagertors – gesichert sind der mehrgeschossige Aufbau und die Mauerwinkel, annähernd genau bestimmt sind die Turmbreite und die Höhe der Geschosse – stellt sich mithin in eine Tradition, die einerseits archäologisch, andererseits literarisch abgesichert ist.

## Zur Fassadengliederung römischer Tore

Kähler[100] hat mit seinem Urteil über die Fassadengliederung römischer Tore die Meinung der Forschung entscheidend beeinflußt. Kähler ging vom zentralen Teil der Toranlagen des ersten Typus' aus, nämlich von der Torburg. Dementsprechend schied er nicht scharf zwischen den hier herausgestellten Tortypen, die überspitzt als parataktischer und als syntaktischer Typus bezeichnet werden können.

Da die Torburg bzw. der Zwinger ein konstituierender Teil allein des ersten Tortypus' ist, der im rein militärischen Bereich nicht verwendet wurde, beziehen sich Kählers Schlüsse ausschließlich auf den ersten Tortypus und mithin nur auf Stadttore.

Kähler schreibt[101]: »Die Türme sind ... genetisch die spätesten Elemente in der Entstehung dieser Form der römischen Torburg. Sie sind gleichsam nachträglich an die in sich geschlossene Anlage herangeschoben. ... In diesem ursprünglichen Verhältnis der Türme zum Torbau liegt zugleich ein nicht unwichtiger Hinweis für die Fassaden. ... Denn die Türme sind auch bei den kaiserzeitlichen Bauten nicht integrierende Bestandteile der Torfassaden, sondern gehören zur Stadtmauer. Dies bekundet sich auch späterhin darin, daß sich zwischen Torfassade und Türmen sehr häufig ein Materialwechsel findet, zwischen Mauern und Tortürmen, soweit wir wissen, dagegen erst bei der Porta Nigra in Trier. ... Dementsprechend greift auch die Gliederung der Fassade bei fast allen frühkaiserzeitlichen Bauten nicht auf die Türme über. ... Aber erst bei der Porta Nigra in Trier kann man von einer Einheit von Tor und Türmen auch in künstlerischem Sinne sprechen.«

Diese Wertung ist in jüngster Zeit von B. Meyer-Plath[102] in zugespitzter Form mit Berufung auf Kählers abgewogenes Urteil als Feststellung wiederholt worden, die Porta Nigra sei »in römischer Zeit das einzige bekannte Beispiel für eine einheitliche architektonische Fassadengliederung der gesamten Baugruppe.«

Kählers Hypothese traf schon damals nur auf den ersten Tortypus mit selbständigen Türmen und selbständiger Torburg zu, zu dem die Porta Nigra nicht gehört. Sie betraf aber nicht den zweiten Tortypus mit durchgreifenden Türmen und einbindenden Torwänden, für den die Porta Nigra ein Paradebeispiel ist. Kähler hat selbst auf diesen Sachverhalt vorsichtig verwiesen[103]: »Bei der Porta Praetoria von Aosta setzen sich die Geschoßgrenzen der

---

[95] Eine kurze Notiz erschien in Arch. Ért. 100, 1973, 263 Nr. 33. Es handelt sich um das auf die Donau weisende Osttor des Lagers. Außerdem sind bekannt: das Südtor mit rechteckigen Tortürmen (Arch. Ért. 98, 1971, 269f. Nr. 33; Arch. Ért. 99, 1972, 255f. Nr. 31), ein rechteckiger Mauerturm (Arch. Ért. 100, 1973, 263 Nr. 36), ein Abschnitt der nördlichen Lagermauer (Arch. Ért. 98, 1971, 270 Nr. 34).
[96] Über die Geschichte der Legio II Adiutrix vgl. Ritterling, Legio 1437ff.
[97] Kähler, Torburgen 27 Abb. 23.
[98] Ebd. 34 Abb. 35. Winter a.a.O. (Anm. 79) 166f. Abb. 148–149; 200ff. Abb. 198–204.
[99] 79,11ff. – Zu günstigen Turmformen ferner 79,7ff.; 79,20ff., aber auch Vitruv I 5,5: »turres itaque rotundae aut polygonae sunt faciendae.«
[100] Kähler, Torburgen 1ff.
[101] Ebd. 24.
[102] In: Gose, Porta Nigra 85.
[103] Kähler, Torburgen 24.

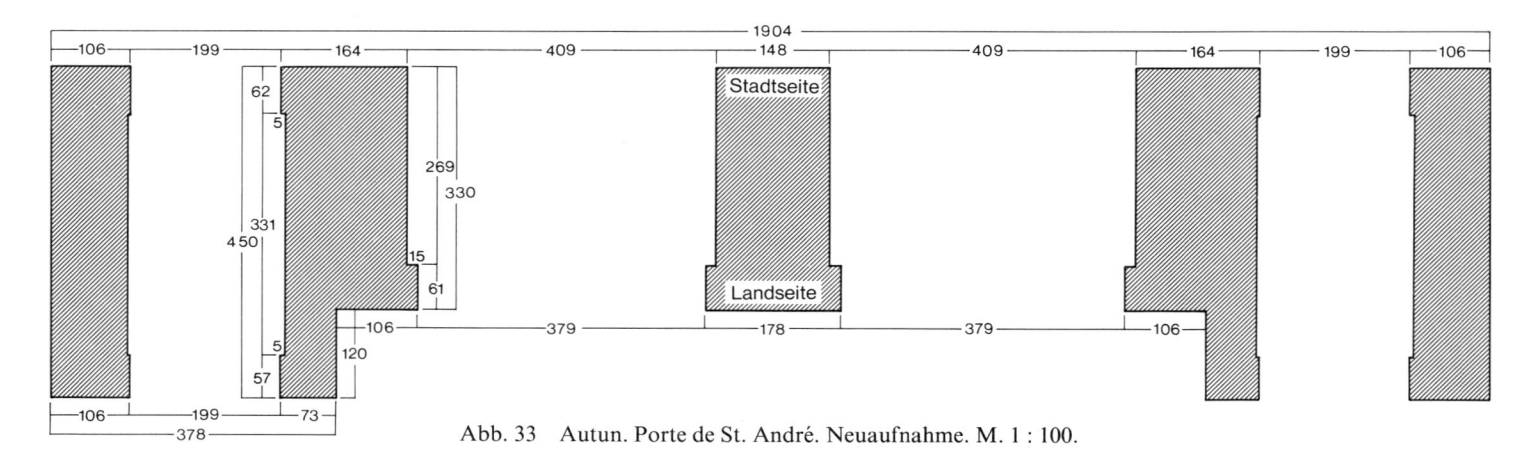

Abb. 33   Autun. Porte de St. André. Neuaufnahme. M. 1 : 100.

Fassade in schmalen Bändern auch in den Türmen fort. Bezeichnenderweise gehört dieser Bau zu derjenigen Gruppe von Torburgen, bei der die Türme genetisch ein wesentlicher Bestandteil der Anlage sind«, nach unserer Definition also zum zweiten Tortypus[104].

Das Übergreifen der Arkadengliederung im Wehrgang über den Tordurchgängen auf die Tortürme läßt sich spätestens seit flavischer Zeit nachweisen, womit das Mainzer Lagertor zu den frühesten Beispielen gehört. So war die Porta detta Marmorea in Turin[105], die vor ihrer Zerstörung noch von Giuliano da Sangallo (1473–1516) aufgenommen wurde, in allen drei Geschossen mit Einschluß der Türme einheitlich und umfassend gegliedert. Dieses Tor hatte zu ebener Erde im Mittelteil zwei Durchfahrten und zwei Passagen, an den Turmfronten je drei gliedernde Blendarkaden. Über dem einheitlichen Gebälk erhoben sich über dem Tor neun Arkaden, die ihre Fortsetzung in den Türmen mit je drei Arkaden fanden. Die zweite Galerie wiederholte diesen Rhythmus mit Fenstern, die bei Sangallo alternierend mit Rundgiebeln und Dreiecksgiebeln geschmückt sind[106].

Wesentlich früher tritt die einheitlich gegliederte Torfassade an dem großen Capuaner Tormodell auf, falls dessen Datierung in die spätrepublikanische Zeit durch E. Jastrow[107] und Kähler[108] zutrifft *(Taf. 41,1.2)*. Es ist die Zeit, in der auch beim römischen Theater ursprünglich selbständige Baukörper, nämlich Bühnenhaus und Cavea, zu einem einheitlichen Gebäude zusammengeschlossen wurden[109], ein Bestreben, das unterstützt wird durch die der römischen Architektur eigentümliche Möglichkeit einheitlicher Fassadengliederung.

Das Capuaner Tormodell bietet die Front und die Seiten eines zweigeschossigen Tores mit einbindenden Tortürmen. Über dem Torgeschoß, das im Mittelteil zwei Torbögen, in jedem Turm vorn und an der Seite je ein Rundbogenfenster enthält, liegt ein umlaufendes, dorisches Gebälk, das sich auch an den äußeren Turmseiten fortsetzt. Die Galerie erhebt sich über einer Stufe und besteht aus alternierenden Rechteck- und Bogenöffnungen mit vorgeblendeter Stützenstellung. Diese Gliederung greift auf die Türme über, die an allen Seiten Fenster haben. Über der Galerie liegt ein einheitliches, umlaufendes Gebälk, das über dem Mittelteil eine Zinnenreihe trägt, während die Zinnen über den Türmen auf einem attika-ähnlichen Aufsatz angebracht sind.

Kähler kannte nur die Front des Tormodells und meinte[110], es sei »nicht zu entscheiden, ob die rechteckigen, neben dem mittleren Teil vortretenden Baukörper Türme sein sollen.« Seit das Modell aber aus der Mauer gelöst und in das Museum gebracht wurde, ist die Frage entschieden: es handelt sich tatsächlich um einbindende Rechtecktürme[111].

[104] Vgl. S. 40.
[105] L. Manino, Problemi relativi alle fortificazioni delle città romane del Piemonte. Atti 10. Congresso di Storia dell'Architettura 1957 (1959) 200 Abb. 1.
[106] Die Datierung der Turiner Tore schwankt zwischen augusteisch und flavisch (zusammenfassend: Crema, Architettura 220). Das Marmortor ist offensichtlich das stattlichste Tor Turins gewesen, weil die drei anderen Tore nur Lateritium-Fronten hatten. Der Verdacht, das Marmortor sei eine Erfindung Sangallos, beruht darauf, daß die Porta Palatina in Turin ähnliche Bauformen hat. Ähnliche Bauformen sprechen aber eher für gleiche Erbauungszeit als für eine Erfindung, zumal Sangallos Zeichnung von den Zeitgenossen mit der Wirklichkeit verglichen werden konnte: das Tor wurde erst 1565 (oder 1642?) beseitigt. Vgl. Anm. 105.
[107] Arch. Anz. 1932, 21ff.
[108] Kähler, Torburgen 73 Abb. 62.
[109] Vgl. Vitruv V 7 (6) mit V 8 (7). – Vitruv fordert für das römische Theater auch gleiche Höhe von Scenae und Cavea (V 7,4). Gleiche Breite hat z. B. das Theater in Orange (Crema, Architettura 91).
[110] Kähler, Torburgen 80.
[111] Die Photovorlagen verdanke ich meinem Studienfreund Michael Eisner.

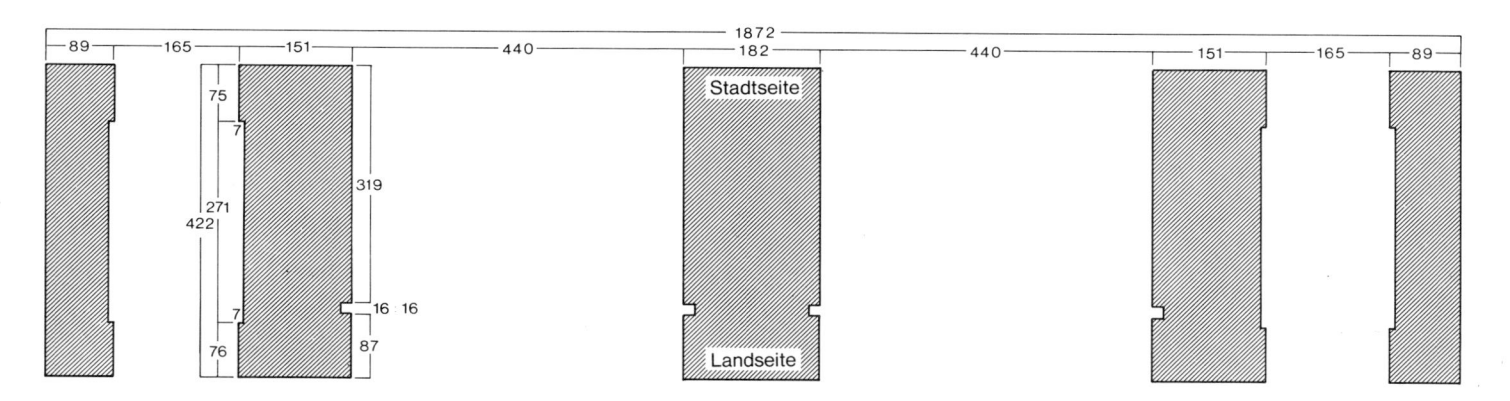

Abb. 34 Autun. Porte d'Arroux. Neuaufnahme. M. 1 : 100.

Eine einheitliche Fassadengliederung hat auch die Porte St. André in Autun[112] *(Abb. 33 Taf. 41,3.4)*, die zwar nicht zu dem zweiten Tortypus gehört, aber mit ihren 1,20 m vorspringenden Scheintürmen an der feldseitigen Front den einbindenden Tortürmen nahesteht. Im Torgeschoß rahmen die Scheintürme die beiden Durchfahrten und enthalten selbst je eine Passage. Ein gemeinsames Gebälk liegt über Mittelteil und Türmen. Darüber erhebt sich die Galerie als Arkadenfront. Sie besteht aus zehn Bögen, von denen je zwei auf die Turmfronten entfallen. Die Galerie wird oben durch ein einheitliches Gebälk abgeschlossen.

Die Porte St. André ist entgegen Kählers Vermutung wohl nicht in der augusteischen Gründungsphase dieser Colonia erbaut worden, zu der die kleinsteinige Stadtmauer mit halbrunden Türmen gehört, sondern ebenso wie die Porte d'Arroux[113] *(Abb. 34 Taf. 41,5.6)* erst in flavischer Zeit in die augusteische Mauer eingefügt worden[114]. Man ersetzte die augusteischen Tore und behielt dabei die halbrunden Flankierungstürme bei, so daß als Gesamtform ein Tor des zweiten Tortypus' entstand.

Nach Ausweis der durchlaufenden Kämpfer sowie des Fehlens jeglicher Verriegelungsspuren in den Passagen war ein Verschluß des Tores für Fußgänger und Vieh wohl nie erfolgt. In den Durchfahrten konnte der Wagenverkehr zwar mit einfachen Flügeltüren ausgeschlossen werden, doch fehlen die für einen Verteidigungsfall notwendigen zusätzlichen Sicherungen wie Fallgitter, Horizontalriegel und Zwingerhof. In der Fassadenarchitektur wirkt sich die verminderte fortifikatorische Komponente dieses Tores ebenfalls aus: die Seitenwände der Scheintürme, die sich den Durchfahrten des Tores zuwenden, haben keine Öffnung! Auf den Vorteil der vorgezogenen Türme, nämlich den Gegner auch von der Seite angreifen zu können, wurde demonstrativ verzichtet. Damit ist die repräsentative Bedeutung gegenüber der fortifikatorischen bei diesem Torbau deutlich betont.

Ähnliches läßt sich vom nördlichen Haupttor der Stadt Autun sagen, der Porte d'Arroux[115], die ihren Namen von dem 100 m entfernten Fluß erhielt. Hier konnten zwar beide Durchfahrten durch Fallgitter und Flügeltüren geschlossen werden, die Passagen aber hatten keinen Verschluß. Die dünnwandige Arkadenreihe von nur 55 cm Stärke im Obergeschoß konnte keine fortifikatorischen Aufgaben übernehmen *(Taf. 42,1–3)*. Sie besteht aus zehn Bögen, deren Pfeiler innen und außen von korinthischen Pilastern gegliedert werden, doch sind nur die außen liegenden Pilaster vollkommen ausgearbeitet und kanneliert. Kähler nahm an, daß die stadtseitige Front dieses Schmucktores statt einer Galerie nur eine einfache Brüstung trug[116]. Für die Bedienung des Fallgitters scheint mir aber ein vollständiges Obergeschoß eine Voraussetzung zu sein.

Ein weiteres Tor mit einbindenden Tortürmen und übergreifender Fassadengliederung steht zum Teil noch aufrecht. Es ist die Porta Praetoria von Castra Regina (Regensburg)[117], das nördliche Tor des römischen Legionslagers, das wie die Porta Praetoria von Aquincum auf die Donau ausgerichtet ist. Erhalten ist der östliche Torturm und der westliche Torbogen, aufragend über einem 2 bis 3 m angestiegenen Niveau *(Taf. 42,4)*. Die monumentale Bauinschrift eines anderen Tores, der Porta Principalis dextra, bezieht sich auf die Fertigstellung der Mauern und Tore des Lagers im Jahre 179 n. Chr. Nach zweimaliger schwerer Beschädigung im

---

[112] Vgl. oben S. 42 und Anm. 89.
[113] Wie Anm. 112.
[114] G. Lugli, Nuove forme dell'architettura romana nell'età dei Flavi. Atti del 3. Convegno Nazionale Stor. Architettura (1940) 101ff.
[115] Vgl. oben S. 42 und Anm. 89.
[116] Kähler, Torburgen 90.
[117] Vgl. oben S. 42 und Anm. 91.

3. Jahrhundert n. Chr. wurden Mauern und Tore sowohl mit dem ursprünglichen Baumaterial als auch mit anderen Spolien wieder aufgebaut ohne Rücksicht auf die ehemalige Position der Blöcke im architektonischen Gefüge.

Der Ostturm der Regensburger Porta Praetoria ist im Untergeschoß noch weitgehend in der originalen Steinfügung erhalten. Da das Tor dem zweiten Tortypus angehört, hielt ich es aus typologischen Gründen für wahrscheinlich, daß der erhaltene Turm in die Fassadengliederung miteinbezogen worden war. Und in der Tat entdeckte ich 1973 an seinem Mauermantel eine Gliederung durch drei Pilaster in vier Wandfelder *(Taf. 42,5.6)*. Genau dieselbe Einteilung durch drei Pilaster in vier Wandfelder hat auch das Mainzer Lagertor an seinen Turmfronten gehabt! In Regensburg kann der Architrav, der über den Pilastern liegt, über den Torbögen fortgeführt werden, wie es *Taf. 42,4* zeigt. Damit ist für Regensburg eine übergreifende Fassadengliederung bewiesen.

Die Pilaster am Torturm der Regensburger Porta Praetoria heben sich nur schwach von der umgebenden, ungeglätteten Wand ab, weil sie selbst noch ungeglättet sind. Es handelt sich dabei nicht um eine kunstvolle Rustica-Form, sondern um einen unfertigen Bearbeitungszustand. Schärfer als die Pilasterkanten sind die Pilasterkapitelle konturiert, die sonst ebenfalls in Bosse belassen wurden. Um die Gliederung hervorzuheben, habe ich auf *Taf. 42,5–6* die Pilaster mit P, die Kapitelle mit K bezeichnet[118].

Kählers Schlußfolgerung, daß an der Porta Nigra in Trier zum ersten Mal eine einheitliche Fassadengliederung an Torgebäuden gestaltet worden sei, ist demnach zurückzuweisen. Zwar ist keines der angeführten Tore in seinem Erhaltungszustand mit der Porta Nigra zu vergleichen, doch hat sich gezeigt, daß sie eine ununterbrochene typologische Reihe bilden, an deren Ende die Porta Nigra steht. Die Porta Nigra *(Abb. 32)* zeichnet sich durch eine gewisse Gleichförmigkeit im Gliederungsschema aus, das in allen Geschossen repetiert wird, und durch eine Schwere der gliedernden Elemente, die dadurch noch wuchtiger als geplant wirken, daß die Feinbearbeitung der Oberflächen wie in Regensburg unterblieb. Am Mainzer Lagertor hingegen wird durch den Wechsel der Stützenform von Stockwerk zu Stockwerk und den Wechsel der Gesimsformen eine Gleichförmigkeit vermieden, ja sogar der Eindruck einer gewissen Verspieltheit hervorgerufen.

Von den Toren des hier herausgestellten zweiten Tortypus' sind häufig nur die Grundrißformen bekannt. Es wäre wünschenswert, wenn in Zukunft weitere Untersuchungen näheren Aufschluß über die Häufigkeit der einheitlichen Gliederung von Tor und Türmen brächten, weil sie damit einen wichtigen Beitrag zur Kenntnis der Prinzipien römischer Fassadengestaltung liefern können[119].

IDEELLE REKONSTRUKTION DES MAINZER LAGERTORES

Eine wirkliche Rekonstruktion des Mainzer Lagertores ist zwar nicht möglich, weil zu viele Bauteile unter dem heutigen Fundmaterial fehlen, doch kann der Vergleich mit anderen römischen Toren unsere Vorstellung vom Mainzer Lagertor noch präzisieren.

Zunächst ist festzuhalten, daß nach Ausweis der Steinbruchmarkierungen die Mainzer Blöcke für die Leg. I Adiutrix geschlagen wurden und daß diese Legion von 70 bis etwa 83/86 n. Chr. in Mainz stand, wodurch sich eine zuverlässige Datierung in frühflavische Zeit ergibt. Das Mainzer Lagertor gehört demnach in unmittelbare zeitliche Nähe zu den guterhaltenen Schmucktoren in Autun[120], die mit dem Mainzer Tor eine starke formale Verwandtschaft in der flachen Pilastergliederung und in der engen Bogenreihe aufweisen.

Die durchgreifenden Tortürme des Mainzer Lagertors hatten nach unseren Berechnungen der Kleinen Pilasterordnung in den beiden Obergeschossen eine Breite von etwa 7,32 m[121]. Nach unten hin werden sich die Türme verbreitert haben, und zwar mindestens um den Betrag, den im zweiten Obergeschoß die frei vor der Wand aufgestellten Oktogon-Pfeiler benötigten[122]. Weitere Rücksprünge von Geschoß zu Geschoß, z. B. durch eingescho-

---

[118] Der östliche Torturm hat eine Frontbreite von knapp 7 m; der Abstand zwischen den Türmen betrug etwa 11 m. Im Obergeschoß des Ostturms zeichnet sich an den Arkadenpfeilern noch deutlich der Kämpfer unter dem Bogenansatz ab, während die Front der Arkadenpfeiler beim Wiederaufbau in der Spätantike abgemeißelt wurde. Rauhe Streifen zeigen, daß auch diese Arkaden durch vorgelegte Pilaster gegliedert waren. Die Arkadenfassade aber muß vom Wehrgang aus auf die Tortürme übergegriffen haben.

[119] Besonders unbefriedigend ist die Forschungslage hinsichtlich der Torformen an den 20 römischen Legionslagern der Rhein-Donau-Linie. Vgl. die Zusammenstellung einiger Lagerpläne bei H. v. Petrikovits, Die Innenbauten römischer Legionslager während der Prinzipatszeit. Abhandl. Rhein.-Westf. Akad. d. Wiss. 56 (1975) Taf. 4–11. – Nur viermal ist die Form der Porta Praetoria bekannt, nämlich in Novaesium (flavische Rechtecktürme), in Aquincum (flavische Polygonaltürme), in Brigetio (traianische Rechtecktürme) und in Regensburg (severische Halbrundtürme). Man kann heute nur feststellen, daß stark vorspringende Tortürme bisher nur an Portae Praetoriae gefunden wurden. Auch aus diesem Grund handelt es sich bei dem Mainzer Lagertor am wahrscheinlichsten um die Porta Praetoria.

[120] Vgl. S. 45 sowie Anm. 89; *Abb. 33–34; Taf. 41–42*.

[121] Vgl. S. 20.

[122] Nach D 1 ca. 55 cm.

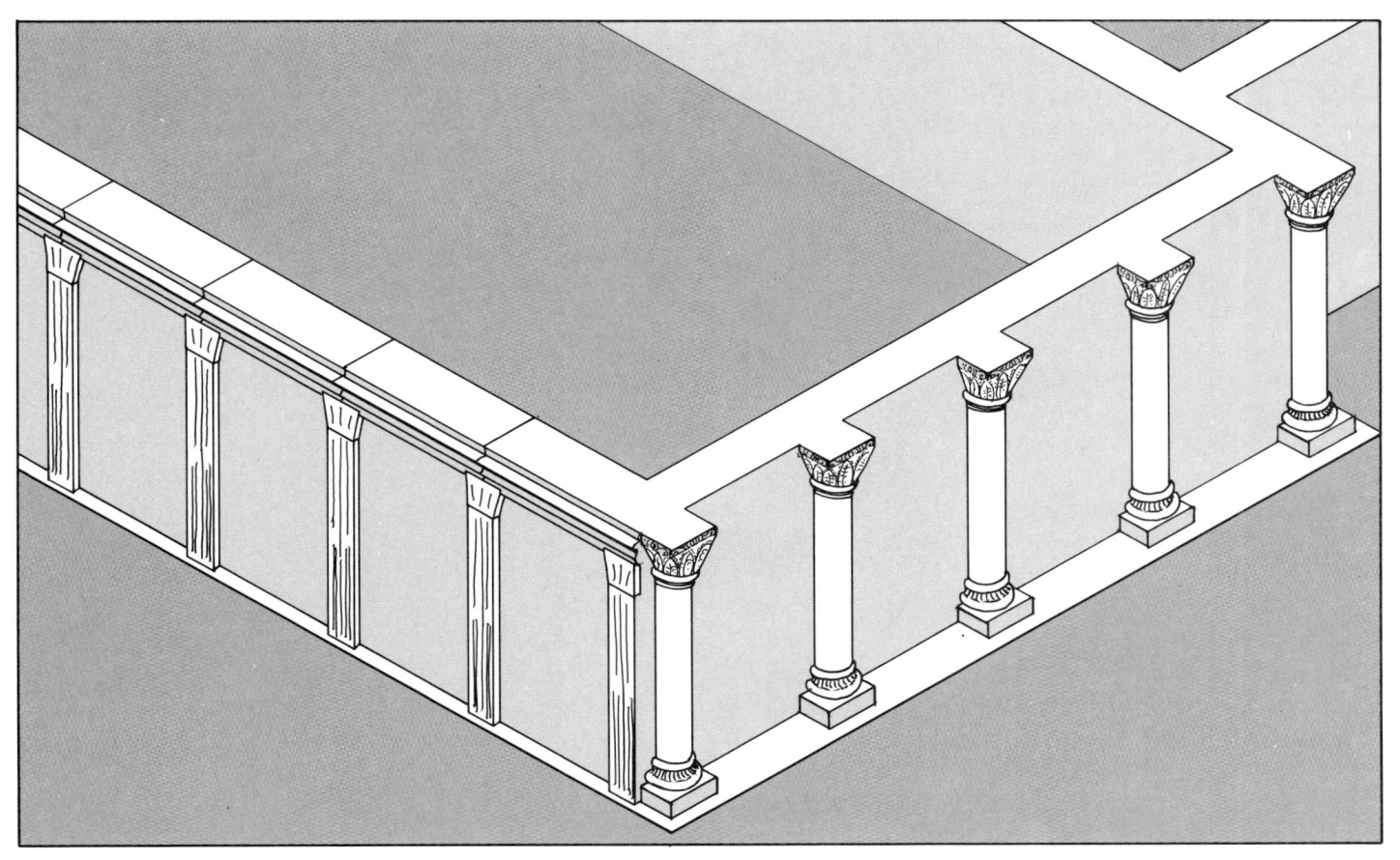

Abb. 35  Mainz. Teil der lagerseitigen Turmfront; Ideenskizze.

bene Stufen über jedem Gesims, werden die Turmbreite am Fuß auf schätzungsweise 8,50 m vergrößert haben.

Für die Verjüngung von Tortürmen mit gegliederten Geschossen steht zum Vergleich nur ein einziges Tor, die Porta Nigra in Trier, zur Verfügung. Dort ist das oberste Geschoß 90 cm schmaler als das Erdgeschoß. Die angenommene Verjüngung der Mainzer Tortürme um 1,20 m scheint deshalb nicht zu gering veranschlagt zu sein.

Die geschätzte Turmbreite am Mainzer Lagertor von 8,50 m liegt im Spielraum der üblichen Breite römischer Tortürmen, wie der Vergleich mit einigen anderen Tortürmen zeigt:

| | | | |
|---|---|---|---|
| Fano | 11,50 m | Porta Nigra | 10 m |
| Aosta | 10 m u. 11,50 m | Toulouse | 8 m |
| Autun | 7–11 m | Regensburg | 7 m |
| Nîmes | 10 m | Cășei | 5 m |

Ins Lagerinnere ragten die Mainzer Tortürme um 1,10 m vor das zentrale Torgebäude vor. An diese Stelle gehören aus der Kleinen Pilasterordnung die risalitartig vorspringenden Mauerecken *Taf. 10* (vgl. *Abb. 9–10*). Bei der Porta Nigra in Trier ist der entsprechende Vorsprung ungefähr ebenso groß. Da in Mainz und Trier das oberste Turmgeschoß über das zentrale Torgebäude hinausragte, müssen die auf *Taf. 10* dargestellten Steine dem dritten Obergeschoß angehört haben, das als letztes mit dem zentralen Teil des Torbaus verbunden ist (vgl. *Abb. 32* und *36*).

In dem darunterliegenden Geschoß, geschmückt mit der Ordnung der Oktogon-Pfeiler, haben die Halbsäulen, die mit Wandquadern und nicht mit Pfeilern verbunden sind, ihren Platz wahrscheinlich an der rückwärtigen, lagerseitigen Front der Tortürme gehabt, wie es *Abb. 35* andeutet. Bemerkenswert ist es, daß die rechtwinkligen Eckstücke aus dieser Position (D 12. 13. 17. 18) eine Übergangsstelle zur Kleinen Pilasterordnung bilden; daraus muß geschlossen werden, daß im Turmgeschoß mit der Ordnung der Oktogon-Pfeiler die Turmflanken und möglicherweise auch der Wehrgang mit der Kleinen Pilasterordnung gegliedert waren. In der Zeichnung sind an der rückwärtigen Turmfront außer den erhaltenen Eckstücken drei Halbsäulen eingezeichnet, von denen keine Reste vorliegen.

Es ergibt sich damit folgendes Bild: die Große Pilasterordnung an den Tortürmen und die Torbögen im zentralen Teil bilden das unterste Geschoß. Im zweiten Geschoß sind die Tortürme feldseitig mit Oktogon-Pfeilern, lagerseitig zumindest an den Ecken mit Halbsäulen geschmückt, während ihre Flanken und der erste Wehrgang das Architektursystem der Kleinen Pilasterordnung zeigen. Im dritten Obergeschoß sind alle Turmseiten und der zweite Wehrgang in der Kleinen Pilasterordnung ausgeführt. Hier findet der zentrale Torbau seinen oberen Abschluß. Die Tortürme sind um ein viertes Geschoß in der Architektur der Kleinen Pilasterordnung erhöht.

Die Bogenreihe mit Pilastergliederung aus der Kleinen Pilasterordnung, mit der ich mir die Turmflanken und die Wehrgänge ausgeführt denke, hat in den Wehrgängen der Porte d'Arroux von Autun eine gute Parallele. In Mainz ist der axiale Abstand der Pilaster, also der Rhythmus der Galerie, 1,75 m (Autun 1,81 m) bei einer Pfeilerbreite von 85 cm (Autun 89 cm) und einer Bogenweite von 90 cm (Autun 92 cm). In beiden Galerien sind die Kanneluren der gliedernden Pilaster im unteren Teil mit Rundstäben gefüllt und die Bögen gerahmt. In Autun tritt freilich noch ein Kämpfer als zusätzliches, gliederndes Element hinzu, der in Mainz offenbar gefehlt hat[123]. Doch ein Blick auf die Architekturornamentik lehrt, daß die Baumeister und die Handwerker in Autun eine viel größere Sicherheit und Routine bei der Bewältigung ihrer Bauaufgabe hatten als ihre Handwerksgenossen in Mainz. Ausschlaggebend für die Bestimmung der Mainzer Bauteile als Reste von Wehrgängen scheint mir vor allem die übereinstimmende Proportionierung und die reliefmäßige Auffassung des Architekturschmucks zu sein. Hierin liegt bei einer etwa gleichzeitigen Entstehung beider Torbauten eine übereinstimmende stilistische Grundhaltung, die eine gleichartige Verwendung sehr wahrscheinlich macht.

Wie breit war nun das zentrale Torgebäude, wieviele Bögen bildeten den Wehrgang? – Römische Torbögen haben eine minimale Breite von 3,50 m und sind in der Regel, an Lagertoren zumindest, paarweise angeordnet. An der Porte St. André in Autun *(Taf. 41,3–4)* ist der Mittelteil 11,48 m breit, enthält zwei enge Durchfahrten von je 3,79 m Breite und hat im Wehrgang sechs Arkaden[124]. An der Porta Nigra in Trier[125] *(Abb. 32)* ist der Mittelteil 17,20 m breit, hat zwei weite Durchfahrten von je 4,50 m Breite; im Wehrgang haben neben den sechs offenen Bögen an den Ecken noch zwei geschlossene Wandfelder Platz, deren Breite geringer ist als die der Arkadenjoche. In Regensburg schnitten in die etwa 11 m breite Torfront zwei Torbögen von je etwa 4 m Breite ein. Legt man diese Torbauten, die nach demselben typologischen Konzept erbaut waren wie das Mainzer Lagertor, als Vorbilder für eine ideale Rekonstruktion zugrunde, so sieht man, daß der Spielraum für das Mainzer Tor nicht sehr groß ist. Mit acht Bögen im Wehrgang würde der zentrale Teil des Torgebäudes etwa 14 m breit, was für zwei Durchfahrten im Erdgeschoß von 4 m bis 4,30 m Breite ausreichte; mit sieben Bögen im Wehrgang von insgesamt 12,25 m Breite sind zwei, je 3,50 m breite Durchfahrten gerade noch möglich, womit die untere Grenze für normale Durchfahrtsbreiten erreicht ist. Eine ungerade Bogenzahl im Wehrgang haben das Tor in Fano mit sieben Bögen und die Tore in Aosta und Turin mit jeweils neun Bögen; die Minimallösung für das Mainzer Lagertor stände also nicht vereinzelt.

Das Ziel dieser Überlegungen ist nicht die Fixierung der Bogenzahl im Wehrgang, sondern der Versuch, eine Vorstellung von der Gebäudebreite und dem Bauumfang zu geben. Bei einem mindestens 12,25 m breiten Mittelteil und 8,50 m breiten Tortürmen kann das Mainzer Lagertor nicht viel kleiner als 30 m in der Breite gewesen sein!

Die Höhe der einzelnen Geschosse ist bereits relativ genau bestimmt worden. Es bleibt aber noch, die Mindesthöhe des Torgeschosses mit der auf rund 4,80 m bestimmten Geschoßhöhe der Großen Pilasterordnung[126] zu vergleichen.

Wenn die lichte Bogenhöhe um die Hälfte größer gewesen ist als die lichte Bogenweite, wie es etwa bei der Porte d'Arroux in Autun *(Taf. 41,5.6)* der Fall ist, und die Bogenweite ca. 4 m betragen hat, so haben die Torbögen am Mainzer Lagertor eine lichte Höhe von etwa 6 m erreicht, wobei die Bogenrahmung noch nicht berücksichtigt ist. Lag der Architrav des ersten Geschosses am Torgebäude aber erst in 6,50 m Höhe über dem Boden, so müssen die 3,80 m hohen Pilaster der Großen Pilasterordnung auf einem Sockel gestanden haben. Gerade von diesem Sockel, so vermute ich, haben sich Teile des oberen Abschlußprofils mit Eckstücken von Oktogon-Ecken erhalten[127]. Dieses Sockelprofil ist hier als erstes Architektursystem vorgestellt worden.

Zusammen mit dem Sockel erreichen die vier Geschosse der Tortürme eine Höhe von rund 20 m, womit – wie bei der Breite von 30 m – nur die Mindestgröße des Mainzer Lagertores ohne eingeschobene Stufen und aufgesetzte Zinnen gemeint ist.

Die doppelte Balkendecke *(Abb. 22)* über dem höchsten Turmgeschoß mag zur Aufstellung von Katapulten gedient haben.

---

[123] Wormuth dachte daran, die 13 erhaltenen Kämpferblöcke mit Profil auf zwei Seiten (in der Konkordanz Sch 19; 20; 21; 90 = *Taf. 23,17*; 97; 138; 148; 189; 266 = *Taf. 23,16*; W 90; Bü 24; 27 = *Taf. 23,24*; 67) mit der Kleinen Pilasterordnung zu verbinden, wofür ich keine Möglichkeit sehe.
[124] Vgl. *Abb. 33* und *Taf. 41*.
[125] Gose, Porta Nigra Abb. 72ff.
[126] Vgl. S. 37.
[127] Architektursystem A.

Abb. 36   Mainz. Ideelle Rekonstruktion der Porta Praetoria.

Damit ist die ideelle Rekonstruktion abgeschlossen, die jedoch viele Fragen und Rekonstruktionsmöglichkeiten offen läßt. So ist z. B. nicht geklärt, ob die Pfeilerteile innerhalb der Großen Pilasterordnung (B 13–17 *Abb. 2*) die Annahme eines Zwingerhofes rechtfertigen, der nach dem Stand unseres heutigen Wissens an Lagertoren sonst nicht begegnet. Wichtiger als solche Detailfragen war es, die vorgefundenen Bausteine zu ordnen und auf der Grundlage gesicherter Anhaltspunkte ein Bild von dem ursprünglichen Baugefüge zu entwerfen. Der ideellen Rekonstruktion kommt dabei die Aufgabe zu, dieses Bild durch typologische Parallelen einerseits abzusichern, andererseits aber noch zu vertiefen und auszufüllen.

Zur Verdeutlichung sind die hier vorgetragenen Überlegungen in der perspektivischen Skizze *Abb. 36* zusammengefaßt.

### Die Rekonstruktionen von E. J. R. Schmidt

E. Schmidt hat, soweit mir bekannt wurde, drei verschiedene Rekonstruktionen angefertigt, die alle einer gemeinsamen Vorstellung folgen. Da Schmidt selbst keine Begründung für seine Rekonstruktionen veröffentlicht hat, müssen die Zeichnungen für sich selbst sprechen. Sie seien hier kurz charakterisiert:

1. Mainzer Zeitschr. 24–25, 1929–1930, 123f. Abb. 1. Ansicht und Grundriß, signiert 1930.

Eine zweigeschossige, achteckige Cella mit eingeschossiger, achteckiger Peristase und vorgezogener, zwei Joch tiefer Vorhalle mit Giebelfront an einer Oktogon-Seite erhebt sich auf einem hohen, reich profilierten Sockel, dem an der Giebelfront eine 25-stufige Freitreppe vorgelegt ist. Die beiden untersten Stufen laufen rings um den Sockel um.

Für die äußere Cella-Wand benutzte Schmidt die Große Pilasterordnung, für die Ecken der Peristase die Oktogon-Pfeiler in Verbindung mit den Säulenstühlen und Schranken (Architektursystem F). Über dem Peristase-Dach tritt der Kernbau hervor mit Bauteilen der Kleinen Pilasterordnung: jede Oktogon-Seite hat drei Wandfelder, in jedem Feld ist eine Bogenöffnung angeordnet. Danach müßte allein der Kernbau einen Durchmesser von etwa 14 m haben.

Bereichert ist diese Rekonstruktion mit einem bogenförmig geführten Frontarchitrav im Tympanon der Vorhalle und alternierend halbrunden und rechteckigen Nischen im Kernbau; hier sollen zwischen den Nischen Doppelsäulen gestanden haben, wofür Schmidt wahrscheinlich Anregungen durch die Blöcke D 11 und D 16 *(Taf. 14)* erhielt.

2. Arch. Anz. 1931, 317ff.; Abb. 1; Ansicht, signiert 1930.

Der zweiten Rekonstruktion ist in einem abweichenden Maßstab der Grundriß der ersten Rekonstruktion beigegeben! Es hätte auffallen müssen, daß die Ansicht eine sechssäulige Front über einer niedrigen Treppe bietet, während der Grundriß eine viersäulige Front über hoher Treppe zeigt[128].

Schmidt hat in dieser Rekonstruktion die Sockelhöhe drastisch gesenkt und die Profilierung vereinfacht. Statt der Säulen auf Säulenstühlen erscheinen hier Pfeiler mit Halbsäulen als Stützen der Peristase. Über dem Peristase-Dach tritt ein Zwischengeschoß hervor, was auf eine neue Konzeption des Innenraums hindeutet. Im Obergeschoß sind nur vier Oktogon-Seiten mit je drei Bögen ausgestattet, die anderen mit je einem Bogen.

3. RGZM Photoplatten Nr. 936; 937; 938. Ansicht, Grundriß, Schnitt. Unsigniert. Unveröffentlicht.

Die Ansicht stimmt mit der zweiten Rekonstruktion weitgehend überein, doch ist statt des Bogens im Tympanon ein durchlaufender horizontaler Architrav gewählt.

Im Grundriß sind durch Schraffuren jene Bauteile hervorgehoben, auf die sich Schmidt stützt: die Eckpfeiler der Peristase (Oktogon-Pfeiler), Eckpilaster und Wandpilaster des Kernbaus (Große Pilasterordnung), eine halbe Doppelsäule zwischen den Nischen im Innern (Ordnung der Oktogon-Pfeiler).

Neues bietet der Längsschnitt: der dreigeschossige Innenraum zeigt unten in den Raumecken Doppelsäulen auf Säulenstühlen, im ersten Obergeschoß freistehende Doppelsäulen, im zweiten Obergeschoß aber die ungegliederte, in Wirklichkeit sehr unregelmäßige und rauhe Innenseite der Kleinen Pilasterordnung. Aus dieser Zeichnung geht hervor, daß das Zwischengeschoß im Außenbau eine Folge des angenommenen mittleren Geschosses im Innenraum ist.

Zur Beurteilung der Schmidt'schen Rekonstruktionen ist es notwendig, die zugrunde liegenden Prinzipien zu erkennen. Ausgangspunkt war der Mauerwinkel von 135°, der zur Idee eines »Mainzer Oktogons« führte. Um diese Idee zu verfolgen, war es unumgänglich, das beschränkte Material durch erfundene Bauelemente zu bereichern. Dieses Verfahren führte schließlich dazu, daß die ergänzten Bauformen die tatsächlich vorhandenen an Zahl bei weitem übertrafen. So sind von den 45 Stützen der Schmidt'schen Peristase nur Teile der sechs von Schmidt verwendeten Eckstützen belegt, jedoch kein einziger Block der »normalen« Stützen. Auf einer falschen Deutung beruhen die Doppelsäulen in der Cella, von denen allein sechzehn Paare zusammen mit Innengebälken erfunden wurden.

Schmidts Rekonstruktionen sind unter diesen Umständen nur als architektonische Phantasien zu bewerten. Ihnen fehlt jede Grundlage, wenn sie auch durch antike Bausteine angeregt worden sind.

### Die Rekonstruktionen von R. Wormuth

Nachdem R. Wormuth einen großen Teil des Fundmaterials aus der ersten Grabung zeichnerisch aufgenommen hatte, beschäftigte er sich in einem Aufsatzentwurf mit Fragen der Rekonstruktion. Seine Aufzeichnungen blieben jedoch unveröffentlicht. Ich nehme die Gelegenheit wahr, die wichtigsten Rekonstruktionszeichnungen davon hier vorzustellen, weil es sich um einen anderen methodischen Weg handelt, als ich ihn selbst beschritten habe. Diese Methode möchte ich mit dem Baukastenprinzip vergleichen; aus einer begrenzten Anzahl vorgegebener, in ihren Formen gewissermaßen genormter Bausteine wird ein System entwickelt, das einerseits die beliebig häufige Repetition von solchen Teilen zuläßt, die nur in wenigen Exemplaren belegt sind, andererseits aber auch einen Überschuß an Bauteilen billigt, die in der belegten Häufigkeit im System keinen Platz finden, ja sogar ganze Formgruppen ausschließen.

---

[128] Auf dieser Zusammenstellung von Grundriß und Aufriß basieren die Wiederholungen bei Behrens, Römerbauten 77 Abb. 5 und Klumbach in: Führer Mainz 109.

Wormuth schloß einen baulichen Zusammenhang der Architektursysteme A–D nicht prinzipiell aus, hielt aber nur die Kleine Pilasterordnung (C) für rekonstruierbar. Dabei hielt er im Grundriß an einem vollständig freistehenden Oktogon fest, wie es Schmidt vorgeschlagen hatte. Bei den Rekonstruktionen handelt es sich um eine Systemzeichnung und vier Ansichten:

1. Systemzeichnung. Archiv der RGK. Signiert 1965.

Die in der Höhenentwicklung unbestimmte Ordnung enthält die wichtigsten Steinformen des Systems, bezeichnet durch die Buchstaben A–N. Dargestellt ist die 5,25 m breite Seite eines regelmäßigen Oktogons, die durch Pilaster in drei Wandfelder unterteilt ist. Jedes Feld enthält einen Bogen; der mittlere ist 90 cm, die seitlichen sind 75 cm breit.

Für die Eckstücke mit Pilaster hat Wormuth die Steine C 14, 15 und 16 verwandt, die nachweislich nicht von Oktogon-Ecken stammen, sondern am Übergang von einem oktogonalen zu einem orthogonalen Gebäudeteil ihren Platz hatten[129]. Die Steinformen B und E im System sind unter den erhaltenen Blöcken nicht nachweisbar, was Wormuth selbst hervorhebt. Der mittlere Bogen, der demnach keine Verbindung zu einer Oktogon-Ecke hat, gehört zum Wehrgang über dem Tor oder an die Nebenseite eines Torturms; mit einer Oktogon-Seite ist er nicht zu verbinden. – Die Kämpfer hat Wormuth eingefügt[130]; Anlaß war der Einschnitt in Block C 4 *(Taf. 5)*, in der Systemzeichnung Steinform L. Die anderen sieben Blöcke aus derselben Wandschicht (C 2. 3. 5–9) haben jedoch keine vergleichbare Auflagerstufe: ein Kämpfer kann an dieser Stelle nicht gesessen haben.

2. Vier Turmhauben. Archiv der RGK. Signiert 1965.

Die vier Rekonstruktionen bieten nach Wormuths Meinung nicht nur Alternativen, sondern vier verschiedene gleichzeitige Gebäude mit gleicher Pilastergliederung, Größe und Dachform. A: Pilaster gliedern jede Wandfläche in drei Felder; es wechseln Oktogon-Seiten mit drei Bogenöffnungen ab mit solchen, die nur im Mitteljoch einen Bogen haben, eine Lösung, die bereits von Schmidt vorgeschlagen wurde. B: Pilaster gliedern nur in den vier Hauptachsen des Oktogons die Seiten in drei Wandfelder; in jedem Wandfeld ein Bogen entsprechend der Systemzeichnung, jedoch keine Bögen in den angrenzenden Oktogon-Seiten. C: Pilaster stehen nur an den Gebäudeecken; mittig in jeder Oktogon-Seite ein Bogen. D: Jede Oktogon-Seite ist durch Pilaster in drei Wandfelder gegliedert; nur im mittleren Joch jeweils ein Bogen.

Wormuths Systemzeichnung hat sich u. a. für die Bestimmung der Breite einer Oktogon-Seite als unbrauchbar erwiesen, so daß den vier davon abgeleiteten Turmhauben die Grundlage entzogen ist. Wichtiger aber als dieser Umstand erscheint mir, daß es für eine Bogenfolge innerhalb einer Oktogon-Seite im vorliegenden Fundmaterial keine Anhaltspunkte gibt. Der Wert von Wormuths Systemzeichnung liegt alleine darin, daß eine große Zahl von Steinformen der Kleinen Pilasterordnung in einer einzigen Zeichnung vereinigt ist, entsprechend dem Baukastenprinzip, das ich eingangs geschildert habe.

Es muß jedoch betont werden, daß Wormuths Vorarbeiten und Überlegungen die vorliegende Bearbeitung des Steinmaterials angeregt und ermöglicht haben. Dennoch kommen Wormuths Turmhauben dem ursprünglichen Gebäude keineswegs näher als das »Mainzer Oktogon« von Schmidt. Der Grund dafür liegt in der angewendeten Methode, die es erlaubte, z. B. die rechtwinklig aus- und einspringenden Mauerecken *(Taf. 10)* nicht zu berücksichtigen.

## PFEILER- UND SÄULENSTRASSEN IM MAINZER LEGIONSLAGER (E–F)

Schließen sich die Architektursysteme A–D durch den gemeinsamen Oktogon-Winkel von 135° zusammen, so unterscheiden sich davon die orthogonalen Systeme mit Paneel-Pfeilern (E) und Säulen auf Säulenstühlen (F). In diesen beiden Systemen finden sich zwar keine Legionsmarken, dafür aber in den Reliefs Verherrlichungen militärischer Tugenden, die eine Verbindung dieser Ordnungen mit dem Lager herstellen. Außerdem gelten die Delphine – Helmzeichen der Legionäre auf dem Säulenstuhl F 22 *(Taf. 21; 39,5)* – als Symbol der aus Schiffsmannschaften aufgestellten Legio I Adiutrix[131], also derselben Legion, für die die Blöcke des Lagertors gebrochen wurden.

Die Ordnung der Paneel-Pfeiler und jene der Säulenstühle waren mit Brüstungen ausgestattet, die einander so ähnlich waren, daß sie heute nicht mehr auf die beiden Ordnungen aufgeteilt werden können[132]. In beiden Ord-

---

[129] Vgl. S. 13f. *Abb. 12 und 15.*

[130] Die in Anm. 123 genannten Kämpfer sind tatsächlich wesentlich höher als der Ausschnitt in C 4!

[131] H. Klumbach, Ein römischer Legionarshelm aus Mainz. Jahrb. RGZM 8, 1961, 101. – Doppelfeld in: Römer am Rhein a.a.O. (Anm. 40) 186f. zu Nr.A 170.

[132] Vgl. S. 31f.

nungen ist die Architekturornamentik ausgesprochen flach und reliefmäßig; das Paneel ist das häufigste, das Relief das wichtigste Schmuckelement. Da Säulenstühle und Pfeiler auch stilistisch nicht voneinander zu trennen sind, ist für beide Systeme eine Datierung in flavische Zeit gegeben[133].

Für die Paneel-Pfeiler *(Abb. 28; 29)* ist die ursprüngliche Verwendung nicht unmittelbar erkennbar; die alte Annahme aber, es handele sich um die Einfassung des Hofes vor den Principia des Lagers[134], konnte dadurch widerlegt werden, daß im Fundmaterial ausschließlich ausspringende Ecken nachweisbar sind, während in einem Hof einspringende Ecken benötigt werden.

Den möglichen Verwendungsbereich der Paneel-Pfeiler aufzuzeigen, ist ein Grabungsbefund des Jahres 1896 geeignet. Damals wurde oberhalb des Gautors in Mainz bei der Anlage einer Radrennbahn zwischen den Straßen »Am Pulverturm« und »Am Fort Elisabeth« eine 8 m breite Römerstraße aufgedeckt, die von NNW nach SSO verlief. Diese Straße führte wahrscheinlich aus der Porta Principalis dextra des Legionslagers heraus. Anschließend an den Straßenkörper, der den Wagenverkehr trug, wurde an der südlichen Straßenseite eine »ziemlich ausgebreitete Stückung und Beschotterung« festgestellt, vergleichbar unseren Bürgersteigen. »Auf diesem gefestigten Boden wurden zunächst in der Fluchtlinie der Straße die Reste von 4 viereckigen Pfeilern bloßgelegt, die in regelmäßigen Zwischenräumen standen. Da in einer Entfernung von 5 m eine in gleicher Richtung laufende Mauer eines Gebäudes aufgefunden wurde, so darf wohl angenommen werden, daß auf diesen sockelartigen viereckigen Untermauerungen hölzerne Pfeiler ruhten, welche ein Vordach trugen. Diese 90 cm starke Mauer konnte bis jetzt 20 m weit verfolgt werden. Die südöstliche Ecke derselben wurde aufgedeckt; sie zeigte einen vorspringenden Mauerkopf, hinter welchem sich die zweite Seite des Gebäudes anschloß. Die Richtung dieser Mauer konnte auf eine Entfernung von 50 m . . . verfolgt werden«[135]. Innerhalb des Gebäudes, dessen Bestimmung unklar blieb, fand sich der bekannte Brotstempel der Legio XIV Gemina[136] *(Abb. 1,6)*.

Der ohne Zeichnung veröffentlichte Befund enthält keine Angaben über die Pfeilergröße und über den Abstand der Pfeiler voneinander. Ein Vergleich mit den Maßen der Ordnung der Paneel-Pfeiler ist deshalb nicht möglich. Falls jedoch die Pfeiler nicht nur auf ein Vordach vor einem nicht erwähnten Eingang beschränkt waren, sondern die Pfeilerstellung eine kontinuierliche Einfassung der 8 m breiten Fahrbahn war, so handelt es sich bei der Straße, die zusammen mit den Bürgersteigen eine Breite von 18 m hatte, um eine stattliche via porticata, die aus dem Legionslager hinausführte.

Ähnliche Galerien sind in der Urbanistik des 1. Jahrhunderts n. Chr. selten, aber in anderen römischen Militärlagern verhältnismäßig häufig[137]. So hat bereits das Doppellager Vetera I, das aus den 60er Jahren des 1. Jahrhunderts n. Chr. stammt, in Haupt- und Nebenstraßen die Fahrbahn begleitende Säulenreihen. Spätere Säulenstraßen sind bezeugt aus den Legionslagern Lambaesis und Regensburg, aber auch in der Stadt Trier[138].

Im Mainzer Legionslager, von dessen Unterteilung und Bebauung wegen der neuzeitlichen Überbauung fast nichts bekannt ist, werden die Paneel-Pfeiler und die Säulen auf Säulenstühlen einen hervorragenden Platz eingenommen haben, was aus den reliefierten Bauteilen hervorgeht. Eine Lagerstraße, als via porticata gestaltet, bietet den im Lager stationierten Einheiten reiche Möglichkeiten zur Selbstdarstellung an einer hervorgehobenen Stelle. Da der Typus der Säulenstraße im Lager bereits früher in Vetera I ausgebildet vorliegt, halte ich die Verwendung der Paneel-Pfeiler und der Säulen auf Säulenstühlen im Rahmen einer via porticata für sehr wahrscheinlich, wenn auch nicht für erwiesen.

Es bieten sich für diese Ordnungen auch andere Verwendungsmöglichkeiten an, da ja in der römischen Architektur sowohl im Innenbau wie im Außenbau den Pfeilern und Säulen vielfältige Aufgaben zugewiesen wurden. So könnte man aus den Brüstungen z. B. auf eine erhöhte Aufstellung schließen, Pfeiler und Säulen auf einem Podium oder in einem Obergeschoß sich angeordnet denken, was die Wirkung der Reliefs auf den entfernten Betrachter allerdings mindern würde. Aber auch Licht- und Brunnenschächte könnten mit Pfeilern und Säulen in Verbindung mit Brüstungen gestaltet worden sein, zumal die Rückseite der vorliegenden Stützen unverziert, wenn nicht gar rauh belassen blieb. Einer solchen beschränkten Verwendung widerspricht jedoch die vorhandene Zahl von Pfeilern und Säulenstühlen, ganz abgesehen von dem Anspruch der im Relief dargestellten Themen.

Bei einer Verwendung der Pfeiler und Säulenstühle innerhalb einer via porticata finden die vielfältig variierten Ecklösungen, die in der Ordnung der Paneel-Pfeiler

---

[133] Kähler, Siegesdenkmal 24ff.
[134] Ebd. 26. Vgl. auch Behrens, Römerbauten 74ff.
[135] Lindenschmit a.a.O. (Anm. 1) 343.
[136] Ebd. 344 Taf. 17 Nr. 3; Behrens, Mainzer Zeitschr. 12–13, 1917–1918, 34 Abb. 18.
[137] v. Petrikovits a.a.O. (Anm. 119) Taf. 4 (Noviomagus); Taf. 5 (Vetera); Taf. 6 (Novaesium); Taf. 7 (Bonna); Taf. 9 (Regensburg); Taf. 10 (Lauriacum); Taf. 12 (Lambaesis).
[138] RE VI, A 2323 s. v. Treveri (Rau). H. Cüppers in: Trier. Führer zu vor- und frühgesch. Denkmälern 32 (1977) 6 u. Beil. 4.

festgestellt wurden, eine einfache Erklärung; je nach Bedeutung und Funktion des dahinter liegenden Gebäudes konnte der Zugang in der Arkadenreihe unterschiedlich und thematisch angemessen gestaltet werden. Wie bereits gezeigt, hat nur die Bogenreihe über den Pfeilern einen einheitlichen Rhythmus, die Pfeilerdimensionen aber schwanken in Breite und Tiefe. Die Pfeilerdekoration mit einfachen Paneelen läßt außerdem auch verschiedene, dem Gelände angepaßte Pfeilerhöhen zu, so daß sich diese Stützenform für eine via porticata besonders gut eignet.

Aus diesen Gründen schlage ich vor, die Säulen auf Säulenstühlen und die Paneel-Pfeiler als Reste von Portiken entlang der Lagerstraßen anzusehen, solange neue Grabungen im Mainzer Lager diese These nicht widerlegen.

# Die römische Militärarchitektur in Mainz

### DIE MAINZER LEGIONEN

An der römischen Rheingrenze standen seit spätaugusteischer Zeit in Ober- und Untergermanien je vier römische Legionen[139] mit einer Sollstärke von insgesamt 45 000 bis 48 000 Mann, »ein Drittel der ganzen Wehrmacht des Reiches«[140].

Mogontiacum (Mainz) war der wichtigste Punkt an dieser Reichsgrenze. Es gehörte wie die Legionslager in Argentorate (Straßburg) und Vindonissa (Windisch) zu Obergermanien, nahm aber in seinem Doppellager oberhalb der heutigen Altstadt *(Abb. 1)* zwei Legionen auf.

Zunächst standen hier bis zu den Germanenkriegen des Kaisers Caligula die Legionen XIV Gemina[141] und XVI[142]. Ihnen folgten die Legionen IV Macedonica[143] und XXII Primigenia[144], die bis 69 n. Chr. das Mainzer Lager bezogen[145].

In die Wirren nach Neros Tod und in den Bataveraufstand[146], der mit der Schlacht um das niedergermanische Legionslager Vetera (Xanten) beendet wurde (69 n. Chr.)[147], waren sämtliche damals in Germanien stationierte Legionen verwickelt[148]. Deshalb war eine durchgreifende Neuorganisation unumgänglich. Kaiser Vespasian beließ von den vitellianischen Legionen nur zwei in Germanien: der bisher in Mainz stationierten Leg. XXII Prim. wies er das zerstörte Vetera an, der Leg. XXI Rapax das Lager in Bonna (Bonn). Vier germanische Legionen wurden aufgelöst, die anderen in ferne Provinzen versetzt[149]. Als Ersatz wurden sechs Legionen aus anderen Provinzen jetzt nach Germanien verlegt[150], so daß erneut insgesamt acht Legionen an der Rheingrenze standen.

---

[139] Der Artikel von Ritterling, Legio 1211ff., enthält noch immer die ausführlichste Darstellung der einzelnen Legionen; hier sind für die beiden germanischen Provinzen auch die Inschriften bis CIL XIII 4 berücksichtigt. Vgl. ferner RE VI 1589ff. s. v. exercitus (Liebenam). Der Kleine Pauly 3 (1969) 538ff. s. v. legio (A. Neumann). Doppelfeld, in: Römer am Rhein a.a.O. (Anm. 40) 22ff. mit Abb. 1. – Für Mainz auch K. H. Esser, Bonner Jahrb. 172, 1972, 212ff.

[140] Doppelfeld a.a.O. (Anm. 139) 23.

[141] Ritterling, Legio 1727–1730 für den ersten Mainzer Aufenthalt. Vgl. Anm. 152f. Ziegelstempel CIL XIII 6 S. 38ff., speziell Nr. 12248, 1–28; 12256, 1–26.

[142] Ritterling, Legio 1761–1765. Unter den Ziegelstempeln CIL XIII 6, 49 kein Exemplar aus Mainz.

[143] Ritterling, Legio 1549–1556. Ziegelstempel CIL XIII 6, 12ff., speziell Nr. 12141.

[144] Ritterling, Legio 1797–1802. Vgl. Anm. 161. Ziegelstempel CIL XIII 6, 56ff., speziell Nr. 12348, 1–23; 12363, 1–20.

[145] Ob zeitweise noch eine dritte oder gar vierte Legion in einem festen Legionslager bei Mainz stand, ist umstritten: die Anlage in Mainz-Weisenau jedenfalls war nur ein claudisches Auxiliar-Kastell (Führer Mainz 105ff.), das in flavischer Zeit keine Rolle mehr spielte. Anders zuletzt Esser a.a.O. (Anm. 139) 217f. mit Anm. 23, der Vermutungen Ritterlings aufgreift; Anlaß für diese Vorstellungen bieten Grabsteine von Soldaten aus anderen, nicht in Mainz stationierten Legionen. Sie zeugen von ständigen Truppenbewegungen an dieser Reichsgrenze.

[146] Hauptquelle ist Tac. hist. IV 12–37. 54–79. 85–86; V 14–26.

[147] Tac. hist. V 15–18.

[148] H. von Petrikovits, Der Bataveraufstand und sein militärischer Zusammenbruch. Rheinische Geschichte 1,1 Altertum (Hrsg. F. Petri und G. Droege) (1978) 70ff. und 311ff. in pointiert moderner Sprache. Die römischen Legionen in Germanien befanden sich m. E. in einem Loyalitätskonflikt, weil sie Vitellius auf den Schild gehoben hatten und nun, nachdem sich die nicht-römischen Hilfstruppen unter Führung des Bataverprinzen Julius Civilis zu ihrer Befreiungsaktion unter dem Namen des Vespasian gesammelt hatten, nicht sofort zu dem neuen Kaiser übergehen konnten.

[149] Doppelfeld a.a.O. (Anm. 40) 24.

[150] Zur Versetzung der genannten Legionen vgl. jeweils den legio-Artikel von Ritterling: Legio X Gemina aus Spanien nach Noviomagus (Tac. hist. III 44; V 19. 20). – Legio VI Victrix aus Spanien nach Novaesium (Tac. hist. III 44; IV 68. 76; V 14. 16). – Legio I Adiutrix aus Spanien nach Mogontiacum (Tac. hist. II 67. 86; III 35. 44; IV 68. 76). – Legio XIV Gemina M. V. aus Britannien nach Mogontiacum (Tac. hist. II 11. 86; III 35. 44; IV 68. 76; V 14. 16. 19). – Legio VIII Augusta aus Moesien nach Argentorate (Tac. hist. II 85; III 10f. 21. 27; IV 68. 76). – Legio XI Claudia aus Dalmatien nach Vindonissa (Tac. hist. II 11. 67; III 50; IV 68. 76).

In das Mainzer Doppellager, das nach dem unangreifbaren Zeugnis des Tacitus im Bataveraufstand nicht zerstört worden war[151], zogen die treuesten und schlagkräftigsten Legionen Vespasians ein: die altbewährte[152] Leg. XIV Gem. M. V.[153], aus Britannien kommend, und die junge Leg. I Adiutrix[154], die aus Spanien herangezogen wurde[155].

Aus den folgenden eineinhalb Jahrzehnten, in denen diese beiden Legionen in Mainz standen, sind weder Unruhen noch bedeutende militärische Unternehmungen in den germanischen Provinzen bekannt[156]. Die Lage hatte sich entspannt.

Zu einem unbestimmten Zeitpunkt zwischen 83 und 86 n. Chr. wurde die Leg. I Ad., wohl im Zusammenhang mit den Chattenkriegen[157] des Kaisers Domitian, von Mainz abgezogen[158] und durch die Leg. XXI Rapax[159] ersetzt. Aber schon wenige Jahre später verbot Domitian unter dem Eindruck des von Mainz ausgehenden Saturninus-Aufstandes[160] (88/89 n. Chr.), zwei Legionen in einem einzigen Legionslager unterzubringen. Die Legionen XIV Gem. und XXI Rap. wurden nach Pannonien verlegt. Nach Mainz kehrte die Leg. XXII Prim. aus Vetera zurück und blieb dort als einzige bis zur Aufgabe des Lagers im 4. Jahrhundert n. Chr[161].

Für die Bautätigkeit der Mainzer Legionen kann ein Detail von Bedeutung sein. Die spätere Leg. I Ad. war ursprünglich eine Hilfstruppe, die Nero als letzte Reserve aus Flottenmannschaften aufgestellt hatte: e classe Nero conscripserat[162]. Sie wurde wohl schon durch Galba[163] in den Rang einer Legion erhoben, indem er ihr Feldzeichen verlieh. Für den Transport des Baumaterials auf dem Rhein scheint diese Legion prädestiniert gewesen zu sein, und tatsächlich trägt das Baumaterial vorwiegend Steinbruchmarkierungen der Leg. I Ad. *(Taf. 23)*. Es bleibt im folgenden zu prüfen, wie die Bauaufgaben im einzelnen verteilt waren.

## DIE BAUTÄTIGKEIT

In den letzten Jahrzehnten haben G. Behrens[164], D. Baatz[165], H. Klumbach[166], K. Weidemann[167] und K. H. Esser[168] zusammenfassend über die Römerbauten in Mainz berichtet, so daß sich eine Wiederholung aller bekannten Forschungsergebnisse an dieser Stelle erübrigt. Hier geht es vielmehr darum, den Anteil der einzelnen Legionen an den militärischen Steinbauten herauszustellen. Deshalb bleiben private oder korporative Bauwerke und Stiftungen, Weihungen und Grabmonumente außerhalb der Betrachtung. Ausgeschlossen sind ferner jene Bauwerke, die von den Mainzer Legionen in Germanien oder in anderen Provinzen ausgeführt wurden. Über

---

[151] Tac. hist. IV 61: cohortium alarum legionum hiberna subversa cremataque, iis tantum relictis quae Mogontiaci ac Vindonissae sita sunt. Einer Belagerung hatte es standgehalten (Tac. hist. IV 37). Ritterling, Legio 1733 hatte Alter und Baufälligkeit vermutet, nach Klumbach, Führer Mainz 38, war es »in den Wirren des Bataveraufstandes... untergegangen.«

[152] In Britannien 61 n. Chr. ausgezeichnet mit den Beinamen Martia Victrix, Ritterling, Legio 1730f.

[153] Vgl. Anm. 141 und Ritterling, Legio 1732ff. Ziegelstempel CIL XIII 6, 38ff., speziell Nr. 12248, 21–56; 12256, 27–51.

[154] Ritterling, Legio 1380–1387. Ziegelstempel CIL XIII 6, 1ff., speziell Nr. 12098; 12101.

[155] Vgl. Anm. 150. – Die Sonderbehandlung dieser Legionen durch den aus dem Osten heranziehenden Vespasian geht hervor aus Tac. hist. II 86: »Nach Britannien wurden an die XIV, nach Spanien an die I Schreiben gerichtet, weil beide Legionen für Otho und gegen Vitellius gewesen waren.« Ebenso nach der Einäscherung Cremonas (III 35).

[156] Die Unternehmungen des Cn. Pinarius Cornelius Clemens in Süddeutschland um 72/74 n. Chr. werden die Mainzer Legionen kaum tangiert haben. Vgl. Ritterling, Röm.-Germ. Korrbl. 4, 1911, 40f. – W. Schleiermacher, Jahrb. RGZM 2, 1955, 251. – Schönberger, Journal Rom. Stud. 59, 1969, 157f. – D. Planck, Bonner Jahrb. 172, 1972, 196.

[157] H. Braunert, Bonner Jahrb. 153, 1953, 97ff. Schönberger a.a.O. (Anm. 156) 158.

[158] Ritterling, Legio 1387f.

[159] Ebd. 1786–1791 zur Mainzer Stationierung. Ziegelstempel CIL XIII 6, 50ff., speziell Nr. 12316; 12322.

[160] Cassius Dio 67, 11, 1–5. Plutarch, Aem. 25, 3f. – Sueton, Dom. 7,2. – Martial 4,11. – Ritterling, Westdt. Zeitschr. 12, 1893, 218ff.; P. v. Rohden, RE I 2637ff. s. v. Antonius (Saturninus) Nr. 96. – Der Kleine Pauly 1 (1964) 414 s.v. Antonius (Saturninus) Nr. 12. (R. Hanslik).

[161] Vgl. Anm. 144. – Ritterling, Legio 1803–1820. Doppelfeld a.a.O. (Anm. 139) 22ff. Ziegelstempel CIL XIII 6, 56ff., speziell Nr. 12348, 24–202; 12363, 21–151.

[162] Tac. hist. I 6. – Vgl. ferner I 31: legio classica; I 36: classicorum legio; II 67: prima classicorum legio. – Oft nur legio prima genannt, setzt Tacitus zweimal den Beinamen Adiutrix hinzu: II 43; III 44.

[163] Ritterling, Legio 1381ff. verweist auf drei Militärdiplome für Veteranen der Legio I Adiutrix vom 22. Dez. 68, die Galba knapp einen Monat vor seiner Ermordung hat ausstellen lassen (CIL XVI 7. 8. 9). Damit muß Galba seine anfängliche Weigerung (Plutarch, Galba 15) aufgegeben haben. Literarisch ist diese Rangerhöhung von Cassius Dio 55, 24, 2 bezeugt, während Tacitus zum erstenmal von einem Fahneneid auf Otho spricht (Tac. hist. I 36), für den sie mit vollem Namen zum erstenmal bei Bedriacum kämpft (Tac. hist. II 43).

[164] Behrens, Römerbauten 70ff.

[165] Baatz, Mogontiacum 68ff.

[166] Führer Mainz 35ff.; 101ff.

[167] Jahrb. RGZM 15, 1968 (1970) 146ff.

[168] a.a.O. (Anm. 139) 212ff. Zu den Bemühungen um die historische Topographie von Mainz vgl. K. V. Decker und W. Selzer, Mogontiacum. Mainz von der Zeit des Augustus bis zum Ende der römischen Herrschaft, in ANRW II, 5 Bd. 1 (1976) 457ff.

sie informiert noch immer am besten der legio-Artikel von Ritterling[169].

Der steinerne Ausbau des Mainzer Doppellagers setzte nach unseren heutigen Kenntnissen unter Kaiser Vespasian ein. Für die vorangehende Epoche sind einzelne Steinbauten im Lagerinneren zwar nicht auszuschließen, konnten aber bisher nicht nachgewiesen werden.

Von den Lagermauern, von denen in allen bisher untersuchten Bereichen nur die ausgenommenen Fundamentgräben festgestellt werden konnten[170], stammt als einziges inschriftliches Zeugnis ein Mauerdeckel mit der Marke der Leg. I Ad.[171]. Auch am Mainzer Lagertor treten ausschließlich Marken dieser Legion auf, nicht aber solche der gleichzeitig in Mainz stationierten Leg. XIV Gem. Daraus darf geschlossen werden, daß die Leg. I Ad. mit dem Bau der Wehrmauern, der Tore und Türme betraut war[172].

Das Lager wurde mit einer Wasserleitung versorgt, die von Finthen und Drais her Quellwasser heranführte. In ihrem letzten Abschnitt überquerte sie oberirdisch das Zahlbach-Tal (Zaybach) auf einer Bogenreihe, deren Stümpfe in Mainz als »Römersteine« bekannt sind. Die Wasserleitung[173] endete außen vor der Südecke des Legionslagers[174] *(Abb. 1)* an zwei Mauerklötzen unterschiedlicher Größe[175] und etwas abweichender Richtung. Bittel sah darin die Reste einer Verteileranlage[176], die möglicherweise mit einem dritten Mauerklotz bzw. einem zweiten Verteiler im Lagerinneren – in unmittelbarer Nähe der Thermen gelegen – in Verbindung stand[177]. Dort, am dritten Mauerklotz, wurden gestempelte Ziegel der Leg. XIV Gem. gefunden. Andererseits schließt an den zweiten Mauerklotz eine Tonröhrenleitung an, von deren Röhren einige gestempelt sind, und zwar von der Leg. I Ad.[178]. Da wirkliche Bauinschriften fehlen, läßt sich aus diesen Tonstempeln nicht ablesen, welche der beiden Legionen die Wasserleitung erbaut hat.

Im Vergleich mit der etwa 90 km langen Eifel-Wasserleitung für Köln[179] ist die nur 8 km lange Mainzer Wasserleitung sehr viel bescheidener ausgelegt: statt eines begehbaren Kanals wie in Köln hat man sich in Mainz mit ausgehöhlten Steinrinnen und steinernen Abdeckplatten begnügt.

Im letzten Viertel des 1. Jahrhunderts n. Chr. wurde der Rheinübergang wohl im Hinblick auf die Chattenkriege Domitians neu geregelt. Die ursprüngliche Fährverbindung zwischen Mainz-Weisenau und dem Südufer des Mains, die durch zahlreiche Baggerfunde belegt ist[180], wurde aufgegeben, und rheinabwärts wurde ein neuer Rheinübergang geschaffen, der gewissermaßen auf das nördliche Mainufer führte und damit einen direkten Zugang zu den rechtsrheinischen Kastellen im Taunus und in der Wetterau ermöglichte.

Dieser Rheinübergang ist die erste Rheinbrücke[181] in Mainz. Sie ruhte auf 18 steinernen Strompfeilern und war im Oberbau wohl eine Holzkonstruktion. Die Brückenrampen auf beiden Rheinufern bestanden wahrscheinlich aus Stein; jedenfalls wurde in einer zur Brücke gehörigen Mauer auf der Mainzer Seite eine Bauinschrift der Leg. XIV Gem. noch in ursprünglicher Position gefunden[182]. Eine ähnliche Bauinschrift derselben Legion stammt aus der Strommitte. Außerdem fand sich in einem Brückenpfeiler der Holzhammer eines Soldaten der Leg. XIV Gem. mit Besitzvermerk. Diese Zeugnisse sprechen dafür, daß die Rheinbrücke ausschließlich von der Leg. XIV Gem. erbaut wurde.

---

[169] Ritterling, Legio.
[170] Baatz, Mogontiacum 61. – Eine mögliche Ausnahme: Lindenschmit a.a.O. (Anm. 1) 344f.; ders., Westdt. Zeitschr. 17, 1898, 372.
[171] CIL XIII 6848f.
[172] Es gibt keine Bauinschriften von den Toren des Mainzer Lagers, sondern nur die Steinbruchmarkierungen auf den Rückseiten einzelner Bausteine für die Legio I Adiutrix. Man könnte meinen, daß diese Legion, die aus Schiffsmannschaften aufgestellt worden war, nur den Transport des Baumaterials auf dem Rhein besorgte, doch stammen aus unbekanntem Bauzusammenhang auch Steinbruchmarkierungen für die Legio XIV und für die Legio XXIII *(Taf. 23)*, woraus hervorgeht, daß es sich wohl um Besitzvermerke handelt.
[173] Behrens, Römerbauten 80; Baatz, Mogontiacum 76f.; Klumbach in: Führer Mainz 103.
[174] K. Bittels Annahme (Mainzer Zeitschr. 23, 1928 (1929) 58ff. mit Plan S. 53 Abb. 1), die Wasserleitung sei bei Pfeiler Nr. 43 durch die Lagermauer gegangen und habe ihr Ende im Lagerinneren gefunden, wurde durch die Grabung von Baatz, Mogontiacum 77 mit Beil. 1. 2 u. 5, widerlegt.
[175] A: 12 × 4,5 m; B: 7,5 × 6,5 m. Eingetragen am Endpunkt der Wasserleitung in *Abb. 1, 5a. 5b.*

[176] Baatz, Mogontiacum 76f. spricht von zwei Hochbehältern, sicher zu Unrecht, da der Leitungskanal in nur 2 m Höhe über dem Boden lag, so daß der größere »Hochbehälter« maximal 77 Kubikmeter Wasser hätte aufnehmen können. Auch die dreifache Menge hätte den Wasserbedarf von zwei Legionen nicht decken können. Römische Wasserleitungen funktionierten vielmehr nach dem Prinzip des ständigen Überlaufs.
[177] Behrens, Mainzer Zeitschr. 12/13, 1917/1918, 56f. Abb. 19f., bezeichnet als »Denkmal«. Vgl. Bittel a.a.O. (Anm. 174). In *Abb. 1,5 c.*
[178] Bittel a.a.O. (Anm. 174). In *Abb. 1,5c.*
[179] W. Haberey in: Nordöstliches Eifelvorland 1. Euskirchen, Zülpich, Bad Münstereifel, Blankenheim. Führer zu vor- u. frühgesch. Denkmälern 25 (1974) 69ff. Vgl. die Ruwertal-Wasserleitung nach Trier: Cüppers in: Trier 1. Führer zu vor- u. frühgesch. Denkmälern a.a.O. (Anm. 138) 275ff.
[180] Klumbach a.a.O. (Anm. 131) 96ff.; Baatz, Mogontiacum 81f.
[181] Behrens, Römerbauten 79f.; Klumbach in: Führer Mainz 37ff.; 119; Baatz, Mogontiacum 81f. Cüppers, Die Trierer Römerbrücken. Trierer Grabungen u. Forsch. 5 (1969) 185ff.
[182] Behrens, Germania 29, 1951, 254ff.; Klumbach a.a.O. (Anm. 131) 98ff.

Im Zusammenhang mit dem Brückenbau wurden wahrscheinlich der rechtsrheinische Brückenkopf Mainz-Kastel[183] und das erste Steinkastell auf dem Heidenberg in Wiesbaden[184] angelegt. In beiden Kastellen fanden sich gestempelte Ziegel der Leg. I Ad. und der Leg. XIV Gem.

Die Lagerthermen[185], der einzige Baukomplex im Lagerinneren, von dem die Ausgrabungen ein deutliches Bild erbrachten, haben viele Umbauten erfahren[186]. Im ältesten Teil, von dem man nur einen Mauerkopf kennt[187], traf man gestempelte Ziegel der Leg. XIV Gem. und der Leg. XXII Prim. an, die miteinander vermischt verbaut waren. Da diese beiden Legionen nie gleichzeitig im Mainzer Lager standen, hat die Leg. XXII Prim. wohl einen Restposten Ziegel der Leg. XIV Gem. vorgefunden und diesen beim Bau der Lagerthermen mitverwendet.

Das frühere Lagerbad wurde bisher nicht gefunden; es muß wohl außerhalb der Lagermauern gesucht werden, weil die Größe des Lagers für zwei Legionen schon knapp bemessen war. Günstiger ist die Fundsituation in Wiesbaden. Hier fanden sich in der Schützenhofstraße Thermen, die mit gestempelten Ziegeln der Leg. XXII Prim. errichtet waren; diese Ziegel gehören in die Zeit des ersten Aufenthalts dieser Legion in Mainz unter den Kaisern Claudius und Nero[188]. Die Thermen wurden später von der Leg. XIV Gem. ausgebessert, was gestempelte Bleirohre dieser Legion bezeugen[189]. Andere Thermen am Kranzplatz (Kochbrunnen), die mit Ziegeln der Legionen I Ad., XIV Gem. und XXI Rap. gebaut und mit solchen der Leg. XXII Prim. ausgeflickt wurden, stammen erst aus flavischer Zeit.

Von den Mainzer Rheinhäfen[190] sind bisher noch keine deutlichen Bauereste bekannt geworden. Immerhin machen Siedlungsreste, vor allem Funde von Transportamphoren, am heutigen Zollhafen (früher Dimesser Ort) einen Hafen in dieser Gegend wahrscheinlich. Für einen zweiten Hafen in der Nähe der Rheinbrücke fehlen bisher hinreichende Anhaltspunkte[191].

Das große Theater am Mainzer Südbahnhof[192] mit einem Cavea-Durchmesser von 116,25 m läßt sich nicht sicher datieren, da inschriftliches Material fehlt. Nur eine Konstantinsmünze wurde im Mörtel der Substruktionen gefunden, deren Zeugniswert dadurch erhöht wird, daß für die Mauern, ähnlich wie in der spätrömischen Stadtmauer, auffällig viele Spolien verwendet wurden. Aus diesem Grunde empfiehlt es sich, das Theater aus der Militärarchitektur auszuscheiden und als ein Bauwerk des spätrömischen Municipiums zu bewerten.

Die wenigen Steinbauten der Mainzer Militärarchitektur, die wir heute kennen, stammen von den drei Legionen I Ad., XIV Gem. und XXII Prim. Eine sichere Zuweisung ist nicht in jedem Fall möglich, doch zeichnet sich folgendes Bild ab: Die Leg. I Ad. war mit den Wehranlagen und vielleicht mit dem Bau der Wasserleitung betraut, während die Leg. XIV Gem. gleichzeitig die Rheinbrücke, den rechtsrheinischen Brückenkopf und die Wiesbadener Thermen errichtete bzw. renovierte. Von der Bautätigkeit der Leg. XXII Prim. kennen wir nur die Mainzer Lagerthermen: diese Legion bezog ein bereits ausgebautes Lager und konnte ihre Bauaktivitäten ganz auf die Grenzsicherung im Taunus und die Erschließung des rechtsrheinischen Gebietes verlegen.

Die Bautätigkeit der Mainzer Legionen spiegelt sich deutlich in der Anzahl der aufgefundenen Bauinschriften[193]. Behrens hatte 1951 bereits 25 Bauinschriften der Leg. I Ad., 15 Bauinschriften der Leg. XIV Gem. M.V. und 3 Bauinschriften der Leg. XXII Prim. P.F. zusammengestellt[194]. Inzwischen sind eine weitere Bauinschrift der Leg. I Ad.[195], zwei der Leg. XIV Gem.[196] und eine der Leg. XXII Prim.[197] gefunden worden. Aus diesen Zahlen geht eindeutig hervor, daß die militärischen Anlagen in Mainz fast ausschließlich in flavischer Zeit errichtet wurden, soweit es sich um Steinbauten handelt. Von diesen Steinbauten, im Charakter ausschließlich Ingenieursleistungen, ist nur ein einziges Bauwerk, das Mainzer Lagertor, als Architektur einer kunstgeschichtlichen Würdigung zugänglich[198].

---

[183] Schmidt in: ORL B Nr. 30. – Baatz, Mogontiacum 81, möchte eine frühere Schiffsbrücke an gleicher Stelle nicht ausschließen.

[184] H. Schoppa, Aquae Mattiacae. Wiesbadens röm. u. alamannisch-merowingische Vergangenheit. Gesch. d. Stadt Wiesbaden 1 (1974) 26ff.

[185] Behrens a.a.O. (Anm. 177) 46ff.; Baatz, Mogontiacum 74; Klumbach in: Führer Mainz 101.

[186] G. Wolff, Mainzer Zeitschr. 12/13, 1917/1918, 180f.

[187] Behrens a.a.O. (Anm. 177) 50f. (Raum VII) Abb. 2,r.

[188] Schoppa a.a.O. (Anm. 184) 34ff.

[189] Ebd. Abb. 9.

[190] Behrens, Römerbauten 79; Baatz, Mogontiacum 82f.; Klumbach in: Führer Mainz 35ff.

[191] Baatz, Mogontiacum 82f.; v. Petrikovits, Mainzer Zeitschr. 58, 1963, 27ff. Esser a.a.O. (Anm. 139) 220f.

[192] E. Neeb, Mainzer Zeitschr. 10, 1915, 75ff.; ders., Mainzer Zeitschr. 12–13, 1917–1918, 68ff.; Klumbach in: Führer Mainz 118. Für eine Datierung um 200 n. Chr., wie sie Esser a.a.O. (Anm. 139) 222 vorschlägt, sehe ich keine Möglichkeit.

[193] Gemeint sind nicht Steinbruchmarkierungen, wie sie auf *Taf. 23* wiedergegeben sind, sondern meist gerahmte, »öffentliche« Bauinschriften.

[194] Behrens a.a.O. (Anm. 182) 254ff.

[195] W. v. Pfeffer, Mainzer Zeitschr. 54, 1959, 43. – U. Schillinger-Häfele, Ber. RGK 58, 1977 (1978) 494 Nr. 70.

[196] Büsing, Mainzer Zeitschr. 69, 1974, 287 Taf. 47,19.23.

[197] Ebd. 287 Taf. 46,13.

[198] Die architektonischen Reliefs werden von H. G. Frenz neu bearbeitet, vgl. S. 31.

## DIE KUNSTFORMEN DES LAGERTORES

Bereits die vorgeschlagene Rekonstruktion des Lagertores enthält Teile einer kunstgeschichtlichen Würdigung: mit der aus den Mauerwinkeln erschlossenen Grundrißform wurde eine Präzisierung der römischen Tortypen verbunden[199], woraus sich ergab, daß das Mainzer Tor das früheste Beispiel für weit vorspringende Tortürme an einem Lagertor bietet. Der Tortypus selbst, gekennzeichnet durch tiefgreifende Tortürme, ist jedoch älter und mindestens seit augusteischer Zeit an Stadttoren erprobt.

Im Aufbau des Mainzer Lagertores ist die wichtigste Kunstform die Gestaltung des Wehrgangs. Die zur Verteidigung technisch notwendigen Bogenöffnungen werden hier durch eine Pilastergliederung zu einer Arkadenfassade zusammengefaßt. Es handelt sich dabei um ein Fassadenmotiv, das im frühen 1. Jahrhundert v. Chr. entwickelt wurde und in der römischen Architektur den Rang einer selbständigen Bauordnung hat, gleichwertig mit den griechischen Säulenordnungen. Bisher fehlen ausreichende Vorarbeiten über die Entwicklung der römischen Arkadenfassade, deren Wirkung auf die europäische Kunstgeschichte von außerordentlicher Bedeutung gewesen ist. Im Exkurs S. 60 ff. habe ich einige Beobachtungen dazu zusammengefaßt.

Innerhalb der römischen Architektur nimmt die Arkadenfassade eine besondere Stellung dadurch ein, daß sie fast immer den staatlichen oder städtischen Gebäuden vorbehalten ist, aber fast nie in der Privatarchitektur vorkommt. Noch ein anderer Bereich ist der Arkadenfassade verschlossen: Heiligtümer und Tempel verwenden als stärksten Ausdrucksträger wie in griechischer Zeit die reine Säulenordnung. Die Arkadenfassade wird damit zu einem Symbol staatlicher Repräsentation und Machtdarstellung. Dieser Ausdruckswert der Arkadenfassade wird gesteigert durch die rein funktionale Gliederung, die keine zusätzliche Ausschmückung durch Reliefs oder anderes Beiwerk zuläßt. Allen anderen römischen Gliederungssystemen, die etwa an den Bühnenfronten oder an den Schauwänden der Kaiserthermen am üppigsten entgegentreten, ist die Arkadenfassade durch ihren strengen und schlichten Aufbau überlegen und dadurch geeignet, die Würde und Hoheit des Gebäudes und seines Auftraggebers angemessen zum Ausdruck zu bringen. In dieser Hinsicht ist die Arkadenfassade nur mit den monumentalen Säulenstellungen römischer Tempel zu vergleichen, die eine ähnliche Würde im staatlich-religiösen Bereich vor Augen führen, während der Anwendungsbereich der Arkadenfassade das staatlich-profane Bauen ist.

In diesen allgemeinen Rahmen fügen sich die Arkadenfassaden an den Wehrgängen römischer Stadt- und Lagertore als eine spezielle Gattung ebenso ein, wie jene an Theatern oder Amphitheatern. Es sei hier nur vermerkt, daß die Bögen aus fortifikatorischen Überlegungen stets eng und hoch proportioniert sind und an der allgemeinen Entwicklung nicht teilnehmen.

In der Architekturornamentik des Mainzer Lagertors kommt den drei Kapitelltypen – dem korinthischen Pilasterkapitell in der Großen Pilasterordnung, dem kompositen Pilasterkapitell und dem Blattkapitell auf Säulen – die größte Bedeutung zu. Keines dieser Kapitelle stellt eine bemerkenswerte bildhauerische Leistung dar; sie verraten vielmehr durch die flächige Anlage der Blätter, die wenigen zaghaften Unterschneidungen und viele Unregelmäßigkeiten, daß die Steinmetzarbeiten von Kräften ausgeführt wurden, die nicht sonderlich gut an Bauornamentik geschult waren.

Bei den korinthischen Pilasterkapitellen ähnelt eines (B 9 *Taf. 26,4.6*) normalen korinthischen Kapitellen, doch entspringen die Eckvoluten aus dem Abacus. Das andere Kapitell (B 8 *Taf. 26,3.5*) ist eine Ansammlung von Mißverständnissen: statt des doppelten Blattkranzes hat es nur einen Kranz aus drei knolligen Blättern; aus den Zwischenräumen winden sich Caules, verbinden sich aber widersinnig zu Blattumrahmungen; die Helikes treten an beliebigen Stellen aus dem Kalathos, ohne Verbindung zu den Caules. Beiden Kapitellen ist der vertikal gestreifte Kalathos gemeinsam.

An den Blattkapitellen auf den Säulen der Oktogon-Pfeiler entspringen die Eckvoluten ebenfalls aus dem Abacus. In der Volutenzone, die von der Blattzone klar abgesetzt ist, liegt über einem rohen Perlstab ein ebenso unbeholfener Eierstab. Die fünf oder sechs Blätter im Blattkranz – die Zahl wechselt – haben einen geschlossenen, zungenförmigen Umriß mit verdicktem Rand; dieser Rand soll einen Blattüberfall andeuten. Die Blätter liegen so eng am Kalathos an, daß sie ihn fast völlig verdecken.

Die kompositen Pilasterkapitelle lösen sich am wenigsten aus der stereometrischen Grundform eines trapezförmigen Blocks. Der Blattkranz besteht aus drei Blättern vor einem vertikal gestreiften Kalathos. In der Volutenzone liegt ein Eierstab, der unten von einem Kerbschnittband, oben von einem schräggestreiften Abacus eingefaßt wird. Statt der Voluten, die aus dem Abacus entspringen, kommen auch Rosetten vor. In der Mitte des Abacus sitzt eine Blüte.

Die Blattform der drei Kapitelltypen ist einheitlich. Charakteristisch ist ein Bündel vertikaler Blattrippen, von denen aus die Blattfiedern schräg nach oben streben. Eine Differenzierung in der Größe und der Form der

---

[199] Vgl. S. 40ff.

Blattspitzen scheint nur an dem korinthischen Kapitell B 9 angestrebt worden zu sein.

Von den Kapitelltypen ist das Kompositkapitell auch sonst im Rheinland nachzuweisen und für die zweite Hälfte des 1. Jahrhunderts n. Chr. häufig belegt. In den Museen von Bonn und Köln habe ich folgende Exemplare gesehen[200]:

1. Zweiseitige Kapitelle der Eckpilaster am Sockel des Poblicius-Grabmals in Köln[201] *(Taf. 43,1)*.

2. Vierseitige Säulenkapitelle in der Ädicula des Poblicius-Grabmals in Köln *(Taf. 43,2)*.

3. Dreiseitige Pfeilerkapitelle an der Ädicula des Poblicius-Grabmals in Köln *(Taf. 43,3)*.

4. Zweiseitige Kapitelle der Eckpilaster an der Ädicula des Poblicius-Grabmals in Köln.

Die Kapitelle des Poblicius-Grabmals, die aus der Mitte des 1. Jahrhunderts n. Chr. stammen, folgen einem einheitlichen Typus. Ein einfacher Blattkranz steht vor dem Kalathos, der eingehüllt ist von einem Pfeifenblattkranz. Diese Formidee steht also hinter den undifferenzierten vertikalen Streifen an den Kalathoi der Mainzer Pilasterkapitelle! In Köln entfalten sich die Windungen der diagonal gestellten Voluten frei, werden von einem Eckblatt gestützt und unter dem Abacus von einem Hüllblatt begleitet. Der Abacus ist mit einem »Kästchen«-Ornament und einem darüber liegenden Kerbschnittband geschmückt. Verglichen mit den Mainzer Kapitellen ist die Voluten- und Abacuszone an den Kapitellen des Poblicius-Grabmals gewichtiger durch größere Breite, Höhe und Wölbung. Überlappungen der Blattspitzen und der freie Blattüberfall zeigen eine für die Rheinlande ungewöhnlich hohe Qualität in der Ausführung.

5. Kapitell eines halben Pfeilers. Römisch-Germanisches Museum Köln, Inv. Nr. 117 *(Taf. 43,4)*.

Durch starke Rippen sind die drei Blätter des Blattkranzes gegliedert und bilden dreieckige »Ösen«. Trotz einer starken Bewegung in jedem Blatt lösen sich die Blätter kaum vom Grund. Auf dem Kalathos ein Kranz flacher, dreiteiliger Pfeifenblätter, darüber ein hängendes Blattprofil. Zwischen den Eckvoluten, die in ganzer Höhe von einem Hüllblatt überspielt und seitlich mit Blüten verziert sind, Reste eines hohen Eierstabs.

6. Zweiseitiges Kapitell eines Eckpilasters. Römisch-Germanisches Museum Köln, Inv. Nr. 251. Fundort: Köln *(Taf. 43,5)*.

Dem vorigen Stück ähnlich, jedoch mit Astragal und Eierstab oberhalb der einteiligen Pfeifenblätter. Klar abgesetzter Abacus mit Resten einer Blüte.

7. Vierseitiges Kapitell eines quadratischen Pfeilers. Römisch-Germanisches Museum Köln, Inv. Nr. 108,3. Fundort: Köln.

Dieses gestreckte und weitausladende Kapitell hat wie die Mainzer Pilasterkapitelle statt der Pfeifenblätter nur vertikale Streifen auf dem Kalathos. Der eingezogene Abacus ist wie in Mainz schräg gerieft. Durch besondere Größe ist die Volutenzone betont.

8. Vierseitiges Pfeilerkapitell auf rechteckigem Pfeiler[202]. Rheinisches Landesmuseum Bonn, Inv. Nr. 28 685. Fundort unbekannt *(Taf. 43,6)*.

Der niedrige Blattkranz mit weichen, überfallenden Blättern enthüllt das obere Drittel des dicht mit Pfeifenblättern umstandenen Kalathos. Darüber ein breites Kerbschnittband, oben und unten von einer Leiste eingefaßt. Vom Eierstab aus hängen die schweren Eckvoluten bis in die Blattzone hinab. Der Abacus ist schräg gerieft und trug eine Blüte.

9. Vierseitiges Pfeilerkapitell auf rechteckigem Pfeiler[203]. Rheinisches Landesmuseum Bonn. Fundnr. 39/69 (K. 0212). Fundort: Bonn.

Blattkranz und Pfeifenblattkranz ähneln dem vorigen Stück, Eierstab und Abacus sind jedoch höher, die Voluten stärker in den trapezförmigen Umriß eingebunden. Am Abacus eine große vierblättrige Blüte, kleine Blüten in den Volutenaugen.

Die angeführten Kapitelle bilden mit den Mainzer Pilasterkapitellen eine eigene Gruppe, die ich nach den besten Exemplaren den »Poblicius-Typus« nennen möchte. Dieser Kapitelltypus ist ein Teil der von Kähler herausgestellten Kapitellform[204], die er als dreiteilige Normalform des rheinischen Kompositkapitells bezeichnete. Die Mainzer Kapitelle datierte Kähler zunächst »in die Frühzeit«[205] des Typus, »wohl in den Anfang des 2. Jahrhunderts«[205a]. Später zeigte er, daß der Typus rund 50 Jahre früher entstand[206], unterließ es aber, darauf hinzuweisen, daß die Mainzer Kapitelle dann nicht zu einer frühen, sondern zu einer späten Entwicklungsphase des Typus' gehören.

Überblickt man die angeführten Beispiele des Poblicius-Typus', so tritt der Qualitätsabfall auf dem Wege von

---

[200] Ich danke den Herren H. G. Horn vom Rheinischen Landesmuseum, Bonn, und J. Bracker vom Römisch-Germanischen Museum, Köln, für ihre Hilfe bei der Sichtung der Museumsbestände und für einzelne Photovorlagen.

[201] Kähler, Antike Welt 1 H. 4, 1970, 14ff.; Bechert, Antike Welt 2 H. 3, 1971, 54; G. Precht, Das Grabmal des Lucius Poblicius. Rekonstruktion u. Aufbau (1975); B. u. H. Galsterer, Bonner Jahrb. 179, 1979, 201ff.

[202] Pfeilerauflage 22 × 28 cm. – H. Lehner, Die antiken Steindenkmäler des Provinzialmuseums in Bonn (1918) 422 Nr. 1158; Kähler, Die römischen Kapitelle des Rheingebietes. Röm.-Germ. Forsch. 13 (1939) 80 Nr. 7 (Typus S).

[203] Pfeilerauflage 23,5 × 25,5 cm.

[204] a.a.O. (Anm. 202) 70ff.; 78ff., wo die Kapitelle des Poblicius-Grabmals zum Typus S gezählt wurden (80 Nr. 4–6).

[205] Ebd. 71.

[205a] Ebd. 81.

[206] a.a.O. (Anm. 201) 14ff.

Köln nach Mainz besonders kraß hervor. Möglicherweise verzichtete man in Mainz auf spezialisierte, private Werkstätten für Bauornamentik, die sich ohnehin eher in der Nähe einer großen Stadt wie Köln oder Trier niederließen. Der Aufwand, eine solche Werkstätte zu engagieren, war offenbar zu groß für die Bauten des Legionslagers, und so vermute ich, daß man sich mit den besten ortsansässigen Kräften in den Mainzer Canabae begnügte.

Daß es in Mainz nicht an Aufträgen gefehlt hat, die an spezialisierte Werkstätten vergeben wurden, beweist die Mainzer Jupitersäule[207]: das bekrönende korinthische Kapitell[208], zehn bis fünfzehn Jahre vor den Kapitellen des Lagertores entstanden, hält jeden Vergleich mit den besten Kölner Kapitellen aus. Die Werkmeister haben die Säule signiert, die nicht von den Mainzer Legionen, sondern von Privatleuten in Auftrag gegeben worden war.

Die geringe handwerkliche Qualität ist nicht auf die Kunstformen der Mainzer Lagerarchitektur beschränkt, sondern findet sich ebenso im technischen Bereich: der bereits herausgestellte große Spielraum in der Dimensionierung gleicher Bauteile wie z. B. in der Breite der Pilaster, in der Höhe der Architravzone oder im Querschnitt der Paneel-Pfeiler[209] beweist einen großzügigen, wenn nicht gar sorglosen Umgang mit der Meßlatte. Es handelt sich dabei keineswegs um einen für die Rheinprovinzen typischen Provinzialismus, sondern um einen spezifischen Zug der Militärarchitektur: es kam nicht auf die Ausführungsgenauigkeit, sondern auf die Ausführung und Brauchbarkeit selbst an. Nicht die künstlerischen Aspekte, sondern die eindringliche, wenn auch wenig differenzierte Formulierung machen das Wesen der Militärarchitektur aus, Wesenszüge, die z. B. auch unsere traditionelle Militärmusik von der Kammermusik unterscheiden.

## EXKURS ZUR GESCHICHTE DER ARKADENFASSADE

### Anwendung und Bedeutung

Die Arkadenfassade unterscheidet sich von der einfachen Bogenreihe[210] dadurch, daß eine Säulen- oder Pfeilerstellung mit Gebälk den Wandpartien zwischen den Bögen vorgeblendet ist; jeder einzelne Bogen befindet sich mittig in einem Wandfeld, das oben vom Architrav, seitlich von den Stützen eingefaßt wird. Die Bogenwölbung sitzt gewöhnlich auf einem Kämpfer auf, der den Wandpartien zwischen den Bögen das Aussehen von Pfeilern gibt. Vermittels der vorgeblendeten Stützenstellung wird die Bogenreihe tektonisch strukturiert. Die Arkadenfassade, deren universelle Bedeutung längst erkannt worden ist, muß als einzige römische Bauordnung angesprochen werden, die nicht aus der griechischen Architektur übernommen wurde. Sie bedient sich zwar der griechischen einschließlich der tuskanischen (einer Abart der dorischen) Säulenordnungen, doch entsteht durch die Verbindung von Bogenreihe und Säulenstellung eine neuartige, durchaus selbständige Form der Stützenarchitektur, die in der europäischen Kunstgeschichte einen gleichwertigen Platz neben den griechischen Säulenstellungen einnimmt.

### Die stadtrömische Entwicklung

In monumentaler Form tritt die Arkadenfassade zum ersten Mal an der Ostseite des Tabulariums[211] in Rom (78 v. Chr.) auf, wo ihr staatlich-repräsentativer Charakter bereits voll zum Ausdruck kommt. Der Bauherr war ein Konsul. Auf der ungegliederten Sockelmauer stehend, ist die Arkadenfassade das erste von vermutlich zwei architektonisch gegliederten Geschossen; das zweite kann eine einfache Säulenhalle gewesen sein. Die Arkadenfassade hat mit ihren robusten Mauerpfeilern, Bögen und Gewölben im Innern einerseits den Charakter von Substruktionen, übernimmt aber andererseits durch die strenge Säulengliederung mit Gebälk und der Galerie hinter der Front Bestandteile der hellenistischen Säulenhalle. Bezeichnenderweise führen die Bögen fast aller bekannten Arkadenfassaden auf eine der Fassade folgende Galerie und nicht in einzelne Räume, so daß wie bei Säulenhallen zwischen der Außenwelt und den Innenräumen eine vermittelnde Zone liegt.

Während die Arkadenfassade dem Tabularium eine majestätische Front gibt, hat der Gang hinter der Fassade nichts mit der Bestimmung des Gebäudes zu tun: es war ein öffentlicher Weg, der den Kapitolshügel mit der Arx verband[212].

---

[207] Hassel in: Führer Mainz 119ff.

[208] Kähler a.a.O. (Anm. 202) Taf. 1, C 1.

[209] Vgl. S. 76ff. E 1 – E 21.

[210] In den Substruktionen sichtbar z. B. an den Terrassen der Villa dei Misteri in Pompei (H. Drerup, Marburger Winckelmann-Programm 10, 1959 Taf. 1f.) und des Jupiter-Anxur-Tempels in Terracina (Crema, Architettura 52ff. Abb. 51; 56), als Fassade am Amphitheater in Pompei (Crema, Architettura 98f. Abb. 90).

[211] R. Delbrück, Hellenistische Bauten in Latium 1 (1907) 23ff.; Nash, Rom 2, 402ff.

[212] Suetons Worte (Vesp. 8): . . . instrumentum imperii pulcherrimum ac vetustissimum . . ., beziehen sich wohl auf das Tabularium.

Das Erscheinungsbild der Arkadenfassaden wird hauptsächlich bestimmt durch die Proportionen der Bauformen, weniger durch die Detailformen. Es bieten sich dabei vielfältige Möglichkeiten der Variation, weil bei der Proportionierung drei Hauptkomponenten zusammenwirken. Die erste ist das Rechteck, das aus dem axialen Abstand der Stützen (Säulen oder Pilaster) und der Höhe der Stützen gebildet wird; es legt den Rhythmus der Arkadenfassade fest. Die zweite Komponente ist die Bogenform, die durch das Verhältnis von Bogenweite zu Bogenhöhe festgelegt ist. Da der Bogen in das Rechteck aus Stützenabstand und Stützenhöhe eingepaßt ist, hängt von ihm die Pfeilergröße zwischen den Bögen und die Größe der verbleibenden Wandfläche über dem Bogen ab. Als dritte Komponente ist schließlich für das Erscheinungsbild das Verhältnis bestimmend, in dem die Fläche aus Stützenabstand und Stützenhöhe zur Bogengröße steht; dieses Verhältnis offenbart, wie stark die Wandfläche durch die Bögen durchbrochen und aufgelöst wird. Eine Tabelle der wichtigsten Proportionen der hier behandelten Arkadenfassaden findet sich am Ende dieses Exkurses.

Am Tabularium bilden die dorischen Halbsäulen mit ihrem Gebälk, das aus einem niedrigen Architrav und einem Triglyphon mit fünf Metopen pro Joch bestand, ein hochgezogenes Rechteck, in das ein schmaler hoher Bogen eingepaßt ist. Die Höhe, in der der Kämpfer liegt, ist ebenso groß wie der axiale Säulenabstand; die Säulenhöhe ist um zwei Fünftel größer. Da die Bogenweite um die Hälfte größer ist als die Breite des Pfeilers, vor den die Halbsäule vortritt, ruhen die Bögen auf hohen, schmalen Pfeilern. Die Bogenhöhe übertrifft das Doppelte der Bogenweite, so daß eine dichte Folge von Pfeilern und Bögen entsteht, wobei die Bögen 51,5% der Wandfläche auflösen.

Im ersten vorchristlichen Jahrhundert sind an monumentalen Beispielen für Arkadenfassaden in Rom vor allem die großen Theater des Pompeius[213] und des Augustus, das dieser nach seinem verstorbenen Schwiegersohn Marcellus benannte[214], sowie die Forumsbasiliken zu nennen. Es kommt eine Portikus auf dem Forum Holitorium[215] hinzu. Der Erhaltungszustand ist – außer beim Marcellus-Theater – ebenso unbefriedigend wie der Publikationsstand. In allen Fällen handelt es sich um mehrgeschossige Arkadenfassaden, deren Verwendung an den Theatern noch deutlich einen Zusammenhang mit Substruktionen, an den Basiliken jedoch eine Steigerung gegenüber den üblichen Säulenportiken erkennen läßt, wie sich zeigen wird. Diese Gebäude haben alle wie das Tabularium eine profane Bestimmung. Sie wurden gestiftet zum öffentlichen Nutzen und sicherlich mit Billigung des Senats. Die Stifter sind in jedem Fall hohe Staatsbeamte, auch der Kaiser selbst, womit eine Repräsentation des Staates gegeben ist.

Die Arkadenfassaden des Marcellus-Theaters und die Portikus auf dem Forum Holitorium sind in der Proportionierung kaum abgewandelt gegenüber den Arkaden des Tabulariums. Die geringfügigen Veränderungen dieser frühaugusteischen Gebäude liegen in einer stärkeren Streckung des Rechtecks aus Säulenhöhe und Säulenabstand. Da gleichzeitig der Pfeiler, vor den die Säule vortritt, ein wenig verstärkt und gelängt wird, wird auch der Bogen schmaler und höher.

Diese Arkadenfassaden entfalten aber gegenüber dem Tabularium dadurch eine stärkere plastische Wirkung, daß die Säulen entschiedener vor die Pfeilerfronten vortreten, also einen größeren Umfang haben als normale Halbsäulen. Die unkannelierten tuskanischen Säulen, an der Portikus auf dem Forum Holitorium zusätzlich mit umlaufenden Basen ausgestattet, haben stärker akzentuierte Kapitelle als die kleinteilig kannelierten dorischen Säulen des Tabulariums. Im Gebälk entfallen vier Triglyphen auf das Joch in der ersten Ordnung des Marcellus-Theaters gegenüber fünf am Tabularium. An der Portikus auf dem Forum Holitorium ist das Triglyphon dem hohen glatten Fries gewichen, auf den ein markantes Konsolengebälk folgt. An den augusteischen Arkadenfassaden wird also die große Form bevorzugt.

Trotz dieser gesteigerten plastischen Entfaltung fehlt diesen Gebäuden ebenso wie dem Tabularium noch ein bedeutender Akzent in der Fassadengliederung, der in späteren Monumenten fast immer vorhanden ist, nämlich die profilierte Bogenrahmung oberhalb des Kämpfers.

Völlig anders als an den bisher genannten Bauten ist die Proportionierung der Arkadenfassaden an den augusteischen Forumsbasiliken. Schon das Verhältnis von Pfeilerbreite zu Bogenweite, das am Tabularium 1 : 1,5 beträgt, zeigt, daß sich etwas Grundlegendes geändert hat: es beträgt an der Basilica Iulia[216] 1 : 2,9, an der Basilica Aemilia[217] sogar 1 : 3,7. Die Bögen haben demnach eine sehr viel größere Spannweite, die Pfeiler treten weit auseinander. In den Rekonstruktionen, die sich für die Geschoßhöhen am Durchmesser der tuskanischen Säulen orientieren, erscheinen die Bögen gedrungen, das von den Säulen gebildete Rechteck wesentlich niedriger als am Marcellus-Theater.

Die weitgespannten Bögen der Basiliken zeugen von der entwickelten Wölbungstechnik der augusteischen Zeit, mehr noch aber von der Überlegenheit der neuen Bauordnung gegenüber der hellenistischen Halle, die mit ihren vergleichsweise enggestellten Stützen eine solche

---

[213] Nash, Rom 2, 423ff.
[214] Ebd. 418ff.
[215] Nash, Rom 1, 418ff.
[216] Ebd. 186ff.
[217] Ebd. 174ff.; W. v. Sydow, Arch. Anz. 1973 (1974) 546f.

Durchsichtigkeit und Monumentalität nicht erreichen konnte.

An den Basiliken ist die Vorstellung von Substruktionen, die in den engen Bögen und hohen Pfeilern des Marcellus-Theaters noch anklang, völlig ausgelöscht. Damit ist für die Arkadenfassade eine neue Form und ein neuer Anwendungsbereich erschlossen worden.

Daß so unterschiedliche Proportionen an Arkadenfassaden derselben Epoche möglich seien, wie sie sich am Marcellus-Theater und den Basiliken zeigen, schloß A. v. Gerkan aus[218], jedenfalls für die Basilica Aemilia. H. Bauer aber, der eine Publikation dieser Basilica vorbereitet, teilt mit[219]: »In ihrer endgültigen Form muß die Portikus in augusteischer Zeit erbaut worden sein. ... Wie sich aus Funden arretinischer Keramik ergibt, kommt nur die überlieferte Bauperiode nach 14 v. Chr. in Betracht.« v. Gerkan trat für einen traianischen Neubau ein.

Eine Entwicklung von engen Bögen (Marcellus-Theater) über weite Bögen (Colosseum) zu sehr weiten Bögen (Basilica Aemilia), wie sie wohl v. Gerkan annahm, ist nicht nachzuweisen. Die engen und die sehr weiten Bögen treten gleichzeitig an unterschiedlichen Gebäudetypen in augusteischer Zeit auf. Die mittlere Proportionierung aber findet sich erst am flavischen Amphitheater.

Vorher aber waren die weitgespannten Arkadenbögen noch an einer reinen Substruktion angewendet worden, nämlich an der Stützmauer für die Terrasse des Divus-Claudius-Tempels[220].

Das erste Geschoß dieser Fassade besteht aus einer Pfeilerreihe mit aufliegendem Gebälk, hat also keine Bogenöffnungen. Die Pfeilerhöhe (4,20 m) ist nur 0,25 m größer als der axiale Pfeilerabstand. Darüber erhebt sich das Arkadengeschoß, das im Rhythmus dem Pfeilergeschoß folgt.

In beiden Geschossen sind den Pfeilern flache tuskanische Pilaster vorgelegt, die von starker Rustika fast verdeckt werden. Ebenfalls in beiden Geschossen ist das Gebälk über den Pilastern leicht vorgekröpft, wodurch die feinen vertikalen Linien von einem Geschoß zum andern weitergeführt werden. Die horizontale Gliederung tritt dagegen klar in den sauber ausgearbeiteten Profilen und Kapitellen hervor. Auf Kämpfer und Bogenrahmungen aber wurde verzichtet.

In den weitgespannten Bögen (Pfeilerbreite zu Bogenweite 1:3,25) waren Brüstungen vorgesehen. In diesem Teil treten auch die Pilaster stärker vor die Pfeilerfronten vor und sind selbst breiter gestaltet; sie nehmen damit die Funktion von Säulenstühlen ein. Der verbleibende offene Teil des Bogens hat die Form eines Quadrats mit aufgelegtem Halbkreis. Er schneidet aus der Wand 66% der Fläche aus!

Die Art der Rustika und die stark vorspringenden rohen Keilsteine im Scheitel der Bögen deuten einen unfertigen Bauzustand an, der als neue Kunstform verstanden wurde. – An die Pfeiler beider Geschosse schließen rückwärtig Stichmauern an, die einen Gang hinter der Front nicht zulassen. Sie gehören zu mäßig tiefen Kammern, die den Terrassendruck abfangen sollten. Bei den Arkadenpfeilern handelt es sich demnach nicht um Galeriepfeiler, sondern um Strebepfeiler.

Am Claudianum ist die plastische Entfaltung der Fassade stark vermindert und eine reliefmäßige Wirkung erzielt worden, die bei ähnlichen Substruktionen[221] beibehalten wurde. In der Auflösung der Wand durch Bögen ist eine extreme Steigerung erreicht worden, die hinfort keine Nachahmung gefunden hat.

Das flavische Colosseum[222] wendet sich von der flächigen Fassadengestaltung des Claudianums und den übermäßig großen Bögen ab und findet eine ausgewogene Proportionierung, die vorbildlich geworden ist für viele andere Arkadenfassaden. Zwar wird die Bogenform des Claudianums – ein Quadrat mit aufgesetztem Halbkreis – beibehalten, doch schneidet der Bogen nur 50% aus der Wandfläche aus statt 66% beim Claudianum. Am Colosseum gilt dieser Wert für jedes der drei Geschosse. Die größere verbleibende Wandfläche ist nun durch plastische Strukturierung stärker bewegt als alle früheren Fassaden. So haben die unkannelierten, den Arkadenpfeilern vorgesetzten Säulen in tuskanischer, ionischer und korinthischer Form einen U-förmigen Querschnitt, der einen beträchtlichen Zuwachs an Volumen gegenüber einfachen Halbsäulen bringt. Die kräftigen Säulenstühle unter den ionischen und korinthischen Säulen springen weit vor, die Brüstungen zwischen ihnen dagegen weit zurück. Die Säulenbasen, die Kämpfer auf den Arkadenpfeilern und die Säulenkapitelle sind in einfachen großen Formen gehalten, die sich vom Grund deutlich abheben. Nur die Bogenrahmungen sind verhältnismäßig flach. Entsprechend den vorgesetzten Säulen springen die Gebälke weit vor und sind ohne Verkröpfung als kontinuierliche Bänder gestaltet, so daß die vertikalen und die horizontalen Komponenten in einem ausgewogenen Verhältnis zueinander stehen. Eine zusätzliche Belebung erfährt die Fassade des Colosseums dadurch, daß das ionische Geschoß gegenüber dem tuskanischen und das korinthische gegenüber dem ionischen etwas nach innen versetzt ist. So

---

[218] Röm. Mitt. 60–61, 1953–1954 (1955) 201.
[219] Bei v. Sydow a.a.O. (Anm. 217) 546.
[220] Nash, Rom 1, 243ff.
[221] Vgl. z. B. die Tempelterrasse in Brescia: H. Gabelmann, Jahrb. RGZM 18, 1971 (1974) 124ff.
[222] Nash, Rom 1, 17ff. – R. Graefe, Vela erunt. Die Zeltdächer der römischen Theater und ähnlicher Anlagen (1979) 56ff. Taf. 57.

entsteht ein trapezförmiger, gefestigter Gebäudekontur. Die ständige Repetition des Arkadenmotivs wirkt keineswegs eintönig, da die plastische Formung der gebogenen Fassade dem Betrachter gleichzeitig verschiedene, durch die Perspektivwirkung vermehrte Aspekte bietet.

Etwas leichter als am Colosseum sind die Arkaden am Stadion des Domitian[223] gestaltet. Sie haben etwas größere Bögen und etwas schlankere Pfeiler. Der Bogen nimmt 54,3% der Fläche aus Säulenhöhe und Säulenabstand ein. Das Untergeschoß ist mit ionischen Säulen, das Obergeschoß mit korinthischen Säulen ausgestattet. Im übrigen sind die Übereinstimmungen mit dem Colosseum augenfällig.

Erst im 3. Jahrhundert n. Chr. treten in der Gestaltung der Arkadenfassade neue Formen auf, die sich in Rom nur am Amphitheatrum Castrense zeigen[224]. In die flächige Fassade schneiden kleine Bögen ein; die gliedernde Säulenstellung ist im Volumen stark reduziert; der Kämpfer wird zu einer graphischen Linie, die nicht mehr auf einem Pfeiler, sondern auf einem flachen Wandstück aufsitzt. Mit der größeren Flächigkeit hängt auch die Verbreiterung des Säulenabstands und die Verkleinerung der Bögen zusammen. Auf eine plastische Bogenrahmung wird verzichtet. Wandfläche, bisher in tektonische Bestandteile umgesetzt und dadurch weitgehend verdeckt, tritt hier als Grundlage der Arkadenarchitektur frei hervor.

Andere Arkadenfassaden dieser Zeit sind in Rom nicht bekannt; deshalb füge ich hier ein Beispiel ein, das der stadtrömischen Entwicklung nahesteht: die guterhaltene, dreigeschossige Arkadenfassade des Amphitheaters in Thysdrus[225] (Tunesien). Hier begegnet dieselbe Flächigkeit wie am Amphitheatrum Castrense, jedoch mit etwas schlankeren und noch etwas kleineren Bögen. Diese nehmen nur noch 34% der Wandfläche ein und bleiben ohne Bogenrahmungen. In dieser Fassade haben nur die Bogenhöhlungen eine starke Schattenwirkung gegenüber der hellen Wandfläche, nicht aber die Säulen und Gebälke. Die Bögen ruhen auf Kämpfern, die als schwache Bänder über die breiten Wandflächen laufen. Der Säulenabstand ist wie am Amphitheatrum Castrense etwas größer als die Säulenhöhe. Die Gebälke sind in Höhe und Ausladung zurückhaltend gestaltet und wirken klein gegenüber der großen Wandfläche. Diese Fassaden stehen am Ende der Entwicklung der römischen Arkadenfassade und bilden den größten Gegensatz zu den plastisch aufgelockerten Fassaden der flavischen Zeit.

### Andere Arkadenfassaden

Die wenigen genannten Beispiele monumentaler Arkadenfassaden in Rom heben die wichtigsten Schritte in der Entwicklung dieser Bauordnung hervor, ohne jedoch die Vielfalt der Gestaltungsmöglichkeiten zu dokumentieren. Dies muß einer gesonderten Untersuchung vorbehalten bleiben. Die enggestellten hohen Bögen auf starken Pfeilern des 1. Jahrhunderts v. Chr., die weitgespannten leichten Bögen der iulisch-claudischen Zeit, die festen, ausgewogenen Formen der flavischen Zeit und schließlich die großflächigen, feingegliederten Fassaden des 3. Jahrhunderts n. Chr. zeigen außerdem nur die Hauptströmung der einzelnen Epochen, liefern aber kein verbindliches Gestaltungsschema für Arkadenfassaden außerhalb Roms. So fügen sich z. B. die Theater und Amphitheater Norditaliens und der Narbonensis, die hier nicht berücksichtigt werden konnten, nicht in die hauptstädtische Entwicklung ein.

Noch reicher wird das Bild, wenn man den Anwendungsbereich an kleineren Monumenten oder einzelnen Gebäudeteilen hinzunimmt, zu denen auch die Galerien an Toren gehören.

Vergleicht man nämlich die Arkadengliederung an Toren verschiedener Zeit, so wird man vergeblich nach einem Zusammenhang mit der allgemeinen Entwicklung der Arkadenfassade suchen. Am Mainzer Lagertor und an den genannten Toren in Aosta (Porta Praetoria) und Autun (Porte d'Arroux) zeigt sich eine übereinstimmende Formgebung in den schlanken, hohen Pfeilern und Bögen, deren nächste Parallele das Tabularium ist. Die Proportionierung dieser Tor-Arkaden steht also im Gegensatz zur allgemeinen Entwicklung. Dieser Umstand ist sicher nicht nur auf die Tradition alter Formen im fortifikatorischen Bereich, sondern wohl eher auf taktische Überlegungen zurückzuführen: weite Bögen hätten den Angreifer begünstigt und dem Verteidiger zu wenig Schutz geboten. Hier macht sich die Abwandlung einer Form unter dem Zwang äußerer Umstände bemerkbar, was sonst selten in der Architektur aufgespürt werden kann.

Für die Arkaden des Mainzer Lagertors ergibt sich daraus, daß sie keine Sonderstellung einnehmen, sondern vielmehr die für Tor-Arkaden übliche Proportionierung haben. Ihre wirkliche Größe weicht nur um wenige Zentimeter von den Arkaden der Porte d'Arroux in Autun ab, so daß eine Verwendung dieser Arkaden in einem anderen Bauzusammenhang, etwa als Straßen-Arkaden, undenkbar ist.

---

[223] Nash, Rom 2, 387ff.
[224] Nash, Rom 1, 13ff.
[225] Crema, Architettura 549f. Abb. 720; A. Lézine, Cahiers de Tunisie 8, Nr. 31, 1960, 29ff.

TABELLARISCHE ÜBERSICHT ZU DEN PROPORTIONEN AUSGEWÄHLTER ARKADENFASSADEN

Zur Erklärung der Tabelle sei vorausgeschickt, daß sie nur Verhältniswerte enthält, die zum Teil auf eigenen Messungen beruhen. Es bedeuten:
a axialer Abstand der Stützen
b Höhe der Stützen, ggf. ohne Säulenstuhl
c Breite des Arkadenpfeilers
d Weite des Arkadenbogens
e Höhe des Arkadenpfeilers bis zur Oberkante des Kämpfers bzw. bis zum Beginn der Bogenwölbung. Gleichzeitig bezeichnet dieser Wert den vertikalen Teil der Bogenöffnung.
f Höhe der Bogenöffnung bis zum Scheitel des Bogens. Bei konzentrisch gewölbten Bögen ist f = e + d : 2
F Fläche des Bogenausschnitts, bezogen auf die Fläche des Wandfeldes. Die Fläche des Bogenausschnitts beträgt d × e + πd² : 8 und ist hier ausgedrückt in Prozent der Wandfläche a × b.

### Proportionen ausgewählter Arkadenfassaden

|  | a : b | c : d | c : e | a : e | d : e | d : f | F |
|---|---|---|---|---|---|---|---|
| **Rom** | | | | | | | |
| Tabularium | 1 : 1,4 | 1 : 1,5 | 1 : 2,5 | 1 : 0,96 | 1 : 1,66 | 1 : 3,16 | 51,5 % |
| Porticus auf dem Forum Holitorium | 1 : 1,68 | 1 : 1,29 | 1 : 3,33 | 1 : 1,17 | 1 : 1,83 | 1 : 2,61 | 54,6 % |
| Marcellus-Theater | | | | | | | |
| 1. Geschoß | 1 : 1,58 | 1 : 1,33 | 1 : 2,25 | 1 : 1,1 | 1 : 1,92 | 1 : 2,42 | 47,1 % |
| 2. Geschoß | 1 : 1,5 | 1 : 1,38 | 1 : 2,25 | 1 : 0,98 | 1 : 1,66 | 1 : 2,17 | 47,2 % |
| Basilica Iulia | | 1 : 2,9 | | | ca. 1 : 1,2 | | |
| Basilica Aemilia | | 1 : 3,7 | | | ca. 1 : 1,2 | | |
| Terrassenabstützung des Claudianum | 1 : 1,26 | 1 : 3,25 | 1 : 3,33 | 1 : 0,78 | 1 : 1,06 | 1 : 1,52 | 66 % |
| Colosseum | | | | | | | |
| 1. Geschoß | 1 : 1,25 | 1 : 1,75 | 1 : 2,03 | 1 : 0,75 | 1 : 1,16 | 1 : 1,67 | 50,8 % |
| 2. Geschoß | 1 : 1,15 | 1 : 1,83 | 1 : 1,83 | 1 : 0,65 | 1 : 1,01 | 1 : 1,5 | 50 % |
| 3. Geschoß | 1 : 1,15 | 1 : 1,8 | 1 : 1,8 | 1 : 0,64 | 1 : 1,00 | 1 : 1,51 | 50 % |
| Stadion Domitians | 1 : 1,25 | 1 : 1,98 | 1 : 2,27 | 1 : 0,76 | 1 : 1,15 | 1 : 1,65 | 54,3 % |
| Amphitheatrum Castrense, 1. Geschoß | 1 : 0,91 | 1 : 1,08 | 1 : 1,06 | 1 : 0,51 | 1 : 0,98 | 1 : 1,48 | 41,3 % |
| **Thysdrus** | | | | | | | |
| Amphitheater, 2. Geschoß | 1 : 0,94 | 1 : 1,2 | 1 : 1,06 | 1 : 0,56 | 1 : 1,27 | 1 : 1,8 | 34 % |
| **Aosta** | | | | | | | |
| Porta Praetoria, Tor-Arkaden | 1 : 1,63 | 1 : 0,78 | 1 : 1,77 | 1 : 1 | 1 : 2,28 | 1 : 2,75 | 30,8 % |
| **Autun** | | | | | | | |
| Porte d'Arroux, Tor-Arkaden | 1 : 2,18 | 1 : 1,03 | 1 : 3,14 | 1 : 1,55 | 1 : 3,04 | 1 : 3,14 | 41 % |
| **Mainz** | | | | | | | |
| Lagertor, Tor-Arkaden | (1 : 1,68) | 1 : 1,06 | (1 : 2,56) | (1 : 1,24) | (1 : 2,41) | (1 : 2,91) | (44,2 %) |

# Katalog

## VORBEMERKUNG ZU KATALOG UND TAFELN

Sämtliche Zeichnungen der einzelnen Blöcke wurden im Maßstab 1 : 10 ausgeführt und erscheinen auf den Tafeln 1–23 und in den Textabbildungen verkleinert auf den Maßstab 1 : 25. Profilzeichnungen, im Maßstab 1 : 1 ausgeführt, erscheinen im Maßstab 1 : 2,5. Um den Katalog von Maßangaben zu entlasten, die meist aus den Zeichnungen zu entnehmen sind, werden außer der größten erhaltenen Höhe (H.), Breite (B.) und Tiefe (T.) nur dann Maße genannt, wenn sie für die Fragen der Rekonstruktion von Bedeutung sind. Bei annähernd rechtwinkligen Werkstücken bezieht sich die Breite auf die Ansichtsseite, bei polygonalen Werkstücken auf die Breite über alles.

Aus den Zeichnungen geht hervor, daß die Winkel an oktogonalen Ecken oft von dem geometrischen Achteckwinkel 135° abweichen bzw. daß die Eckpilaster mit den benachbarten Oktogon-Seiten nicht den theoretisch zu fordernden Winkel von 157,5° bilden. Auch auf diese Abweichungen wird nur in besonderen Fällen hingewiesen.

Es kommen zwei verschiedene Formen der Verklammerung vor. Nur in der Großen Pilasterordnung (B 1–B 45; *Taf. 2–4*) werden schwalbenschwanzförmige Klammerbettungen ohne senkrechten Stift oder umbiegendes Klammerende angetroffen; Reste der Verklammerungsmasse sind in keinem Fall erhalten. Für alle anderen Architektursysteme wurden stabförmige Eisenklammern mit umgebogenen Enden in vorbereiteten Klammerbettungen mit Blei vergossen. Die erhaltenen Reste von Eisen und Bleiverguß sind in den Zeichnungen schwarz gefüllt wiedergegeben.

Nicht abgebildete Stücke werden etwas ausführlicher beschrieben.

## DIE BAUTEILE

### Sockel

**A 1**  Block von einer Oktogonecke. *Taf. 1; 25,1.*
H. 55 cm, B. 71 cm, T. 101 cm.
Die 28 cm hohe Profilzone ist vollständig zerstört. Die Oktogonecke wird durch einen 20 cm breiten Streifen gebrochen, der durch leicht vorgezogene Grate begrenzt wird.

**A 2**  Block von einer Oktogonecke. *Taf. 1; 25,2.*
H. 54 cm, B. 81 cm, T. 70 cm.
Die 26 cm hohe Profilzone ist vollständig zerstört. An der gebrochenen Oktogonecke ein 28 cm breiter Streifen, begrenzt wie bei A 1.

**A 3**  Block von einer Oktogonecke. *Taf. 1; 25,3.4; 33,5.*
H. 54 cm, B. 74 cm, T. 107 cm.
Die 27 cm hohe Profilzone ist im linken Teil gut erhalten mit einer Ausladung von 18,5 bis 20 cm.
Im Oberlager ist eine Konstruktionsfigur eingerissen: ausgehend von dem Oktogonwinkel 135°, wurde ein gleichschenkliges Dreieck mit den Seiten 15 : 15 : 27 cm konstruiert, das die Winkel und die Größe der gebrochenen Oktogonecke festlegt. Der Anriß ist für die nächstfolgende Schicht bestimmt, da die gebrochene Oktogonecke des Blocks nur 21 bis 22 cm breit ist.

**A 4**  Rechtwinkliger Profilblock, links und hinten zerstört.
H. 56 cm, B. 79,5 cm, T. unten 54,5 cm, T. oben 80 cm.
Gleiches Profil wie A 3 bei 25 cm Profilhöhe und -ausladung. Im Oberlager rechts eine Klammerbettung mit Bleiverguß und ein Stemmloch, links ein 8,5 cm tiefes Hebeloch.

**A 5**  Rechtwinkliger Profilblock. *Taf. 1; 25,6.*
H. 62 cm, B. 57 cm, T. unten 60 cm, T. oben 88 cm.
Gleiches Profil wie A 3 bei 25,5 cm Profilhöhe und 21 cm Profilausladung. Im Oberlager weder Klammerbettung noch Hebeloch.

**A 6**  Rechtwinkliger Profilblock. Verschollen. *Taf. 23,1.*
H. 45,5 cm, B. 76 cm, T. unten 46 cm, T. oben 72 cm.
Gleiches Profil wie A 3 bei 24 cm Profilhöhe und 26 cm Profil-

ausladung. Im Oberlager ein Hebeloch und links eine Klammerbettung.
Auf der Rückseite Teil der Steinbruchmarkierung L I AD.

**A 7**  Rechtwinkliger Profilblock, verschollen.
H. 52,5 cm, B. 69 cm, T. unten 67 cm, T. oben 89 cm.
Gleiches Profil wie A 3 bei 27 cm Profilhöhe und 22 cm Profilausladung. Im Oberlager 30 cm hinter der Vorderkante ein Anriß, ferner ein Hebeloch, links und hinten je eine Klammerbettung.

**A 8**  Rechtwinkliger Profilblock. *Taf. 1; 25,5.*
H. 53,5 cm, B. 85 cm, T. oben 55–60 cm.
Gleiches Profil wie A 3 bei 25,5 cm Profilhöhe und 22 cm Profilausladung.

**A 9**  Rechtwinkliger Profilblock.
H. 56,5 cm, B. 109 cm, T. unten 64 cm, T. oben 87,5 cm.
Gleiches Profil wie A 3. Im Oberlager 21 cm hinter der Vorderkante ein Anriß, ferner Reste von 3 Klammerbettungen und einem Hebeloch.

**A 10**  Rechtwinkliger Profilblock, stark beschädigt.
H. noch 35 cm, B. 75 cm, T. oben noch 73 cm.
Gleiches Profil wie A 3 bei 27,5 cm Profilhöhe und 22 cm Profilausladung.

## GROSSE PILASTERORDNUNG

**B 1**  Pilasterfuß an Oktogonecke. *Taf. 2.*
H. 57 cm, B. 85 cm, T. 95 cm.
Die Wandflächen stehen in einem Winkel von 135° zueinander. Die Oktogonecke ist mit einem Pilaster besetzt, dessen vier Kanneluren mit Rundstäben gefüllt sind. Pilasterbreite 38–39 cm, der rechte Steg auffallend breit (9 cm) wie bei B 5.
Im Unterlager ein 6 cm breiter, 10 cm hoher Kanal, der 14 cm tief in den Stein hineinführt, nach oben rechtwinklig umbiegt und dort 16 cm hoch in den Stein eindringt. Seine Bedeutung ist unklar. Vgl. B 4 und B 30.

**B 2**  Pilasterfuß an Oktogonecke. *Taf. 23,2; 26,1.*
H. 50 cm, B. 125 cm, T. 110 cm.
Die Wandflächen stehen in einem Winkel von 135° zueinander. Die Oktogonecke ist mit einem Pilaster besetzt, dessen vier Kanneluren mit Rundstäben gefüllt sind. Pilasterbreite 36 cm. Im Oberlager ein Hebeloch, links zwei Klammerbettungen, rechts eine flache Ausnehmung. Auf der Rückseite Rest einer Steinbruchmarkierung: ḌC I I.

**B 3**  Pilasterfuß an Oktogonecke. *Taf. 2.*
H. 55 cm, B. 130 cm, T. 135 cm.
Die Wandflächen stehen in einem Winkel von 135° zueinander. Die Oktogonecke ist mit einem Pilaster besetzt, dessen vier Kanneluren mit Rundstäben gefüllt sind. Im Oberlager neben dem Hebeloch zwei Stemmlöcher.

**B 4**  Mittlerer Pilasterschaft an Oktogonecke. *Taf. 2.*
H. 45 cm, links durch eine 41 cm breite Stufe um 2 cm erhöht, B. 111 cm, T. 115 cm.
Der Pilasterteil an der Oktogonecke zeigt den Übergang von dem unteren, mit Rundstäben gefüllten Teil der vier Kanneluren zum offenen Teil der Kanneluren. Pilasterbreite 36 cm.
Im Unterlager ein Kanal wie in B 1, jedoch von geringeren Dimensionen.

**B 5**  Mittlerer Pilasterschaft an Oktogonecke. *Taf. 2.*
H. 51 cm, B. 134 cm, T. 128 cm.
Der Pilasterteil an der Oktogonecke zeigt den Übergang von gefüllten zu offenen Kanneluren. Pilasterbreite 40 cm mit auffallend breitem Steg rechts (9 cm) wie B 1. Im Oberlager rechts eine geringfügig eingetiefte, 39 cm breite Stufe mit Stemmloch in Richtung auf die Blockmitte.
Glättung der rechten Wandfläche unvollkommen.

**B 6**  Oberer Pilasterschaft an Oktogonecke. *Taf. 2.*
H. 51,5 cm, B. 133 cm, T. 122 cm.
Der 34 cm breite Pilaster an der Oktogonecke hat vier durchlaufend offene Kanneluren.

**B 7**  Oberes Ende eines Pilasterschaftes an einer Oktogonecke. *Taf. 3; 26,2.*
H. 50,5 cm, B. 119 cm, T. 115 cm.
Mit einem links rechtwinklig anschließenden Quader würden die Wände einen Winkel von 135° zueinander bilden, wobei der Pilaster die Oktogonecke besetzt.
Der 33 cm breite Pilaster hat vier offene Kanneluren, die sich oben halbkreisförmig schließen und so den Kapitellansatz vorbereiten.

**B 8**  Pilasterkapitell an Oktogonecke. *Taf. 3; 26,3.5.*
H. 54 cm, B. 123 cm, T. 125 cm. Kapitellbreite unten etwa 40 cm, oben etwa 57 cm.
Das korinthisierende Kapitell zeigt einen einzigen Blattkranz, bestehend aus einem Mittelblatt und je einem Eckblatt; gekerbte, krautige Wülste rahmen die Blattränder arkadenartig, was eine Umformung der üblichen Caules sein muß; zwei glatte Innenvoluten stehen vor dem vertikal gestreiften Kalathos. Ansätze der Außenvoluten fehlen. Der hohe Abacus, mit einer siebenblättrigen Blüte geschmückt, steht rechts noch in Bosse. Das Kapitell ist asymmetrisch gebildet, Innenvoluten und Blüte weichen nach links aus.

**B 9**  Pilasterkapitell an Oktogonecke. *Taf. 3; 26,4.6.*
H. 56 cm, B. 115 cm, T. 135 cm. Kapitellbreite unten etwa 40 cm, oben etwa 62 cm.
Das korinthisierende Kapitell zeigt hinter einem niedrigen Blattkranz aus zwei Blättern einen höheren aus Mittelblatt und je einem Eckblatt. Aus torquierten Caules wachsen von Hüllblättern gestützte Innen- und Außenvoluten auf, die sich nach oben hin einrollen. Der Kalathos ist vertikal gestreift, der grob profilierte Abacus ist mit einer fünfblättrigen Blüte geschmückt.

**B 10**  Unregelmäßiger Quader mit Pilasterschaft. *Taf. 3.*
H. 56 cm, B. 65 cm, T. 98 cm.

Der Pilaster hat vier mit Rundstäben gefüllte Kanneluren und ist 39 cm breit. Hinter dem Pilaster und gegen die Wandfläche gekantet befindet sich ein quadratisches, den Block in ganzer Höhe durchdringendes Loch, im Querschnitt 27 × 28 cm groß.

**B 11**  Unregelmäßiger Quader mit Pilasterschaft. *Taf. 3.*
H. 48 cm, B. 91 cm, T. 85 cm.
Der Pilaster hat vier durchlaufend offene Kanneluren und ist 34 cm breit. Die rechte Frontseite drängt unter 7° nach vorne. Hinten links eine durchlaufende, rechtwinklige Ausnehmung.

**B 12**  Oberes Ende eines Pilasters an unregelmäßigem Quader. Verschollen. *Taf. 3.*
H. 50,5 cm, B. 127 cm, T. 86 cm.
Der 33 cm breite Pilaster hat vier offene Kanneluren, die oben halbrund schließen. Der Pilaster bildet rechts mit der anschließenden Seite einen Winkel von 157°, ist also gegen diese Seite so gekantet wie ein Pilaster an einer Oktogonecke. Die Klammerbettungen im Oberlager beweisen jedoch, daß diese Seite nicht auf Ansicht berechnet war, sondern zum Anschluß einer querverlaufenden Mauer. Vgl. *Abb. 5.*

**B 13**  Pfeilerteil mit vorgelegtem Pilaster. Verschollen.
H. 66,5 cm, B. 76–77 cm, T. 60 cm.
Der 32,8 cm breite Pilaster steht mittig auf der Pfeilerfront und hat vier durchlaufend offene Kanneluren.

**B 14**  Pfeilerteil mit vorgelegtem Pilaster. *Taf. 3.*
H. 69 cm, B. 76 cm, T. 74 cm.
Der 32 cm breite Pilaster steht mittig auf der Pfeilerfront und hat vier durchlaufend offene Kanneluren. Der Pfeiler ist ringsum geglättet.

**B 15**  Pfeilerteil mit vorgelegtem Pilaster. *Taf. 4.*
H. 65 cm, B. 75 cm, T. 73,5 cm.
Der 32 cm breite Pilaster steht mittig auf der Pfeilerfront und hat vier durchlaufend offene Kanneluren. Der Pfeiler ist ringsum geglättet.

**B 16**  Kämpferblock eines Pfeilers mit vorgelegtem Pilaster. *Taf. 4.*
H. 47 cm, davon 17 cm Kämpferprofil, B. 75 cm, T. noch 38 cm.
Der 32 cm breite Pilaster steht mittig auf der Pfeilerfront und hat vier offene Kanneluren, die sich in Höhe des Kämpferprofils halbrund schließen. Der Kämpfer ist hier unterbrochen. Seine Ausladung beträgt 9 cm. Im Oberlager rechts vorne ein winkelförmiger Anriß, jeweils 9 cm von den Kanten des Kämpferprofils entfernt.

**B 17**  Bruchstück eines Pfeilers mit vorgelegtem Pilaster in Höhe des Kämpfers. *Taf. 4.*
H. noch 24 cm, B. 97 cm, T. 73 cm.
Der noch sichtbare, 15 cm breite Pilasterteil umfaßt zwei Kanneluren, so daß die Pilasterbreite bei vier Kanneluren rund 32 cm betragen hat. Obere Kannelurendigungen wie bei B 16 sind nicht zu erkennen. Der Kämpfer, dessen Ausladung 9 cm beträgt, wird für den Pilaster unterbrochen; er zieht sich auf der linken Pfeilerseite hin, greift aber nicht auf die Rückseite über.

Im Oberlager vorn und links ein Anriß, in der Mitte neben dem Hebeloch ein Stemmloch.

**B 18**  Architravblock. *Taf. 4.*
H. 54 cm, B. 83 cm, T. 97 cm.
Der Block zeigt zwei glatte Faszien, die von einem zerstörten Profil oben bekrönt waren. Nach einem stufenförmigen Rücksprung, der den Ansatz des glatten Frieses bezeichnet, wird das Oberlager erreicht. Im Oberlager links vorne eine 12 cm tiefe rechteckige Ausnehmung, wohl eine Flickstelle.

**B 19**  Architravblock. *Taf. 4.*
H. 54 cm, B. 70 cm, T. 80 cm.
Über den beiden Faszien das vollständig zerstörte, bekrönende Profil, darüber der stufenförmig zurückspringende Friesansatz. Die linke Seite nur im vorderen Teil auf Anschluß geglättet, sonst rauh. Im Oberlager ein diagonal verlaufendes, 36 cm tiefes Balkenlager. Das nur 2 cm tiefe Hebeloch zeigt, daß die Oberseite erst endgültig bearbeitet wurde, als der Block schon versetzt war.

**B 20**  Architravblock. *Taf. 4; 23,3.*
H. 54 cm, B. 48 cm, T. 103 cm.
Über den beiden Faszien das vollständig zerstörte, bekrönende Profil, darüber der stufenförmig zurückspringende Friesansatz. Im Oberlager links Teil eines 33–35 cm tiefen Balkenlagers senkrecht zur Front.
Auf der Rückseite die Steinbruchmarkierung: L I AD.

**B 21**  Architravblock von einer Oktogonecke. Verschollen.
H. 54 cm, B. 87 cm, T. 99 cm.
Über den beiden Faszien das vollständig zerstörte, bekrönende Profil, darüber der stufenförmig zurückspringende Friesansatz. Im Oberlager ein 33 cm tiefes und 23–25 cm breites Balkenlager, senkrecht zur rechten Wandseite. Der Balkenkopf wurde von einer Klammer gehalten, deren Bettung 13 cm tief eingehauen ist und zu einem 15,5 cm tiefen Ankerloch führt.
Der Block trug nach Notizen von Schmidt an einer nicht bezeichneten Stelle die Steinbruchmarkierung: L I AD.

**B 22 = G 11**  Konsolengesims, Flachschicht. *Taf. 4.*
H. 30 cm, B. 51 cm, T. 99 cm, Profilausladung 19–20 cm.
Die guterhaltene Profilierung beginnt am Unterlager mit einer weitgezogenen Kehle, die in einem Plättchen endet. Auf die Breite des Blocks entfallen drei Konsölchen und drei Zwischenfelder (Rhythmus: 17 cm). Das mittlere Konsölchen ist mit einem Blatt, die beiden anderen mit Riefeln geschmückt; ebenso wechselt der Dekor der Zwischenfelder: Kreuzblüte, Kreisblüte, Kreuzblüte. Im Oberlager ein Anriß 28 cm hinter der Profilvorderkante.

**B 23 = G 2**  Zahnschnittgesims. *Taf. 5.*
H. 44 cm, B. 70 cm, T. unten 40 cm, Profilausladung 19 cm.
Im 22 cm hohen Profil entfallen auf die Blockbreite sechs Zähne und sechs Zwischenräume (Rhythmus: 11,7 cm). Im Oberlager ein Anriß. Im Unterlager zwei Keilschrotrillen, in der hinteren der Block gesprengt.

**B 24 = G 4**   Zahnschnittgesims. *Taf. 5; 40,1.*
H. 43 cm, B. 108 cm, T. unten 80 cm, Profilausladung 19 cm.
Im 22 cm hohen Profil entfallen auf die Blockbreite neun Zähne und ebenso viele Zwischenräume (Rhythmus: 12 cm). Im Oberlager ein Anriß, zwei Stemmlöcher und ein nur 1 cm tiefes Hebeloch, wiederum ein Beweis dafür, daß das Oberlager erst nach Versetzen des Blocks endgültig bearbeitet wurde. Vgl. B 19.

**B 25**   Unregelmäßiger Block mit gerahmtem Feld. *Abb. 3.*
H. 56 cm, B. 64 cm, T. 43 cm.
An der Front ein versenkter, 30 cm breiter Spiegel in 45 cm breitem Profilrahmen.

**B 26**   Quader.
H. 48 cm, B. 82,5 cm, T. 88 cm.
Im Oberlager Hebeloch, fünf (?) Stemmlöcher, rechts zwei, links eine Klammerbettung. Links Teil eines 29 cm tiefen Balkenlagers.

**B 27**   Quader.
H. 54 cm, B. 62 cm, T. noch 72 cm.

**B 28**   Quader.
H. 49,5 cm, B. 103 cm, T. 87 cm.

**B 29**   Quader.
H. 54 cm, B. 52 cm, T. 74 cm.

**B 30**   Quader.
H. 41 cm, B. 95 cm, T. 87 cm.
Im Unterlager ein winkelförmiger Kanal wie bei B 1 und B 5.

**B 31**   Quader.
H. 50 cm, B. 102 cm, T. 93 cm.

**B 32**   Quader.
H. 53 cm, B. 46 cm, T. 90 cm.

**B 33**   Quader.
H. 55–56 cm, B. 83 cm, T. 85 cm.

**B 34**   Quader.
H. 52 cm, B. 70 cm, T. 76 cm.

**B 35**   Quader.
H. 47 cm, B. 73 cm, T. 105 cm.
Linke Langseite geglättet, daher vielleicht ein Eckblock.

**B 36**   Quader.
H. 53 cm, B. 77 cm, T. 94 cm.

**B 37**   Quader, *Abb. 6.*
H. 50 cm, B. 87 cm, T. 90 cm.

**B 38**   Quader.
H. 44 cm, B. 69 cm, T. 85 cm.

**B 39**   Quader.
H. 58 cm, B. 87 cm, T. 66 cm.
Der Block ist links unten in ganzer Tiefe keilförmig unterschnitten; der Ausschnitt hat an der Front eine Breite von 40 cm und eine Höhe von 29 cm, was einem aufsteigenden Winkel von 36° entspricht.

**B 40**   Quader.
H. 47,5 cm, B. 57 cm, T. 71 cm.

**B 41**   Unregelmäßiger Quader.
H. 39 cm, B. noch 84 cm, T. 49,5 cm.
Die rechte Nebenseite bildet mit der Front einen Winkel von 76°.

**B 42**   Unregelmäßiger Quader. *Abb. 3.*
H. 57 cm, B. 97 cm, T. 61 cm.
Der linke, 43 cm breite Teil der Front ist auf Anschluß gearbeitet. Rechte Nebenseite, so weit erhalten, auf Ansicht gearbeitet.

**B 43**   Quader ohne Ansichtsseite.
H. 47 cm, Oberlager 104 × 90 cm.
Im Oberlager Klammerbettungen auf allen vier Seiten.

**B 44**   Quader ohne Ansichtsseite.
H. 46 cm, größte B. 57 cm.
Der Block wird vertikal von einer rechtwinkligen Ausnehmung durchdrungen, die diagonal zur längsten Seite angeordnet ist. Zu ihr streben zwei der fünf Klammerbettungen im Oberlager. Im Unterlager eine weitere Klammerbettung und Teil eines 11 cm hohen Balkenlagers. Offensichtlich handelt es sich um einen Stein, der bereits während des Bauens »wiederverwendet« wurde.

**B 45**   Quader ohne Ansichtsseite.
H. 51 cm, B. 50 cm, T. 127 cm.
Plan nur im Ober- und Unterlager sowie an einer Schmalseite; dieser gegenüber eine rechtwinklige Ausklinkung.

### KLEINE PILASTERORDNUNG

**C 1**   Unterer Pilasterschaft an Oktogonecke. *Taf. 5.*
H. 49,5 cm, B. 71 cm, T. 65 cm.
Die drei Kanneluren des 26 cm breiten Pilasters sind mit Rundstäben gefüllt.

**C 2**   Mittlerer Pilasterschaft an Oktogonecke. *Taf. 5.*
H. 53 cm, B. 93 cm, T. 78,5 cm.
Die drei Kanneluren des 23 cm breiten Pilasters sind im unteren, 12 cm hohen Teil mit Rundstäben gefüllt, oben offen.

**C 3**   Mittlerer Pilasterschaft an Oktogonecke. *Taf. 5.*
H. 51 cm, B. 94 cm, T. 74 cm.
Die drei Kanneluren des 23 cm breiten Pilasters sind im unteren, 10 cm hohen Teil mit Rundstäben gefüllt, oben offen. Das Hebeloch im Oberlager nur 3 cm tief.

**C 4** Mittlerer Pilasterschaft an Oktogonecke. *Taf. 5.*
H. 56 cm, B. 103 cm, T. 84 cm.
Die drei Kanneluren des 23 cm breiten Pilasters sind im unteren, 14 cm hohen Teil mit Rundstäben gefüllt, oben offen. Rechts im Oberlager eine 13 cm tiefe, 30–34 cm breite Stufe.

**C 5** Mittlerer Pilasterschaft an Oktogonecke. *Taf. 5; 27,1.*
H. 57 cm, B. 100 cm, T. 85 cm.
Die drei Kanneluren des 22 cm breiten Pilasters sind im unteren, 7 cm hohen Teil mit Rundstäben gefüllt, oben offen.

**C 6** Mittlerer Pilasterschaft an Oktogonecke. *Taf. 5; 27,2.*
H. 55,5 cm, B. 99 cm, T. 83 cm.
Die drei Kanneluren des 24 cm breiten Pilasters sind im unteren, 10 cm hohen Teil mit Rundstäben gefüllt, oben offen.

**C 7** Mittlerer Pilasterschaft an Oktogonecke. *Taf. 5.*
H. 54 cm, B. 111 cm, T. 81,5 cm.
Die drei Kanneluren des etwa 24 cm breiten Pilasters sind im unteren, 10 cm hohen Teil mit Rundstäben gefüllt, oben offen. Die Wandflächen stehen zueinander unter ca. 130°.

**C 8** Mittlerer Pilasterschaft an Oktogonecke. *Taf. 6.*
H. 59,5 cm, B. 121 cm, T. 85 cm.
Die drei Kanneluren des 23 cm breiten Pilasters sind im unteren, 8 cm hohen Teil mit Rundstäben gefüllt, oben offen.

**C 9** Mittlerer Pilasterschaft an Oktogonecke. *Taf. 6.*
H. 54,5 cm, B. 101 cm, T. 79 cm.
Die drei Kanneluren des 24 cm breiten Pilasters sind im unteren, 10 cm hohen Teil mit Rundstäben gefüllt, oben offen.

**C 10** Oberer Pilasterschaft an Oktogonecke. *Taf. 6.*
H. 55 cm, B. 91 cm, T. 74 cm.
Die drei offenen Kanneluren des 25 cm breiten Pilasters enden 17 cm unter dem Oberlager halbrund; es folgt der Ansatz des Pilasterkapitells, heute zerstört.

**C 11** Oberer Pilasterschaft an Oktogonecke. *Taf. 6; 27,3.*
H. 54,5 cm, B. 84 cm, T. 82 cm.
Die drei offenen Kanneluren des 25 cm breiten Pilasters enden 17 cm unter dem Oberlager halbrund; es folgt der Ansatz des Pilasterkapitells.
Die rechte Wandfläche neben dem Pilaster war ursprünglich oben 37 cm breit. Ein keilförmiger Abschnitt beginnt unten 10 cm neben dem Pilaster und reicht bis zum Oberlager.

**C 12** Oberer Pilasterschaft an Oktogonecke. *Taf. 6; 27,4.*
H. 53,5 cm, B. 103 cm, T. 74 cm.
Die drei offenen Kanneluren des 21 cm breiten Pilasters enden 15 cm unter dem Oberlager halbrund; es folgt der Ansatz des Pilasterkapitells. Im Oberlager und auf der Rückseite der Anriß eines nicht ausgeführten, 27,5 cm breiten und 20 cm tiefen Balkenlagers, das senkrecht zur rechten Wandseite verlaufen wäre.

**C 13** Oberer Pilasterschaft an Oktogonecke. *Taf. 6.*
H. 52 cm, B. 79 cm, T. 87 cm.
Die drei offenen Kanneluren des 23 cm breiten Pilasters enden 13,5 cm unter dem Oberlager halbrund; es folgt der zerstörte Ansatz des Pilasterkapitells.
Im Oberlager ein 23 cm tiefes und 28 cm breites Balkenlager senkrecht zur rechten Wandseite. Zur Verankerung des Balkenkopfes diente eine breite Klammer, deren Ende 8 cm eingetieft war.

**C 14** Bogenstein mit abgewinkeltem, oberem Pilasterschaft. *Taf. 6; 27,5.*
H. 54,5 cm, B. 95 cm, T. 73 cm.
Die z. T. zerstörten drei offenen Kanneluren des ursprünglich etwa 23 cm breiten Pilasters enden 18 cm unter dem Oberlager halbrund; der Kapitellansatz ist zerstört.
Der Pilaster bildet mit der anschließenden Wandfläche einen Winkel von 157,5°. In die Wandfläche eingeschnitten ist ein halber Bogen, 36 cm weit, 37 cm hoch. Der Bogen wird gerahmt von einem 19,5 cm breiten glatten Streifen und einem 11 cm breiten Profil. Bezogen auf die zerstörte Vorderkante des Unterlagers, war die äußere Profilgrenze etwa 10 cm vom Pilaster entfernt.
Im Oberlager links hinten der Teil eines 18 cm tiefen Balkenlagers mit der Klammerbettung zur Verankerung des Balkenkopfes. Ankerloch 7 cm tief.

**C 15** Bogenstein mit abgewinkeltem, oberem Pilasterschaft. *Taf. 7.*
H. 60 cm, B. 95 cm, T. 69 cm.
Die drei offenen Kanneluren des 24 cm breiten Pilasters enden 16,5 cm unter dem Oberlager halbrund; es folgt der Kapitellansatz.
Der Pilaster ist gegen die links anschließende Wandfläche um 160° gewinkelt, während die rechte Wandfläche – nach dem kurzen Ansatz zu urteilen – der Ausrichtung des Pilasters folgt. Links neben dem Pilaster ein halber Bogen, 33 cm breit, 38 cm hoch. Der 10 cm breite Profilrahmen des Bogens, der am Unterlager nur 3 cm vom Pilaster entfernt ist, ist zerstört.

**C 16** Bogenstein mit abgewinkeltem, oberem Pilasterschaft. *Taf. 7.*
H. 57 cm, B. 109 cm, T. 77 cm.
Die drei offenen Kanneluren des 22,5 cm breiten Pilasters enden 22 cm unter dem Oberlager halbrund; es folgt der Ansatz des Pilasterkapitells.
Der Pilaster ist gegen die links anschließende Wandfläche um 157° gewinkelt. Links neben dem Pilaster ein halber Bogen, 37 cm breit, 39 cm hoch. Das zerstörte Profil des Bogenrahmens ist unten 9 cm vom Pilaster entfernt.
Im Oberlager rechts Teil eines 24 cm tiefen Balkenlagers mit der Klammerbettung zur Verankerung des Balkenkopfes. Ankerloch 8,5 cm tief. Drei Stemmlöcher auf einer Linie laufen auf die äußere Profilgrenze des Bogenrahmens zu.

**C 17** Pilasterkapitell an Oktogonecke. *Taf. 7.*
H. 55 cm, B. 122 cm, T. 67 cm.
Das Pilasterkapitell bis auf kleine Reste zerstört. Über dem 18 cm hohen Wandstreifen springt der Zwei-Faszien-Architrav 5–6 cm vor; er ist einschließlich des 11 cm hohen bekrönenden Profils 28 cm hoch. Es folgt der stufenförmig zurückgesetzte

Friesansatz. Im Architrav und im Fries ist die abgekantete Oktogonecke durch schwache Grate markiert.
Im Unterlager ein 19 cm hohes, 31 cm breites Balkenlager senkrecht zur rechten Wandfläche.

**C 18**   Pilasterkapitell an Oktogonecke. *Taf. 7.*
H. 55 cm, B. 105 cm, T. 77 cm.
Das guterhaltene Pilasterkapitell zeigt in einem einzigen Blattkranz ein Mittelblatt und je ein Eckblatt vor vertikal gestreiftem Kalathos; darüber liegen ein Kerbschnittband, ein Eierstab und ein flacher Abacus, der in die Zone der unteren Architravfaszie hinaufreicht. An der linken Kapitellecke statt einer Volute eine Rosette.
Über dem 16 cm hohen Wandstreifen springt der Zwei-Faszien-Architrav 5 cm weit vor; einschließlich des 12,5 cm hohen bekrönenden Profils ist der Architrav 29,5 cm hoch und erreicht eine Ausladung von 11 cm vor die Wandfläche. Stufenförmig um 12,5 cm ist der Friesansatz von der Profilkante zurückgesetzt.
Im Oberlager läuft ein 20 cm breites und 43 cm tiefes Balkenlager auf die rechte Wandseite zu. Für die Verankerung des Balkenkopfes ist eine breite Klammerbettung 20 cm tief eingelassen, das Ankerloch reicht 27 cm tief. Die Balkenhöhe wird demnach 23 cm betragen haben.

**C 19**   Pilasterkapitell an Oktogonecke. *Taf. 8; 27,6.*
H. 53,5 cm, B. 101 cm, T. 76 cm.
Vom Pilasterkapitell ist wenig erhalten: ein niedriger Eierstab liegt unter dem hohen Abacus, der zu seiten eines Mittelmotivs mit S-förmigen Kerben geschmückt war.
Über dem 15 cm hohen Wandstreifen springt der Zwei-Faszien-Architrav 6 cm vor; er ist zusammen mit der zerstörten Profilzone 32 cm hoch. Der Friesansatz ist stufenförmig zurückgesetzt. Die abgekantete Oktogonecke ist in Architrav und Fries markiert.

**C 20**   Pilasterkapitell an Oktogonecke. *Taf. 8.*
H. 56 cm, B. 110 cm, T. 83 cm.
Das Pilasterkapitell, das in die Architravzone hinaufreicht, ist weitgehend zerstört, doch ist noch der Eierstab und der geriefelte Abacus mit Mittelmotiv zu erkennen.
Über dem 17 cm hohen Wandstreifen springt der Zwei-Faszien-Architrav 5,5 cm weit vor; er ist zusammen mit dem 11,5 cm hohen Abschlußprofil 29 cm hoch. Der Friesansatz ist stufenförmig zurückgesetzt. In der oberen Faszie und im Friesansatz ist die abgekantete Oktogonecke markiert.
Sowohl im Oberlager wie im Unterlager sind in den Block Balkenlager eingetieft. Richtung und Größe des oberen Balkenlagers lassen sich nicht mehr bestimmen, weil die Ränder ausgebrochen sind, doch findet sich hier zur Verankerung des oberen Balkenkopfes ein 18 cm tiefes Ankerloch. Das untere Balkenlager, 30 cm breit und 16 cm hoch, läuft senkrecht auf die rechte Wandseite zu.

**C 21**   Pilasterkapitell an Oktogonecke. *Taf. 28,1.*
H. 54,5 cm, B. 125 cm, T. 65 cm.
Am guterhaltenen Kapitell verdecken Mittelblatt und Eckblätter den vertikal gestreiften Kalathos fast vollständig. Das Kerbschnittband tritt kräftig vor den hohen Eierstab vor. Der Abacus, dessen Ecken fehlen, ist neben dem Mittelmotiv mit schrägen Kerben verziert. Das Kapitell reicht 5,5 cm weit in die Architravzone hinein.
Über dem 16 cm hohen Wandstreifen springt der Zwei-Faszien-Architrav 6 cm weit vor. Einschließlich des 13 cm hohen Abschlußprofils ist er 28,5 cm hoch. Stufenförmig zurückgesetzt ist der Friesansatz. Markierungen der abgekanteten Oktogonecke sind nur in der oberen Faszie und im Fries zu bemerken.
Im Unterlager ein 30 cm breites und 16,5 cm hohes Balkenlager, das senkrecht auf die rechte Wandseite zuläuft.

**C 22**   Pfeilerteil mit Pilasterfuß. *Taf. 8.*
H. 53 cm, B. 90 cm, T. 73 cm.
Auf der Front des ringsum geglätteten Pfeilers steht – leicht nach links verschoben – ein 26 cm breiter Pilaster mit drei gefüllten Kanneluren. Die Kannelierung endet 13 cm über dem Unterlager ohne Andeutung einer Basis.

**C 23**   Pfeilerteil mit Pilasterfuß. *Taf. 8.*
H. 51,5 cm, B. 83,5 cm, T. 60 cm.
Auf der Front des ringsum geglätteten Pfeilers ist mittig ein 26 cm breiter Pilaster mit drei gefüllten Kanneluren angeordnet. Die Kannelierung verliert sich 11 cm über dem Unterlager ohne Andeutung einer Basis. Pfeilerbreite und Pfeilertiefe geringer als bei C 22.

**C 24**   Bogenstein mit oberem Ende eines Pilasters. *Taf. 8; 28,2.*
H. 56 cm, B. oben 90 cm, T. 80 cm.
Die linke Fuge halbiert den Pilaster, dessen Kanneluren 14 cm unter dem Oberlager halbrund schließen; es folgt der Kapitellansatz. Rechts ein halber Bogen, 45 cm weit, 44 cm hoch, gerahmt von einem glatten Streifen (20 cm) und einem guterhaltenen Profil (10 cm). Unten wird der Profilrahmen den Pilaster fast berührt haben. Im Oberlager läuft ein Anriß auf die äußere Profilgrenze zu; links hinten Teil eines 21 cm tiefen Balkenlagers mit den Spuren zur Verankerung des Balkenkopfes.

**C 25**   Bogenstein mit oberem Ende eines Pilasters.
H. 54 cm, B. oben 92,5 cm, T. 63 cm.
Die linke Fuge schneidet eine Kannelur des Pilasters ab. Die Kanneluren enden 17 cm unter dem Oberlager; es folgt der Kapitellansatz. Rechts ein halber Bogen, 45,5 cm breit, 44 cm hoch. Die Rahmung aus glattem Streifen (21 cm) und guterhaltenem Profil (7 cm) nähert sich bis auf 3 cm dem Pilaster. Im Oberlager ein Stemmloch und ein Anriß in Richtung der äußeren Profilgrenze.

**C 26**   Bruchstück eines Bogensteins mit oberem Ende eines Pilasters.
H. 32 cm, B. 55 cm, T. 75 cm.
Die rechte Fuge läßt dem Pilasterteil noch eine Kannelur. Komplementäres Stück zu einem Block wie C 25. Der erhaltene Teil weist auf einen Bogenradius von etwa 45 cm.

**C 27**   Bogenstein mit oberem Ende eines Pilasters. *Taf. 9.*
H. 55 cm, B. oben 87 cm, T. 79 cm.

Die rechte Fuge teilt vom Pilaster zwei Kanneluren ab, so daß hier eine Kannelur mit beiden begleitenden Stegen auftritt. Der Kapitellansatz ist zerstört. Links ein halber Bogen, 44 cm breit, 43 cm hoch, gerahmt von einem glatten Streifen (19 cm) und einem Profil (10,5 cm), das sich unten dem Pilaster auf 2 cm nähert.

**C 28** Bogenstein mit oberem Ende eines Pilasters. *Taf. 9.*
H. 55 cm, B. 66 cm, T. 79 cm.
Der Block umfaßt vom Pilaster eine Kannelur mit beiden begleitenden Stegen. Die Kannelur endet 12 cm unter dem Oberlager halbrund; der Kapitellansatz ist zerstört. Links Teil eines halben Bogens mit einem Radius von etwa 45 cm, gerahmt mit glattem Streifen (21 cm) und Profil (7,5 cm).

**C 29** Pilasterkapitell an gerader Wand. *Taf. 9; 28,3.*
H. 50 cm, B. unten 80 cm, oben 66 cm, T. noch 34 cm.
Der rückwärtige Teil des Blocks antik willentlich abgesprengt, vgl. B 23. Kapitell und Architrav gut erhalten.
Das Kapitell, das 2,5 cm hoch in die Architravzone reicht, umfaßt den Blattkranz aus Mittelblatt und Eckblättern vor vertikal gestreiftem Kalathos, Kerbschnittband, Eierstab mit kleinen Eckvoluten und Abacus mit Blattdekor zu seiten eines zerstörten Mittelmotivs.
Über dem 18 cm hohen Wandstreifen springt der Zwei-Faszien-Architrav 5,5 cm vor. Zusammen mit dem 10 cm hohen Abschlußprofil ist der Architrav 27,5 cm hoch. Es folgt der stufenförmig zurückgesetzte Friesansatz.

**C 30** Pilasterkapitell an gerader Wand. *Taf. 9; 28,4.*
H. 57 cm, B. unten 73 cm, oben 66 cm, T. 69 cm.
Das guterhaltene Kapitell ragt 5 cm in die Architravzone hinauf. Sein Aufbau entspricht C 29.
Über dem 18 cm hohen Wandstreifen springt der Zwei-Faszien-Architrav 3,5 cm vor; zusammen mit dem 13,5 cm hohen Abschlußprofil ist er 33 cm hoch. Stufenförmig zurückgesetzt ist der schräg beginnende Friesansatz.

**C 31** Pilasterkapitell an gerader Wand. *Taf. 9; 28,5.*
H. 54 cm, B. unten 72 cm, oben 57 cm, T. 99 cm.
Das Kapitell ragt 2 cm in die Architravzone hinein. Sein Aufbau entspricht C 29, doch liegt die untere Fuge höher im Blattkranz.
Über dem 16,5 cm hohen Wandstreifen springt der Zwei-Faszien-Architrav 4,5 cm vor. Er ist 33,5 cm hoch, davon das Abschlußprofil 13 cm. Nach einem schrägen Ablauf folgt zurückgesetzt der niedrige Friesansatz.
Im Unterlager ein 18 cm hohes Balkenlager, dessen Begrenzung nicht sichtbar ist. Ein Fehler im Stein verursachte die Störung im Architravprofil.

**C 32** Pilasterkapitell an gerader Wand. *Taf. 9; 28,6.*
H. 54 cm, B. unten 65 cm, oben 54 cm, T. 86 cm.
Gut erhaltenes Kapitell in der üblichen Form mit Mittelblüte am Abacus.
Über dem 18 cm hohen Wandstreifen springt der Zwei-Faszien-Architrav 3 cm vor. Er ist zusammen mit dem 12 cm hohen Abschlußprofil 30 cm hoch. Im Oberlager Teil eines 32 cm tiefen Balkenlagers.

**C 33** Pilasterkapitell an gerader Wand. *Taf. 9.*
H. 51 cm, B. unten 80,5 cm, oben 66 cm, T. 80 cm.
Kapitell der üblichen Form, z. T. zerstört.
Über dem 20 cm hohen Wandstreifen springt der Zwei-Faszien-Architrav 4,5 cm vor. Er ist zusammen mit dem 10 cm hohen Abschlußprofil 29 cm hoch. Im Oberlager Teil eines 30 cm tiefen Balkenlagers, zu dem zwei Klammerbettungen hinführen.

**C 34** Pilasterfuß an orthogonaler Ecke. *Taf. 10; 29,1.*
H. 52 cm, L. 148 cm, B. 77 cm.
Die ausspringende Gebäudeecke ist an jeder Seite mit einem 25 cm breiten Pilaster besetzt. Jeder Pilaster hat drei Kanneluren, die mit Rundstäben gefüllt sind. Die Kannelierung endet am rechten Pilaster 12 cm über dem Unterlager ohne Andeutung einer Basis, am linken Pilaster ist diese Stelle zerstört.
Die längere Ansichtsseite wird links durch einen 5 cm vorspringenden, 36 cm breiten Streifen begrenzt, der für den Anschluß einer querverlaufenden Mauer hergerichtet ist. Es handelt sich hier um eine einspringende Ecke. Der mit Pilastern ausgestattete Gebäudeteil muß folglich risalitartig um 109 cm vor diese quergerichtete Mauer vorgezogen sein.

**C 35** Pilasterfuß an orthogonaler Ecke. *Taf. 10.*
H. 50 cm, L. 101 cm, B. 65 cm.
Die ausspringende Gebäudeecke ist an jeder Seite mit einem 26,5 cm breiten Pilaster besetzt. Jeder Pilaster hat drei mit Rundstäben gefüllte Kanneluren, die nach unten hin unregelmäßig auslaufen.

**C 36** Oberes Pilasterende an orthogonaler Ecke. *Taf. 10.*
H. 54 cm, L. 115 cm, B. noch 35 cm.
Die ausspringende Gebäudeecke ist an jeder Seite mit einem Pilaster besetzt. Die 23 cm breiten Pilaster haben drei offene Kanneluren, die 7 cm bzw. 14 cm unter dem Oberlager halbrund enden; es folgt der Kapitellansatz. Der Block scheint bei der antiken Wiederverwendung gesprengt worden zu sein, da im erhaltenen Teil Hebeloch und Klammerbettungen fehlen.

**C 37** Oberes Pilasterende an orthogonaler Ecke. *Taf. 10; 29,2.*
H. 55 cm, L. 113 cm, B. 55 cm.
Die ausspringende Gebäudeecke ist an jeder Seite mit einem 23 cm breiten Pilaster besetzt. Die drei offenen Kanneluren enden 16 cm bzw. 17 cm unter dem Oberlager. Es folgt der Kapitellansatz.

**C 38** Pilasterkapitell an orthogonaler Ecke. *Taf. 10; 29,3.4.*
H. 56 cm, L. 65 cm, B. 35 cm.
Abgesprengt bei der antiken Wiederverwendung von einem größeren Eckblock, ist der vorhandene Teil vorzüglich erhalten.
Die ausspringende Gebäudeecke ist an jeder Seite mit einem Pilaster besetzt, so daß im Kapitell das Eckblatt auf beide Seiten übergreifen kann. Das Kapitell von der üblichen Form reicht 6 cm weit in die Architravzone hinauf.
Über dem 15 cm hohen Wandstreifen springt der Zwei-Faszien-Architrav 4,5 cm vor. Er ist zusammen mit dem 13 cm hohen Abschlußprofil 32 cm hoch. Der Friesansatz ist stufenförmig zurückgesetzt.

**C 39**  Fragment eines Pilasterkapitells. *Taf. 10.*
H. 18 cm, B. 33 cm, T. 9 cm.
Das Bruchstück umfaßt die oberen Blattenden vor vertikal gestreiftem Kalathos, Kerbschnittband, Eierstab mit kleinen Voluten an den Ecken und einen Teil des schräg gekerbten Abacus. Es könnte von C 17 abgebrochen sein.

**C 40**  Architravblock mit Bogenrahmung. *Taf. 11; 30,1.*
H. 34 cm, B. 98 cm, T. 84 cm.
Über dem 19 cm hohen Wandstreifen springt der fast vollständig zerstörte Zwei-Faszien-Architrav 3 cm vor. In der Wandzone das 9,5 cm breite, rahmende Bogenprofil mit einem äußeren Radius von etwa 75 cm. Da Bogenrahmen hier stets ca. 30 cm breit sind, muß dieser Block zu einer Bogenöffnung von etwa 45 cm großem Radius gehört haben.
Vom Oberlager her waren zwei Balkenlager eingetieft, deren Böden 22 cm über dem Unterlager liegen. Ihr Abstand beträgt 58 cm.

**C 41**  Architravblock mit Bogenrahmung. *Taf. 11.*
H. 57 cm, B. unten 77 cm, oben 87 cm, T. 57 cm.
Über dem 19 cm hohen Wandstreifen springt der Zwei-Faszien-Architrav 2 cm vor. Er ist zusammen mit dem 12 cm hohen Abschlußprofil 29 cm hoch. Der Friesansatz ist stufenförmig zurückgesetzt.
In der Wandzone das 10 cm breite Rahmenprofil mit äußerem Radius von 65 cm für einen Bogenradius von etwa 35 cm.
Im Oberlager Anriß und niedrige Stufe ungefähr über der Bogenmitte. Rechts 49 cm tiefes, 22 cm breites Balkenlager senkrecht zur Front mit 23 cm tief versenkter Klammerbettung zur Verankerung des Balkenkopfes. Balkenhöhe demnach 26 cm.

**C 42**  Architravblock mit Bogenrahmung.
H. 54,5 cm, B. unten 105 cm, T. 82 cm. Links gebrochen.
Über dem 20 cm hohen Wandstreifen tritt der Zwei-Faszien-Architrav 3,5 cm vor. Er ist mit 12 cm hoher Profilzone 29 cm hoch. Der Friesansatz ist zurückgesetzt.
In der Wandzone das 10 cm breite Rahmenprofil mit äußerem Radius von etwa 75 cm für eine Bogenöffnung mit etwa 45 cm großem Radius.
Im Oberlager ein 35–37 cm tiefes und 22 cm breites Balkenlager. Ankerloch 12 cm tief. Der etwa 23 cm hohe Balken lief senkrecht auf die Front zu.

**C 43**  Architravblock mit Bogenrahmung. *Taf. 11; 30,2.*
H. 54,5 cm, B. unten 116 cm, oben 124 cm, T. 70 cm.
Über dem 17 cm hohen Wandstreifen springt der Zwei-Faszien-Architrav 4 cm vor. Er ist mit 12,5 cm hohem Abschlußprofil 30,5 cm hoch. Der Friesansatz ist stufenförmig zurückgesetzt.
In der Wandzone das 9,5 cm breite Rahmenprofil mit äußerem Radius von 75 cm für eine Bogenöffnung mit etwa 45 cm großem Radius.
Im Oberlager zwei jeweils 45 cm tiefe Balkenlager senkrecht zur Front; ihr Abstand beträgt 75 cm. Die Ankerlöcher sind 18 bzw. 20 cm eingetieft.

**C 44**  Architravblock mit Bogenrahmung.
H. 50 cm, B. unten 99 cm, oben 101 cm, T. 73,5 cm.
Über dem 17 cm hohen Wandstreifen springt der zerstörte, insgesamt 33 cm hohe Zwei-Faszien-Architrav 2 cm vor.
In der Wandzone das 9,5 cm breite Rahmenprofil mit äußerem Radius von 75 cm für eine Bogenöffnung mit etwa 45 cm großem Radius. Keine Balkenlager.

**C 45**  Architravblock mit Bogenrahmung. *Taf. 11; 30,3.*
H. 56 cm, B. unten 107 cm, oben 115 cm, T. 85 cm.
Über dem Wandstreifen, der von links nach rechts von 19 cm auf 16,5 cm absinkt, tritt der Zwei-Faszien-Architrav um 6 cm vor. Zusammen mit dem zerstörten Abschlußprofil ist er links 29 cm, rechts 33,5 cm hoch.
In der Wandzone das 10 cm breite Rahmenprofil mit äußerem Radius von 75 cm für eine Bogenöffnung mit etwa 45 cm großem Radius.
Im Oberlager ein 14,5 cm tiefes Hebeloch, um die Hälfte tiefer als normal. Rechts und links zwei diagonal zur Front verlaufende Balkenlager, 44 cm bzw. 42 cm tief und mindestens 25 cm breit. Rechts ein 8 cm tiefes Ankerloch. Ein weiteres Balkenlager greift nur 13 cm tief in die Oberfläche ein und überschneidet z. T. das rechte Balkenlager.

**C 46**  Architravblock mit Bogenrahmung.
H. 56 cm, B. unten 107 cm, oben 111 cm, T. 83,5 cm.
Über dem 15 cm hohen Wandstreifen springt der Zwei-Faszien-Architrav 3,5 cm vor. Er ist zusammen mit dem Abschlußprofil 31 cm hoch. Der Friesansatz ist stufenförmig zurückgesetzt.
In der Wandzone das 10 cm breite Rahmenprofil mit äußerem Radius von 75 cm für eine Bogenöffnung mit etwa 45 cm großem Radius.
Das Oberlager erstreckt sich vom Friesansatz aus nur 25 cm weit horizontal, dann fällt es auf eine Länge von 65 cm um 38 cm und erreicht die Rückseite des Blocks 18 cm über dem Unterlager. In die Schräge sind zwei senkrecht zur Front verlaufende Balkenlager eingetieft, beide 32 cm tief, 52 cm voneinander entfernt, das linke 20 cm breit.

**C 47**  Architravblock mit Bogenrahmung.
H. 59 cm, B. unten 90 cm, oben 103 cm, T. 71 cm.
Über dem 20 cm hohen Wandstreifen springt der Zwei-Faszien-Architrav 4,5 cm vor. Er ist insgesamt 35 cm hoch. Der Friesansatz ist stufenförmig zurückgesetzt.
In der Wandzone das 9,5 cm breite Rahmenprofil mit äußerem Radius von 65 cm für eine Bogenöffnung mit etwa 35 cm großem Radius.
Im Oberlager verlaufen zwei Balkenlager senkrecht zur Front, 32 cm bzw. 34 cm tief, 62 cm voneinander entfernt, das rechte 24 cm breit.

**C 48**  Architravblock mit Bogenrahmung. Bruchstück.
H. 54 cm, B. 80 cm, T. 65 cm.
Etwa ein Drittel des Blocks ist rechts verloren. Über dem 16 cm hohen Wandstreifen springt der Zwei-Faszien-Architrav 4 cm vor. Er ist insgesamt 30,5 cm hoch, das Profil ist zerstört. Der Friesansatz ist zurückgesetzt.
In der Wandzone das 9,5 cm breite Rahmenprofil mit äußerem Radius von 65 cm für eine Bogenöffnung mit etwa 35 cm großem Radius.

Im Oberlager ein diagonal verlaufendes, 38 cm tiefes Balkenlager.

**C 49** Architravblock ohne Bogenrahmung. *Taf. 11.*
H. 56 cm, B. unten 54 cm, oben 48 cm, T. 57 cm.
Über dem 19 cm hohen Wandstreifen springt der Zwei-Faszien-Architrav 4,5 cm vor. Er ist insgesamt 29 cm hoch. Der Friesansatz ist zurückgesetzt.
Im Oberlager rechts ein 42 cm tiefes, 20 cm breites Balkenlager diagonal zur Front mit Ankerloch zur Verklammerung des Balkenkopfes.

**C 50** Architravblock ohne Bogenrahmung.
H. 54,5 cm, B. 92 cm, T. 75 cm.
Über dem 18 cm hohen Wandstreifen springt der Zwei-Faszien-Architrav 7 cm vor. Er ist insgesamt 28 cm hoch. Der Friesansatz ist zurückgesetzt.
Im Unterlager zwei Balkenlager, 37 cm bzw. mindestens 40 cm hoch und 75 cm voneinander entfernt.

**C 51** Architravblock ohne Bogenrahmung. *Taf. 11; 23,4.*
H. 57 cm, B. unten 48 cm, oben 42,5 cm, T. 62 cm.
Über dem 18 cm hohen Wandstreifen springt der Zwei-Faszien-Architrav 4,5 cm vor. Er ist insgesamt 31 cm hoch. Der Friesansatz ist zurückgesetzt.
Im Oberlager kein Hebeloch. Auf der Rückseite Steinbruchbosse mit dem Rest der Markierung: L I] AD·C[

**C 52** Architravblock ohne Bogenrahmung. *Taf. 11.*
H. 54 cm, B. unten 52 cm, oben 47 cm, T. 60 cm.
Über dem 17 cm hohen Wandstreifen springt der Zwei-Faszien-Architrav 6 cm vor. Er ist insgesamt 29 cm hoch. Der Friesansatz ist stufenförmig zurückgesetzt.
Im Unterlager ein diagonal zur Front verlaufendes, 19 cm hohes Balkenlager.

**C 53** Architravblock ohne Bogenrahmung. *Taf. 11; 30,4.*
H. 52 cm, B. unten 57 cm, oben 48,5 cm, T. 80 cm.
Über dem 16 cm hohen Wandstreifen springt der Zwei-Faszien-Architrav 5 cm vor. Er ist insgesamt 27 cm hoch. Der Friesansatz ist zurückgesetzt.
Im Oberlager ein diagonal zur Front verlaufendes, 38 cm tiefes Balkenlager.

**C 54** Architravblock ohne Bogenrahmung. *Taf. 12; 23,5.*
H. 55 cm, B. 47 cm, T. 78 cm.
Über dem 20 cm hohen Wandstreifen springt der Zwei-Faszien-Architrav 4 cm vor. Er ist insgesamt 30 cm hoch. Der Friesansatz ist zurückgesetzt.
Links ist der Architrav und ein geringer Teil der Wandzone unter 45° abgeschnitten und zur Anpassung einer einspringenden orthogonalen Ecke auf Gehrung vorbereitet. Im Oberlager geht die vordere linke Klammer rechtwinklig über die Gehrungsfuge hinweg.
Auf der Rückseite die Steinbruchmarkierung: L I AD.

**C 55** Architravblock ohne Bogenrahmung. *Taf. 12; 23,6.*
H. 55 cm, B. unten 39 cm, oben 31 cm, T. 70 cm.
Über dem 17 cm hohen Wandstreifen springt der Zwei-Faszien-Architrav 4,5 cm vor. Er ist insgesamt 28,5 cm hoch. Der Friesansatz ist zurückgesetzt.
Im Oberlager kein Hebeloch.
Auf der Rückseite die Steinbruchmarkierung: L I AD.

**C 56** Architravblock ohne Bogenrahmung.
H. 54,5 cm, B. unten 56 cm, oben 49 cm, T. noch 66 cm.
Über dem 19 cm hohen Wandstreifen springt der Zwei-Faszien-Architrav 5 cm vor. Er ist insgesamt 28 cm hoch. Der Friesansatz ist zurückgesetzt.
Die rechte Seite vertikal zum Unterlager, die linke verjüngt. Im Unterlager rechts hinten Teil eines diagonal verlaufenden, 19 cm hohen Balkenlagers.

**C 57** Linke Bogenhälfte.
H. 57 cm, B. unten 61 cm, oben 100 cm, T. 79 cm.
Der halbe Bogen ist 39 cm breit und 42 cm hoch. Sein 11 cm breites Rahmenprofil ist zerstört.
Ein Anriß im Oberlager läuft auf die äußere Profilgrenze zu.

**C 58** Linke Bogenhälfte.
H. 54 cm, B. unten 46 cm, oben 58,5 cm, T. 77 cm.
Der Block ist über dem Bogenscheitel gebrochen. Der Bogenradius liegt zwischen 45 und 50 cm. Sein Rahmenprofil ist zerstört.
Im Oberlager die rechte Hälfte durch eine 2 cm hohe Stufe von der linken Hälfte abgesetzt. Die Stufe beginnt an der äußeren Profilgrenze, vgl. C 24.

**C 59** Linke Bogenhälfte.
H. 53,5 cm, B. unten 55 cm, oben noch 71,5 cm, T. 63 cm.
Der Block ist über dem Bogenscheitel gebrochen. Der Bogenradius liegt bei 45 cm. Das 10,5 cm breite Rahmenprofil ist zerstört.
Im Oberlager links hinten ein diagonal zur Front verlaufendes, 21 cm tiefes Balkenlager.

**C 60** Linke Bogenhälfte.
H. 56 cm, B. unten 39 cm, oben 83 cm, T. 78 cm.
Die Front ist stark bestoßen, vor allem in der Nähe der linken Fuge, wo möglicherweise ein Pilasterteil verlorengegangen ist (vgl. C 24. 25). Die Bogenhälfte ist 40 cm breit, 39 cm hoch. Das Rahmenprofil ist zerstört.

**C 61** Linke Bogenhälfte. *Taf. 30,5.*
H. 56 cm, B. unten 75,5 cm, oben 109,5 cm, T. 61 cm.
Die Bogenhälfte ist 35,5 cm breit, 38,5 cm hoch. Das 11,5 cm breite Rahmenprofil ist zerstört.

**C 62** Linke Bogenhälfte. *Taf. 12.*
H. 54 cm, B. unten 70,5 cm, oben noch 82 cm, T. 64 cm.
Über dem Bogenscheitel ist der Block gebrochen. Der Bogenradius liegt zwischen 45 cm und 50 cm. Das 8,5 cm breite Rahmenprofil ist stellenweise erhalten.
Im Oberlager zwei Stemmlöcher im Abstand von 41 cm. Das eine läuft auf die äußere Profilgrenze des Bogenrahmens zu.

**C 63** Linke Bogenhälfte. *Taf. 12.*
H. 53 cm, B. unten 54 cm, oben 97 cm, T. 79 cm.

Die Bogenhälfte ist 43,5 cm breit und 45 cm hoch. Das Rahmenprofil ist 9 cm breit.

**C 64** Linke Bogenhälfte. *Abb. 14; 15.*
H. 56 cm, B. unten 51,5 cm, oben 94 cm, T. 59 cm.
Die Bogenhälfte ist 42,5 cm breit und 45 cm hoch. Das 10,5 cm breite Rahmenprofil ist weitgehend zerstört.
Ein Stemmloch im Oberlager läuft auf die äußere Profilgrenze des Rahmenprofils zu. Links hinten ein diagonal zur Front verlaufendes, 17 cm tiefes Balkenlager.

**C 65** Linke Bogenhälfte.
H. 56,5 cm, B. unten 41 cm, oben 87,5 cm, T. 69 cm.
Die vordere Hälfte der Bogenwölbung und das Profil sind zerstört. Die Bogenhälfte ist 40,5 cm breit und 45 cm hoch.
Zwei Stemmlöcher im Oberlager laufen auf die äußere Profilgrenze des Bogenrahmens zu.

**C 66** Linke Bogenhälfte.
H. 58 cm, B. unten 51,5 cm, oben noch 62 cm, T. 71 cm.
Der Block ist über dem Bogenscheitel gebrochen, sein 9,5 cm breites Rahmenprofil zerstört. Der Bogenradius lag bei 35 cm.
Nahe der linken Fuge ist die Oberfläche der Frontseite, die sich hier vorwölbt, so stark beschädigt, daß es nicht zu entscheiden ist, ob hier ein Pilaster angebracht war oder nicht (vgl. C 24. 25).
Im Oberlager eine 2 cm hohe Stufe, die nicht auf das Rahmenprofil ausgerichtet ist.

**C 67** Rechte Bogenhälfte. *Taf. 12.*
H. 57,5 cm, B. unten 45,5 cm, oben 85,5 cm, T. 79 cm.
Die Bogenhälfte ist 40 cm breit und 45,5 cm hoch. Das 9 cm breite Rahmenprofil ist zerstört.
Im Oberlager drei Stemmlöcher, von denen zwei auf die äußere Profilgrenze des Bogenrahmens zulaufen. Vermittels einer Sprengschrotrille (vgl. B 23) sollte der Block in Längsrichtung gespalten werden.

**C 68** Rechte Bogenhälfte.
H. 56 cm, B. unten 40 cm, oben noch 69,5 cm, T. 77 cm.
Über dem Bogenscheitel ist der Block gebrochen, sein Rahmenprofil zerstört. Der Bogenradius liegt zwischen 45 cm und 50 cm. Rechts stark bestoßen; hier ist möglicherweise ein Pilasterteil verlorengegangen.

**C 69** Rechte Bogenhälfte.
H. 55 cm, B. unten 44 cm, oben noch 72 cm, T. 60 cm.
Die Front ist vollständig zerstört bis in die Tiefe des Hebelochs im Oberlager (vgl. C 67). Der Bogenradius liegt zwischen 45 cm und 50 cm.

**C 70** Rechte Bogenhälfte.
H. 57 cm, B. unten 65 cm, oben noch 83 cm, T. 65 cm.
Der Block ist über dem Bogenscheitel gebrochen, das 11,5 cm breite Rahmenprofil weitgehend zerstört. Der Bogenradius liegt bei 45 cm.

**C 71** Rechte Bogenhälfte.
H. 56 cm, B. unten 63 cm, oben noch 90 cm, T. 69 cm.

Der Block ist über dem Bogenscheitel gebrochen, das 12 cm breite Rahmenprofil ist stellenweise erhalten. Der Bogenradius liegt bei 45 cm.

**C 72** Rechte Bogenhälfte. *Taf. 12.*
H. 55 cm, B. unten 56 cm, oben noch 78 cm, T. 62 cm.
Der Block ist über dem Bogenscheitel gebrochen, das Rahmenprofil zerstört. Der Bogenradius liegt zwischen 45 cm und 50 cm.
Im Oberlager Teil eines 18 cm tiefen Balkenlagers, das diagonal zur Front verläuft.

**C 73** Rechte Bogenhälfte.
H. 58 cm, B. unten 38 cm, oben 81 cm, T. 70 cm.
Die Bogenhälfte ist 43 cm breit und 44 cm hoch. Das 9,5 cm breite Rahmenprofil ist zerstört.
Im Oberlager rechts hinten Teil eines 18 cm tiefen Balkenlagers, das diagonal zur Front verläuft.

**C 74** Rechte Bogenhälfte und Pilaster an gerader Wand. *Taf. 12; 30,6.*
H. 55 cm, B. unten 56 cm, oben 92 cm, T. 68 cm.
Der 21 cm breite obere Pilasterteil hat drei offene Kanneluren, die 6,5 cm unter dem Oberlager geradlinig schließen. Die rechte Nebenseite steht noch in Bosse, konnte also für einen Anschluß nicht genutzt werden. Möglicherweise wurde der Block wegen des fehlerhaften oberen Pilasterendes, das keinen Kapitellansatz aufweist (vgl. C 26–28), verworfen.
Der Bogenradius beträgt etwa 35 cm. Das Rahmenprofil ist sorgfältig ausgearbeitet und gut erhalten.
Im Oberlager zeugen ein 12 cm tiefes Hebeloch und eine Klammerbettung im rückwärtigen, leicht versenkten Teil von antiker Verbauung, jedoch wohl von einer anderen als der ursprünglich vorgesehenen Verwendung.

**C 75** Block mit Bogenhälften nach rechts und links. *Taf. 12.*
H. 57 cm, B. unten 61,5 cm, T. 71 cm.
Beide Bogenhälften haben einen Radius von etwa 35 cm. Die zerstörten Rahmenprofile berühren sich bereits 20 cm über dem Unterlager.
Der Block wird einem Pfeiler ohne Pilasterschmuck angehören.

## Ordnung der Oktogon-Pfeiler

**D 1** Basis eines Oktogon-Pfeilers. *Taf. 13.*
H. 58,5 cm, B. 101 cm, T. 65 cm.
Der Pfeilerkörper ist an der Front mit einem Pilaster, an den Seiten mit Halbsäulen besetzt. Der Pilaster verjüngt sich von 28 cm auf 27 cm und springt 5 cm vor. Die drei mit Rundstäben gefüllten Kanneluren verlieren sich 14 cm über dem Unterlager ohne Andeutung einer Pilasterbasis.
Die unkannelierten Säulen haben einen Durchmesser von 34 cm. Ihre attisch-ionischen Basen stehen auf 20 cm hohen »Plinthen«, die sich ohne Absatz aus dem Pfeilerteil ergeben. Der Pfeilerkörper tritt hinter den Halbsäulen wieder in Erscheinung und endet auf der Verbindungslinie der Plinthenecken.
Winkel und Kreisbögen entfernen sich weit von geometrischen

Konstruktionsfiguren, was für alle folgenden Bauteile entsprechend gilt.

**D 2**  Basis eines Oktogon-Pfeilers. *Taf. 13; 31,1.*
H. 54 cm, B. noch 94 cm (von ursprünglich 101 cm), T. 63 cm.
Der Pilaster an der Front des Pfeilerkörpers ist 27 cm breit; seine drei Kanneluren sind – soweit erhalten – durchlaufend gefüllt. Die unkannelierten Halbsäulen an den Pfeilerseiten haben einen Durchmesser von 32–33 cm. Ihre unregelmäßigen Basen bestehen aus gestaffelten Wülsten. Die linke Basis beginnt zylindrisch. Sie stehen auf Plinthen, die absatzlos aus dem Pfeiler sich ergeben.

**D 3**  Basis eines Oktogon-Pfeilers. *Taf. 13; 31,2.3.*
H. 49 cm, B. 99 cm, T. 75 cm.
Der Pilaster an der Front des Pfeilerkörpers ist 28 cm breit. Seine drei gefüllten Kanneluren laufen 10 cm über dem Unterlager ohne Andeutung einer Pilasterbasis aus.
Die unkannelierten Säulen haben einen Durchmesser von links 33,5 cm, rechts 31,5 cm. Von den zylindrischen Basen ist die linke rückwärtig in eine attisch-ionische Basis ausgearbeitet *(Taf. 31,2)*. Plinthen und Pfeilerteil sind an der Rückseite des Blocks leicht gekehlt.

**D 4**  Basis eines Oktogon-Pfeilers. *Taf. 13.*
H. 49 cm, B. 100 cm, T. 67 cm.
Der Pilaster an der Front des Pfeilerkörpers ist 25,5 cm breit und hat drei durchlaufend gefüllte Kanneluren.
Die unkannelierten Säulen haben einen Durchmesser von links 35 cm, rechts 31 cm. Ihre ionischen Basen stehen auf 16,5 cm hohen »Plinthen«.

**D 5**  Mittleres Schaftstück eines Oktogon-Pfeilers. *Taf. 13; 31,1.*
H. 48 cm, B. 72 cm, T. 52 cm.
Der Pilaster an der Pfeilerfront ist 25,5 cm breit. Im unteren, 17 cm hohen Teil sind seine drei Kanneluren mit Rundstäben gefüllt, darüber offen. Die unkannelierten Halbsäulen haben einen Durchmesser von 32 cm.

**D 6**  Mittleres Schaftstück eines Oktogon-Pfeilers. *Taf. 13; 31,4.*
H. 53,5 cm, B. 74 cm, T. 48 cm.
Der Pilaster an der Pfeilerfront ist 22 cm breit. Im unteren, 10,5 cm hohen Teil sind seine drei Kanneluren mit Rundstäben gefüllt, darüber offen. Die unkannelierten Halbsäulen haben einen Durchmesser von 31–32 cm.

**D 7**  Oberes Schaftstück eines Oktogon-Pfeilers. *Taf. 13; 31,5.*
H. 50 cm, B. 75 cm, T. 51 cm.
Der 20,5 cm breite Pilaster an der Pfeilerfront hat drei durchlaufend offene Kanneluren. Die unkannelierten Halbsäulen an den Pfeilerseiten haben einen Durchmesser von links 28,5 cm, rechts 26 cm.

**D 8**  Kapitell eines Oktogon-Pfeilers. *Taf. 13; 32,1–3.*
H. 58,5 cm, B. 101 cm, T. 82 cm.
Der Pfeilerkörper ist an der Front mit einem Pilaster, an den Seiten mit Halbsäulen besetzt. Er verbreitert sich von 57,5 cm am Unterlager auf 63 cm am Oberlager, ohne ein eigenes Kapitell auszubilden.
Im erhaltenen Teil zeigt der Pilaster keine Kannelierung. Sein Schaft ist 20,5 cm breit; sein trapezförmiges Kapitell, das im Aufbau den Kapitellen der Kleinen Pilasterordnung folgt, ist 32 cm hoch und am Abacus 36 cm breit. Die rechte Nebenseite des Pilasterkapitells ist ausgearbeitet wie die Front, die linke Nebenseite aber ist glatt bis auf den Eierstab und den gekerbten Abacus.
Die unkannelierten Halbsäulen sind am Unterlager 27,5 cm stark. Über zwei glatten Halsstreifen und einem starken Wulst erhebt sich das komposite Blattkapitell; rechts ist es 38 cm hoch und hat fünf Blätter, links ist es 35 cm hoch und hat sechs Blätter. Auf der Rückseite ist die Ausarbeitung der Halbsäulenkapitelle auf die Blattzone beschränkt; sonst folgt über dem Blattkranz ein Astragal und ein Eierstab, dann ein glatter Abacus, aus dem – antik geflickt – kleine Eckvoluten entspringen. Verglichen mit dem Pilasterkapitell, sind die Blätter etwas fleischiger; sie verdecken den Kalathos fast vollständig, so daß man hier auf vertikale Streifen verzichtet hat.

**D 9**  Kapitell eines Oktogon-Pfeilers. *Taf. 13; 32,4.*
H. 46 cm, B. 84 cm, T. 60 cm.
Der Pfeilerkörper verbreitert sich von 48 cm am Unterlager auf 53 cm am Oberlager, ohne ein eigenes Kapitell auszubilden. Die Kannelierung des 22 cm breiten Pilasters endet unter dem Kapitell, das auffälligerweise nur den Blattkranz umfaßt. Bei den Säulenkapitellen fehlen Eierstab und Abacus. Die unkannelierten Säulenschäfte sind 26 cm stark.

**D 10**  Kapitell eines Oktogon-Pfeilers. *Taf. 13; 32,5.6.*
H. 51,5 cm, B. 75 cm, T. 60 cm.
Der Pfeilerkörper verbreitert sich von 53 cm am Unterlager auf 54 cm am Oberlager, ohne ein eigenes Kapitell auszubilden. Die drei Kanneluren des 18,5 cm breiten Pilasters enden unter dem abgemeißelten Kapitell. Zu beiden Seiten des Kapitells sind unterschiedliche Pateren eingemeißelt.
Die unkannelierten Halbsäulen sind 27 cm stark und tragen Blattkapitelle, die oben mit Astragal, hohem Eierstab und gekerbtem Abacus enden. Neben der linken Halbsäule ist rückwärtig in flachem Relief ein Blütenstengel mit fünf Zweigen dargestellt.

**D 11**  Säulenbasis an Wandquader. *Taf. 14.*
H. 49 cm, B. 110 cm, T. 63 cm.
Säule, Basis und Plinthe stimmen im Zuschnitt mit den Basisblöcken D 1–4 überein, doch fehlt der Pilaster und die zweite Halbsäule. Stattdessen ist ein Maueranschluß gegenüber der Halbsäule durch die Klammerbettungen im Oberlager bezeugt; der Vorsprung auf der linken Langseite neben der Halbsäule kann nicht von einem Pilaster stammen, da der Block für einen gleichartigen Rücksprung genügend Masse bieten würde: es muß sich um den Ansatz einer querverlaufenden Mauer handeln, die mit der rückwärtigen, durch Klammerbettungen bezeugten Mauer einen rechten Winkel bildete. Die 37 cm starke Halbsäule stand also an einer stumpfwinklig einspringenden Ecke (vgl. *Abb. 23*).

**D 12** Halbsäulenschaft an Wandquader. *Taf. 14.*
H. 51 cm, B. 56 cm, T. 77,5 cm.
Die unkannelierte Halbsäule, 34,5 cm stark, schließt an die Schmalseite des 58,5 cm tiefen Quaders an. Rechts ist der Block auf Anschluß gearbeitet und war hier verklammert. Links zeigt der Block einen bestoßenen Vorsprung, möglicherweise ein zerstörter Pilaster, wie er durch D 18 bezeugt ist. Im hinteren Teil ist die linke Seite auf Ansicht gearbeitet.

**D 13** Halbsäulenschaft an unregelmäßigem Wandblock.
H. 57 cm, B. 60 cm, T. 99 cm.
Die ursprüngliche Gestalt des Blocks ist bei der Wiederverwendung so stark verändert worden durch keilförmigen Zuschnitt von Ober- und Unterlager, daß er nur unter Vorbehalt hier aufgeführt wird: vermutlich glich er D 12. Seine unkannelierte Halbsäule hat einen Durchmesser von 38 cm.

**D 14** Halbsäulenschaft an unregelmäßigem Wandblock. *Taf. 14.*
H. 64 cm, B. 87,5 cm, T. 65 cm.
Aus zwei Teilen zusammengesetzt; es fehlt die linke Hälfte. Die 34 cm starke, unkannelierte Halbsäule ist auf einer leicht vorgewölbten Fläche angebracht, die stumpfwinklig von benachbarten Ansichtsseiten begrenzt wird; diese Ansichtsseiten stehen zueinander ungefähr in einem rechten Winkel.

**D 15** Halbsäulenschaft an unregelmäßigem Wandblock. *Taf. 14.*
H. 55 cm, B. 80 cm, T. 68 cm.
Spiegelbildliche Entsprechung zu D 14, auf der rechten Seite stärker zerstört. Halbsäulendurchmesser 34,5 cm.

**D 16** Kapitellblock an unregelmäßigem Quader. *Taf. 14; 33,1–3.*
H. 55,5 cm, B. 68 cm, T. 94,5 cm.
Die unkannelierte Halbsäule hat am Unterlager einen Durchmesser von 32 cm. Ihr komposites Kapitell entspricht in Form und Größe den Halbsäulenkapitellen der Oktogon-Pfeiler D 8–10. Der anschließende Quader ist gegen das Kapitell um 157,5° abgewinkelt und zumindest an der rechten Seite auf rechtwinkligen Maueranschluß gearbeitet, so daß die Halbsäule an einer einspringenden Mauerecke gestanden haben muß, vergleichbar dem Basisblock D 11. Im Oberlager eine 18,5 cm tiefe Stufe.

**D 17** Kapitell an rechtwinkligem Wandquader. *Taf. 14; 33,4.*
H. 61 cm, B. 67 cm, L. 86 cm.
Das Halbsäulenkapitell, dessen oberes Schaftende durch Zerstörung verloren ist, entspricht in Form und Größe den Halbsäulenkapitellen der Oktogon-Pfeiler D 8–10. Rechtwinklig zur Ansichtsseite des Kapitells eine zweite Ansichtsseite mit dem Profil des Zwei-Faszien-Architravs der Kleinen Pilasterordnung: die Oberkante der abschließenden Architrav-Profilierung liegt in Höhe des Kapitell-Astragals.
Im Oberlager direkt hinter dem Halbsäulenkapitell eine 6,5 cm hohe Stufe, die auf die Höhe des Friesansatzes der Kleinen Pilasterordnung hinabführt; hier das 9 cm tiefe Hebeloch. Von dieser Fläche aus eine weitere, 11 cm große Vertiefung: ein Balkenlager, auf dessen Boden sich eine Klammerbettung befindet.

Das untere linke Ende des Architravs und der Wandfläche, die der Kleinen Pilasterordnung zuzurechnen sind, ist nicht erhalten.

**D 18** Kapitell an rechtwinkligem Wandquader. *Taf. 14; 33,5–6.*
H. 55 cm, B. 55 cm, L. 80 cm.
An der Schmalseite des Blocks sind das Kapitell und der obere Schaft der Halbsäule angeordnet. Die unkannelierte Säule hat am Unterlager einen Durchmesser von 28 cm. Am Halbsäulenkapitell ist nur der Blattkranz erhalten; die Blockhöhe reicht nicht aus für den vollständigen Aufbau mit Astragal, Eierstab und Abacus (vgl. D 9), so daß möglicherweise mit einer zusätzlichen Flachschicht zu rechnen ist.
Im rechten Winkel zur Ansichtsseite der Halbsäule ist links eine zweite Ansichtsseite gestaltet mit einem Kapitell und Architrav der Kleinen Pilasterordnung. Über der 18 cm hohen Wandzone springt der Zwei-Faszien-Architrav 5 cm vor; einschließlich des 12 cm hohen Abschlußprofils ist er 29 cm hoch. Die Oberkante des Architravs liegt in Höhe der oberen Blattspitzen des Halbsäulenkapitells. Der Friesansatz über der Kleinen Pilasterordnung ist stufenförmig zurückgesetzt.
Architrav und Pilasterkapitell werden von der Wandfläche begrenzt, auf der die Halbsäule steht, ohne daß die Profilierung des Architravs oder die Pilasterseite angedeutet wären. Die Ecke selbst ist die markante Trennung zwischen Kleiner Pilasterordnung und Ordnung der Oktogon-Pfeiler.
Im Oberlager ein 8 cm eingetieftes Feld, ähnlich einem Balkenlager, mit zwei Klammerbettungen, die bezeugen, daß sich die Wandfläche, auf der die Halbsäule steht, geradlinig fortgesetzt hat.

### Ordnung der Paneel-Pfeiler

**E 1** Fußblock eines Pfeilers. *Taf. 15.*
H. 40 cm, B. 95 cm, T. 80 cm.
Die Front umfaßt die untere Rahmung eines vertieften Mittelfeldes (hier Paneel genannt), von dem sich ein erhabener vertikaler Streifen (hier Mittelrippe genannt) abhebt. Ein S-förmiges Kyma vermittelt zwischen Paneelgrund und Mittelrippe einerseits und der verbleibenden glatten Pfeileroberfläche andererseits, die hier als Paneelrahmen aufgefaßt wird.
Der Rahmen ist seitlich 8 cm, unten 15 cm, die Mittelrippe 10,5 cm breit.
An den Seiten des Pfeilers sind Falze für Schrankenplatten eingehauen von unterschiedlicher Breite und Tiefe. Sie beginnen rechts 13 cm, links 14,5 cm hinter der Pfeilerfront.

**E 2** Fußblock eines Pfeilers. *Taf. 15.*
H. 55,5 cm, B. 74 cm, T. 74 cm.
Die Front umfaßt den unteren Teil eines Paneels mit Mittelrippe und seitlich 8 cm, unten 14,5 cm breitem Rahmen. Die Mittelrippe ist 7 cm breit.
Die Falze an den Pfeilerseiten beginnen 11 bzw. 11,5 cm hinter der Pfeilerfront; dahinter verlaufen vertikal 10 bzw. 16 cm breite rauhe Streifen, die als Anschlag für die eingelassenen Schrankenplatten gedient haben. Der linke Anschlag springt 4 cm weit

vor den ansonsten geglätteten Pfeilerkörper vor. Nach diesen Merkmalen zu schließen, hatten beide Schrankenplatten eine Dicke von 27 cm.

**E 3** Fußblock eines Pfeilers. *Taf. 15.*
H. 53 cm, B. 73 cm, T. 74 cm.
Die Front umfaßt den unteren Teil eines Paneels mit Mittelrippe und seitlich 7 cm, unten 12,5 cm breitem Rahmen. Die Mittelrippe ist 7 cm breit.
Die Falze an den Pfeilerseiten beginnen 9 bzw. 11 cm hinter der Pfeilerfront und werden jeweils von einem Anschlag für die Schrankenplatte begleitet.

**E 4** Mittelstück eines Pfeilers. *Taf. 15.*
H. 65 cm, B. 75 cm, T. 78 cm.
Die Front umfaßt einen Paneelteil, der sich in Rahmung und Mittelrippe nach oben und nach unten hin fortsetzt. Der Rahmen ist 8 cm, die Mittelrippe 7 cm breit.
Nur an der linken Seite ist das obere Ende eines Falzes eingehauen, 34 cm hoch, 9 cm hinter der Front beginnend.

**E 5** Mittelstück eines Pfeilers. *Taf. 15; 34,1.*
H. 53,5 cm, B. 75 cm, T. 74 cm.
Gegenstück zu E 4; Rahmen 9 cm, Mittelrippe 10 cm breit. An beiden Pfeilerseiten steht der für Falze vorgesehene Bereich in Bosse.

**E 6** Mittelstück eines Pfeilers.
H. 68,5 cm, B. 73 cm, T. 73 cm.
Gegenstück zu E 4–5; Rahmen 8 cm, Mittelrippe 7 cm breit. Auch hier steht der für Falze vorgesehene Bereich in Bosse.

**E 7** Mittelstück eines Pfeilers. *Taf. 15.*
H. 58 cm, B. 75 cm, T. 80 cm.
Die Front umfaßt einen Paneelteil, der sich zwar in der Rahmung nach oben hin fortsetzt, in der Mittelrippe aber sein oberes Ende erreicht hat. Der Rahmen ist 8 cm, die Mittelrippe 7,5 cm breit.

**E 8** Mittelstück eines Pfeilers. *Taf. 15.*
H. 51 cm, B. 72 cm, T. 73 cm.
Die Front umfaßt einen Paneelteil, der sich im Rahmen nach oben hin noch fortsetzt, die Mittelrippe aber auf drei Seiten umgibt. Rahmen und Mittelrippe sind 7 cm breit.

**E 9** Oberteil eines Pfeilers.
H. 46 cm, B. noch 55 cm von einst 73 cm, T. 73 cm.
Die Front umfaßt einen Paneelteil, der sich in Rahmung und Mittelrippe nur nach unten hin fortsetzt. Der Rahmen ist seitlich 8 cm breit (nur rechts erhalten), oben 3 cm.

**E 10** Oberteil eines Pfeilers. *Taf. 15; 34,2.*
H. 53,5 cm, B. 75 cm, T. 77 cm.
Die Front umfaßt einen Paneelteil, der sich in Rahmung und Mittelrippe nur nach unten hin fortsetzt. Der Rahmen ist seitlich 7 cm, oben 15 cm breit.

**E 11** Kämpferblock eines Paneel-Pfeilers. *Taf. 15.*
H. 40 cm, B. unten 76 cm, T. unten 80 cm.
Die Front umfaßt den oberen Teil des profilierten Paneelrahmens und den 9 cm ausladenden Kämpfer. Der Rahmen ist seitlich 10 cm, oben 16 cm breit. Der 16 cm hohe Kämpfer umgibt den Pfeiler an drei Seiten, greift aber nicht auf die Rückseite über. Im Oberlager auf drei Seiten ein Anriß für die zu erwartende Bogenreihe.

**E 12** Kämpferblock eines Paneel-Pfeilers. *Taf. 15; 34,3.*
H. 54,5 cm, B. unten 72,5 cm, T. unten 77 cm.
Die Front umfaßt den oberen Paneelteil, der sich in Rahmung und Mittelrippe nach unten hin fortsetzt, und den 14 cm hohen, weitgehend zerstörten Kämpfer. Der Rahmen ist rechts 9 cm, links 7 cm, oben 15 cm breit, die Mittelrippe ist 7,5 cm breit. Der Kämpfer umgab den Pfeiler auf drei Seiten wie bei E 11.

**E 13** Kämpferblock eines Paneel-Pfeilers mit Bogenansätzen nach beiden Seiten. *Taf. 16.*
H. 48,5 cm, B. unten 73,5 cm, T. unten 73 cm.
Das an drei Seiten umlaufende Kämpferprofil (H. 18,5 cm) erhebt sich über einem 10 cm hohen geglätteten Streifen des Pfeilerschaftes, der an keiner Stelle bis zur Profilleiste des Paneels hinabreicht. Die Ausladung des Kämpfers beträgt 9 cm.
Über dem Kämpfer liegen die Bogenansätze mit einer Rahmung aus konzentrischen Streifen, die in der Breite gestaffelt und sägezahnartig voneinander abgesetzt sind. Die Bogenrahmung ist etwa 27 cm breit.

**E 14** Fußblock eines Eckpfeilers mit zwei Paneelen. *Taf. 16.*
H. 56,5 cm, B. 76 cm und 75 cm.
Der Block zeigt an benachbarten Seiten den unteren Teil von Paneelen mit Mittelrippe, an den beiden anderen Seiten Falze für Schrankenplatten. Seitlich sind die Rahmen 7 cm, unten 14 cm breit, die erhaltene Mittelrippe ist 10 cm breit. Die Falze beginnen 17 cm bzw. 19 cm hinter den zugehörigen Frontseiten; der rechte Falz wird von einem Anschlag für eine Schrankenplatte begleitet.
In zweiter Verwendung wurde das Oberlager 20–21 cm vertieft und in den verbleibenden Steg hinter dem rechten Paneel zwei quadratische Stiftlöcher 3,5 cm eingetieft.

**E 15** Mittelstück eines Eckpfeilers mit zwei Paneelen. *Taf. 16.*
H. noch 44 cm, B. 87 cm und 93,5 cm.
Der Block zeigt an benachbarten Seiten Paneele mit Mittelrippen, an den beiden anderen Seiten Falze für Schrankenplatten. Rahmen und Mittelrippen sind 8 cm breit. Die Falze sind 8 cm bzw. 12 cm von den zugehörigen Fronten zurückgesetzt und werden von den Anschlägen für Schrankenplatten begleitet.

**E 16** Kämpferblock eines Eckpfeilers mit zwei Paneelen. *Taf. 16.*
H. 32 cm, B. unten 90 cm und 93 cm.
Der Block zeigt an benachbarten Seiten das Paneelprofil mit seitlich 8 cm, oben 13 cm breitem Rahmen und einen 15 cm hohen Kämpfer, der über allen vier Seiten des Pfeilerschaftes umläuft. Die Kämpferausladung beträgt 8–9 cm.

**E 17** Mittelstück eines Pfeilers mit einer Paneelfront und drei Pilasterfronten. *Taf. 16.*

H. 52 cm, B. 74 × 74 cm.
Paneelrahmen und Mittelrippe, je 7 cm breit, setzen sich nach oben und unten hin fort. Die in flachem Relief gehaltenen Pilaster mit jeweils sechs durchlaufend offenen Kanneluren sind 39–41 cm breit.

**E 18**  Mittelstück eines Pfeilers mit einer Paneelfront und drei Pilasterfronten. *Taf. 16; 34,4.*
H. 64 cm, B. 72,5 cm und 74,5 cm.
Paneelrahmen und Mittelrippe sind je 6,5–7 cm breit und setzen sich nach oben und unten hin fort. Die rechte Seite neben der Paneelfront zeigt einen Pilaster mit dem Übergang von dem unteren, mit Rundstäben gefüllten Teil der Kanneluren zum oberen offenen Teil der Kanneluren. Dieser Pilaster setzte sich also wie das Paneel nach oben und unten hin fort. Im Gegensatz dazu beginnen die Pilaster an den beiden anderen, einander benachbarten Pfeilerseiten am Unterlager des Blocks mit flachen Reliefbasen und zeigen durchlaufend mit Rundstäben gefüllte Kanneluren. Es handelt sich demnach um einen Eckpfeiler: die Seiten der ausspringenden Ecke sind vom Boden an dekoriert mit Paneel und Pilaster, die Seiten der einspringenden Ecke sind erst in größerer Höhe, vermutlich oberhalb der Brüstungsschranken, mit Pilastern ausgestattet. Die Pilasterbreite beträgt einheitlich 38–40 cm; auch die Gliederung durch sechs Kanneluren ist einheitlich.

**E 19**  Fußblock eines Eckpfeilers mit zwei Relieffronten. *Taf. 17; 35,3.4.*
H. 89 cm, B. 73 cm und 75 cm.
An benachbarten Ansichtsseiten trägt der Block Reliefdarstellungen ohne Rahmung, an den beiden anderen Seiten sind Falze zur Aufnahme von Schrankenplatten eingeschnitten. An den Nebenseiten mit Falzen beginnt in einheitlicher Höhe von 79 cm über dem Boden jeweils eine reliefartige, breitgelagerte Pilasterbasis von derselben Form wie auf E 18. Der eine Falz wird von einem rauhen Anschlag für die Brüstungsschranke begleitet.
Dargestellt ist auf der einen Relieffront eine Kugel, die von zwei sich kreuzenden Bändern überspannt wird. Auf der Kugel stehend eine Gestalt, von der die nackten Füße in Sandalen und der flatternde untere Gewandsaum zu erkennen sind. Der rechte Fuß ist vorgestellt, die Richtung der Gewandfalten deutet eine Bewegung und Drehung der Figur nach rechts oben hin an. Auf der benachbarten rechten Pfeilerseite sieht man ein Podest mit dreiseitig gerahmtem Feld, auf dem Stiefel und das Ende einer Lanze einer wohl kriegerisch gerüsteten Figur aufstehen.

**E 20**  Oberteil eines Eckpfeilers mit zwei Relieffronten. *Taf. 17; 34,5; 35,1.2.*
H. 56 cm, B. 72 cm und 74 cm.
An benachbarten Ansichtsseiten trägt der Block Reliefdarstellungen ohne Rahmung, an den beiden anderen Seiten obere Pilasterenden, 38,5 cm bzw. 40 cm breit. Die jeweils sechs offenen Kanneluren schließen kurz unter dem Oberlager halbrund ab.
Dargestellt ist auf der einen Relieffront ein Schild mit einer beschädigten Portraitbüste, der von einem Kranz aus Lanzettblättern eingefaßt und von zwei nackten Armen einer weiblichen Gestalt getragen wird. Ihr Kopf verdeckt z. T. den Clipeus, ihr Gesicht ist zerstört. Die linke Hand der Figur reicht auf die rechte Reliefseite hinüber, wobei eine Flickstelle das Handgelenk und den Ansatz des Unterarmes einschloß. Im rechten Relief erscheint frontal ein Gepanzerter mit Helm und Speer.

**E 21**  Oberteil eines Eckpfeilers mit zwei Relieffronten. *Taf. 17; 34,6.*
H. 76 cm, B. 71 cm und 71 cm.
Die benachbarten Pilasterseiten gleich gestaltet wie bei E 20 bei Pilasterbreiten von 40,5 und 42 cm.
Das eine Relief zeigt den nackten Oberkörper und den Kopf eines jugendlichen, muskulösen Mannes, über dessen linker Schulter ein Mantelbausch hängt. Er trägt Füllhorn und Speer. Das andere Relief stellt einen Bärtigen in Panzer und Helm dar. Seine Attribute sind Speer und Tropaion.

**E 22**  Block mit Bogenansätzen. *Taf. 18.*
H. 49,5 cm, B. 107 cm, Unterlager B. 74 cm, T. 77 cm.
Die Bögen, die sich nach zwei Seiten hin entwickeln, werden an der Front gerahmt durch sechs glatte Streifen, die in der Breite gestaffelt und sägezahnartig voneinander abgesetzt sind. Die Rahmung ist rechts 25,5 cm, links 28 cm breit.

**E 23**  Block mit Bogenansätzen. *Taf. 18.*
H. 41 cm, B. 90 cm, Unterlager B. 75 cm, T. 74 cm.
Bogenansätze wie E 22, Rahmung rechts 25 cm, links 23,5 cm breit.

**E 24**  Block mit Bogenansätzen. *Taf. 18; 36,1.*
H. 47,5 cm, B. 102 cm, Unterlager B. 74 cm, T. 78 cm.
Bogenansätze wie E 22, Rahmung rechts 26 cm, links 25 cm breit. Oberlager in zweiter Verwendung durch Eintiefungen verändert. Hebeloch 13 cm tief.

**E 25**  Block mit Bogenansatz nach rechts. *Taf. 18.*
H. 45,5 cm, B. 54 cm, Unterlager B. 35 cm, T. 74 cm.
Der Bogen wird an der Front gerahmt von sechs glatten Streifen, die in der Breite gestaffelt und sägezahnartig voneinander abgesetzt sind. Die Rahmung ist 25 cm breit.

**E 26**  Block mit Bogenansatz nach rechts.
H. 47,5 cm, B. 55,5 cm, Unterlager B. 40 cm, T. 78 cm.
Bogenansatz wie E 25, Rahmung 29,5 cm breit.

**E 27**  Block mit Bogenansatz nach rechts. *Taf. 18; 36,3.*
H. 50,5 cm, B. 57 cm, Unterlager B. 41 cm, T. 75 cm.
Bogenansatz wie E 25, Rahmung 25 cm breit.

**E 28**  Block mit Bogenansatz nach rechts. *Taf. 18.*
H. 48 cm, B. 57,5 cm, Unterlager B. 42,5 cm, T. 81 cm.
Bogenansatz wie E 25, Rahmung 24,5 cm breit.

**E 29**  Block mit Bogenansatz nach links. *Taf. 18.*
H. 51 cm, B. 54 cm, Unterlager B. 34 cm, T. 72 cm.
Bogenansatz wie E 25, jedoch spiegelbildlich. Rahmung 27 cm breit.

**E 30**  Block mit Bogenansatz nach links. *Taf. 18; 36,4.*
H. 47 cm, B. 53,5 cm, Unterlager B. 37,5 cm, T. 74 cm.

Bogenansatz wie E 29, Rahmung 25,5 cm breit. Der Radius der Bogenöffnung ist theoretisch 47,5 cm groß.

**E 31**   Block mit Bogenansatz nach links. *Taf. 18.*
H. 47,5 cm, B. 52 cm, Unterlager B. 31 cm, T. 78 cm.
Bogenansatz wie E 29, Rahmung unten 19 cm, oben 25 cm breit.

**E 32**   Block mit Bogenansatz nach links. *Taf. 18.*
H. 50 cm, B. 54,5 cm, Unterlager B. 36 cm, T. 76 cm.
Bogenansatz wie E 29, Rahmung 26 cm breit.

**E 33**   Block mit Bogenansatz nach links.
H. 46 cm, B. 55 cm, Unterlager B. 42 cm, T. 80 cm.
Bogenansatz wie E 29, Rahmung 18 cm breit.

**E 34**   Linker Keilstein. *Taf. 18.*
H. 50 cm, B. oben 51 cm, T. 77 cm.
Zum horizontalen Oberlager streben die schrägen Lagerfugen: unter 51° die linke, 64 cm lang, unter 99° die rechte, 42,5 cm lang. Der 19 cm breite Bogenabschnitt ist gerahmt wie die Bogenansätze E 22–33. Die Rahmung ist 22 cm breit.
Oben zwei flache horizontale Tänien, 7 cm und 8 cm hoch.

**E 35**   Linker Keilstein.
H. 49 cm, B. oben 46,5 cm, T. 83 cm.
Form und 24 cm breite Rahmung wie E 34, Tänien 7 cm und 7,5 cm hoch.

**E 36**   Linker Keilstein. *Taf. 18.*
H. 51 cm, B. oben 46,5 cm, T. 81 cm.
Form und 25,5 cm breite Rahmung wie E 34, Tänien 7,5 cm und 8 cm hoch. Im Oberlager ein nur 2 cm tiefes Hebeloch.

**E 37**   Linker Keilstein.
H. 51 cm, B. oben 43 cm, T. 74 cm.
Form und 26,5 cm breite Rahmung wie E 34, Tänien 7 cm und 8 cm hoch.

**E 38**   Linker Keilstein.
H. noch 45 cm, B. oben 53 cm, T. 75 cm.
Form und Rahmung wie E 34, Tänien beide 8 cm hoch.

**E 39**   Linker Keilstein.
H. 52,5 cm, B. oben 46,5 cm, T. 78 cm.
Form und 26 cm breite Rahmung wie E 34, Tänien zerstört.

**E 40**   Linker Keilstein.
H. 45 cm, B. oben 46 cm, T. 77 cm.
Form und 23 cm breite Rahmung wie E 34, beide Tänien 8 cm hoch.

**E 41**   Linker Keilstein.
H. 59 cm, B. oben 49 cm, T. 77 cm.
Form und 23 cm breite Rahmung wie E 34, beide Tänien 7 cm hoch.

**E 42**   Linker Keilstein. *Taf. 36,5.*
H. 54 cm, B. oben 50 cm, T. 70 cm.
Form und 28,5 cm breite Rahmung wie E 34, Tänien 7,5 cm und 6 cm hoch.

**E 43**   Linker Keilstein, Fragment.
H. noch 39 cm, B. oben noch 35 cm von ursprünglich etwa 55 cm.
Form und Rahmung, soweit erhalten, wie E 34, beide Tänien 8,5 cm hoch.

**E 44**   Linker Keilstein, Fragment.
H. noch 54 cm, B. oben ursprünglich etwa 52 cm, T. 38 cm.
Form und 20,5 cm breite Rahmung wie E 34, beide Tänien 6,5 cm hoch.

**E 45**   Linker Keilstein.
H. 54 cm, B. oben 54 cm, T. 78 cm.
Form und 23,5 cm breite Rahmung wie E 34, die beiden äußeren Streifen jedoch deutlich als Kehle und Rundstab ausgebildet. Die Tänien 8 cm und 6,5 cm hoch.

**E 46**   Mittlerer Keilstein.
H. 50 cm, B. oben 45 cm, T. 79 cm.
Zum horizontalen Oberlager streben die schrägen Lagerfugen unter 75° links, 53 cm lang, unter 87° rechts, 50 cm lang. Der 26 cm breite Bogenabschnitt wird gerahmt wie an den linken Keilsteinen. Die Rahmung ist 26 cm breit, die Tänien 7 cm und 12 cm hoch.

**E 47**   Mittlerer Keilstein. *Taf. 18.*
H. 49 cm, B. oben 38 cm, T. 78 cm.
Form und 26 cm breite Rahmung wie E 46, die Tänien 8 cm und 7 cm hoch. Im Oberlager ein nur 2 cm tiefes Hebeloch.

**E 48**   Mittlerer Keilstein.
H. 45 cm, B. oben 36 cm, T. 75 cm.
Form und 23 cm breite Rahmung wie E 46, Tänien 7,5 cm und 8,5 cm hoch.

**E 49**   Mittlerer Keilstein. *Taf. 36,6.*
H. 44 cm, B. oben 33 cm, T. 71 cm.
Form und 22 cm breite Rahmung wie E 46, Tänien 7 cm und 6 cm hoch.

**E 50**   Mittlerer Keilstein.
H. 49 cm, B. oben 43 cm, T. 76 cm.
Form und 24,5 cm breite Rahmung wie E 46, Tänien 7,5 cm und 8,5 cm hoch.

**E 51**   Mittlerer Keilstein. *Taf. 18.*
H. 48 cm, B. oben 42 cm, T. 77 cm.
Form und 24 cm breite Rahmung wie E 46, Tänien beide 8 cm hoch. Im Oberlager ein nur 2 cm tiefes Hebeloch, daneben eine 4 cm tiefe, quadratische Ausnehmung.

**E 52**   Mittlerer Keilstein.
H. 48 cm, B. oben 36 cm, T. 79 cm.
Form und 21,5 cm breite Rahmung wie E 46, Tänien 7 cm und 6,5 cm hoch.

**E 53** Rechter Keilstein. *Taf. 36,7.*
H. 55 cm, B. oben 47 cm, T. 76 cm.
Form und 24 cm breite Rahmung wie E 34, jedoch spiegelbildlich. Die Tänien sind 7 cm und 8 cm hoch.

**E 54** Rechter Keilstein.
H. 56 cm, B. oben 49,5 cm, T. 73 cm.
Form und 24 cm breite Rahmung wie E 53, Tänien beide 7 cm hoch.

**E 55** Rechter Keilstein.
H. 50 cm, B. oben 39 cm, T. 79 cm.
Form und 24,5 cm breite Rahmung wie E 53, Tänien 7,5 cm und 6,5 cm hoch.

**E 56** Rechter Keilstein, Fragment.
H. 53 cm, B. oben noch 22 cm von ursprünglich etwa 50 cm, T. noch 30 cm.
Form und 29 cm breite Rahmung wie E 53, statt zweier offenbar nur eine 11,5 cm hohe Tänie.

**E 57** Rechter Keilstein. *Taf. 18.*
H. 56 cm, B. oben 42,5 cm, T. 80 cm.
Form und 29 cm breite Rahmung wie E 53, Tänien 8 cm und 6,5 cm hoch.

**E 58** Rechter Keilstein.
H. 59 cm, B. oben 52 cm, T. 84 cm.
Form und 17,5 cm breite Rahmung aus fünf statt sechs Streifen, sonst wie E 53, Tänien 8 cm und 9 cm hoch.

**E 59** Rechter Keilstein. *Taf. 18.*
H. 55 cm, B. oben 47 cm, T. 84 cm.
Form und 24 cm breite Rahmung wie E 53, Tänien 7 cm und 8 cm hoch. Im Oberlager ein nur 2 cm tiefes Hebeloch.

**E 60** Rechter Keilstein.
H. 57 cm, B. oben 49 cm, T. 70 cm.
Form und 25 cm breite Rahmung wie E 53, jedoch sind die beiden äußeren Streifen durch Kehle und Rundstab ersetzt wie beim linken Keilstein E 45. Die Tänien sind 7,5 cm und 7 cm hoch.

**E 61** Rechter Keilstein.
H. 53 cm, B. oben 49 cm, T. 72 cm.
Form und 25 cm breite Rahmung wie E 53, jedoch sind die beiden äußeren Streifen durch ein S-förmiges Profil und einen Rundstab ersetzt. Die Tänien sind beide 7 cm hoch.

**E 62** Widerlager für Keilsteine. *Taf. 19.*
H. 44 cm, B. unten 86 cm von ursprünglich 90 cm, B. oben 28 cm, T. 75 cm.
Die schrägen Lagerfugen bilden mit dem Oberlager Winkel von 115° und 116°. Oben zwei Tänien in flachem Relief, 7,5 cm und 7 cm hoch. An den Frontecken unten Reste diagonal verlaufender Rillen, worin ein Teil der Bogenrahmung zu sehen ist.

**E 63** Widerlager für Keilsteine. *Taf. 19.*
H. 40 cm, B. unten 91 cm von ursprünglich 100,5 cm, B. oben 36 cm, T. 80 cm.
Gegenstück zu E 62 mit Resten der Bogenrahmung an beiden unteren Ecken. Die Tänien sind 8 cm und 8,5 cm hoch.

**E 64** Widerlager für Keilsteine.
H. 43,5 cm, B. unten 84 cm von ursprünglich 91 cm, B. oben 23 cm, T. 72 cm.
Gegenstück zu E 62. Die unteren Ecken der Front sind bestoßen; die Tänien sind 8,5 cm und 7,5 cm hoch.

**E 65** Widerlager für Keilsteine.
H. 38 cm, B. unten 86 cm von ursprünglich 97 cm, B. oben 35 cm, T. 81,5 cm.
Gegenstück zu E 62 mit Resten der Bogenrahmung rechts. Die Tänien sind beide 8 cm hoch.

**E 66** Widerlager für Keilsteine.
H. 46,5 cm, B. unten 80 cm von ursprünglich etwa 93 cm, B. oben 15 cm, T. 82 cm.
Gegenstück zu E 62, untere Ecken bestoßen. Die Tänien sind 7 cm und 11 cm hoch.

**E 67** Widerlager für Keilsteine.
H. 46 cm, B. unten ursprünglich 92 cm, B. oben 27 cm, T. 82 cm.
Gegenstück zu E 62, untere Ecken bestoßen. Die Tänien sind 7 cm und 11,5 cm hoch.

**E 68** Widerlager für Keilsteine. *Taf. 36,2.*
H. 39,5 cm, B. unten 64 cm von ursprünglich 97 cm, B. oben 32 cm, T. 80 cm.
Gegenstück zu E 62, untere Ecken bestoßen. Die Tänien sind 7 cm und 8 cm hoch.

## SCHRANKEN UND SÄULENSTÜHLE

**F 1** Schrankenplatte mit zwei Paneelen. *Taf. 19.*
H. 92 cm, B. 87,5 cm, T. 32 cm.
Jedes Paneel ist 28 cm breit und 65 cm hoch. Es wird von einem S-förmigen Kyma eingefaßt, das jenem der Paneel-Pfeiler gleicht. Zum Einfalzen hat die Schrankenplatte nur an der linken Seite einen 13 cm breiten Steg, der gegenüber dem rückwärtigen Anschlag 4 cm vorspringt. Links oben eine 34 cm tiefe, rechtwinklige Ausnehmung. Im Oberlager ein Hebeloch.

**F 2** Schrankenplatte mit zwei Paneelen. *Taf. 19; 37,1.2.*
H. 85 cm, B. 102,5 cm, T. 37 cm.
Die Paneele sind 40 cm bzw. 38 cm breit und 63 cm bzw. 61 cm hoch. An beiden Seiten Stege zum Einfalzen mit 4 cm großem Vorsprung gegenüber dem rückwärtigen Anschlag. Beide Stege enden unter dem Unterlager in unterschiedlicher Höhe. Im Oberlager ein Hebeloch, Vorderkante gerundet.

**F 3** Schrankenplatte mit zwei Paneelen. *Taf. 19.*
H. 89 cm, B. 102 cm, T. 32 cm.

Brüstung wie F 2. Beide Paneele 36,5 cm breit, 69 cm hoch. Außerdem ein zweites Hebeloch in der Mitte der Rückseite.

**F 4** Schrankenplatte mit zwei Paneelen. *Taf. 19.*
H. 83 cm, B. 95 cm, T. 38,5 cm.
Brüstung wie F 2. Beide Paneele 34,5 cm breit, 60 cm hoch.

**F 5** Schrankenplatte mit zwei Paneelen. *Taf. 19; 37,1.*
H. 87 cm, B. 88 cm, T. 34 cm.
Brüstung wie F 2. Beide Paneele 28 cm breit, 63 cm hoch.

**F 6** Schrankenplatte mit zwei Paneelen. *Taf. 19; 37,1.3.*
H. 76 cm, B. 109 cm, T. unten 32 cm, oben 27 cm.
Brüstung wie F 2. Beide Paneele 57 cm hoch, das linke 42 cm, das rechte 40 cm breit.

**F 7** Schrankenplatte mit zwei Paneelen. *Taf. 19.*
H. 93 cm, B. 97 cm, T. unten 32 cm, oben 29 cm.
Brüstung wie F 2. Beide Paneele 71 cm hoch, das linke 37 cm, das rechte 35 cm breit. Das Hebeloch im Oberlager mit 13,5 cm Tiefe besonders groß.

**F 8** Linke Hälfte einer reliefierten Schrankenplatte. *Taf. 20; 38,1.*
H. 73 cm, B. noch 57 cm, T. 31 cm.
Das Relief zeigt eine sitzende, trauernde Germanin. Nach rechts hin kann es um mindestens eine weitere Figur ergänzt werden, von der rechts unten noch ein Fuß erhalten ist.
Der Reliefgrund, der oben gekehlt ist, reicht bis zu 10 cm hinter die Rahmung zurück. Diese besteht unten aus einer 5 cm hohen glatten Leiste, seitlich und oben aber aus Leiste und rahmendem Profil. Zum Einfalzen hat die Platte an der linken Seite einen 16 cm breiten, 2 cm vor den Anschlag vorspringenden Steg. Der Bruch geht oben durch das Hebeloch, woraus die ursprüngliche Breite von etwa 100 cm abgeleitet werden kann.

**F 9** Linker Teil einer reliefierten Schrankenplatte. *Taf. 20; 38,2.*
H. 84 cm, B. noch 74 cm, T. 24 cm.
Das Relief zeigt eine stehende Victoria mit Palmzweig in der linken Hand; mit der Rechten berührt sie einen bekränzten Clipeus, der auf einem niedrigen Podest steht.
Der Reliefgrund reicht bis zu 10 cm hinter die Rahmung zurück, die auf allen Seiten aus glatten Leisten besteht. Links ein 16 cm breiter Steg zum Einfalzen. Bei mittiger Anordnung des Hebelochs wird die ursprüngliche Plattenbreite etwa 96 cm betragen haben.

**F 10** Reliefierte Schrankenplatte. *Taf. 20; 38,3.*
H. 89,5 cm, B. 99 cm, T. 30 cm.
Das Relief zeigt einen gelagerten Greifen nach rechts mit zurückgewandtem Kopf. Das Relief wird an allen vier Seiten von einem S-förmigen Profil eingefaßt wie ein Paneel; es ist 76 cm breit und 73,5 cm hoch. An beiden Seiten Stege zum Einfalzen.

**F 11** Reliefierte Schrankenplatte. *Taf. 20; 38,4.*
H. 88 cm, B. 101,5 cm, T. 30 cm.
Gegenstück zu F 10. Der gelagerte Greif nach links in einem 76,5 cm breiten, 73,5 cm hohen Paneel. An beiden Seiten Stege zum Einfalzen.

**F 12** Säulenstuhl mit Paneel und Basis. *Taf. 20; 37,1.*
H. 92 cm, B. 63 cm, T. 62 cm.
In den 78,5 cm hohen Säulenstuhl sind seitlich Falze für Schrankenplatten eingetieft, die 20,5 cm hinter der Front beginnen. Sie schneiden in die achteckige Plinthe der Säulenbasis ein. Das Oberlager hat einen Durchmesser von etwa 33 cm. Hebelöcher finden sich in der Rückseite und im linken Falz.

**F 13** Säulenstuhl mit Paneel und Basis. *Taf. 20; 37,1.*
H. 90 cm, B. 65 cm, T. 67 cm.
In den 76 cm hohen Säulenstuhl greifen seitlich Falze für Schrankenplatten ein, die 18 cm bzw. 21 cm hinter der Front beginnen. Die Basis auf achteckiger Plinthe hat einen oberen Durchmesser von 32 cm. Ein Hebeloch im rechten Falz.

**F 14** Säulenstuhl mit Paneel und Halbsäulenbasis. *Taf. 20; 37,1.*
H. 88,5 cm, B. 69 cm, T. 65 cm.
Der 76 cm hohe Säulenstuhl schließt rückwärtig an eine Mauerstirn an, die 39 cm hinter der Front des Säulenstuhls liegt. Die seitlich eingelassenen Falze für Schrankenplatten schneiden oben in die oktogonale Plinthe ein. Im Auflager ist der Basisdurchmesser 32 cm groß. Im Oberlager ein Hebeloch, das nach Versetzen als Dübelloch gedient hat.

**F 15** Säulenstuhl mit Paneel und Basis. *Taf. 20.*
H. 91 cm, B. 61 cm, T. 64 cm.
In den 75 cm hohen Säulenstuhl greifen seitlich Falze für Schrankenplatten ein, die oben in die achteckige Plinthe einschneiden. Im Oberlager hat die Basis einen Durchmesser von 29 cm, in ihrer Mitte ein rundes Dübelloch mit Bleiverguß. In beiden Falzen Hebelöcher.

**F 16** Säulenstuhl mit Paneel und Basis. *Taf. 20.*
H. 79 cm, B. 61 cm, T. 61 cm.
In den 77 cm hohen Säulenstuhl greifen seitlich Falze für Schrankenplatten ein. Die Basis wurde bei einer Wiederverwendung abgearbeitet, doch zeichnet sich im vorderen Teil noch die achteckige Plinthe ab. Bei der Wiederverwendung wurden im Oberlager zwei, im Unterlager eine rechteckige Ausnehmung 8 cm bis 10 cm eingetieft.

**F 17** Säulenstuhl mit Paneel und Basis. *Taf. 20.*
H. 91 cm, B. 64 cm, T. 65 cm.
In den 78,5 cm hohen Säulenstuhl greifen seitlich Falze für Schrankenplatten ein, die oben in die achteckige Plinthe einschneiden. Im Oberlager hat die Basis einen Durchmesser von 32 cm. In beiden Falzen ein Hebeloch.

**F 18** Säulenstuhl mit Relief und Basis. *Taf. 20; 39,1.*
H. 77 cm, B. 57 cm, T. 54 cm.
Der 63 cm hoch erhaltene Säulenstuhl ist an der Front mit einem ungerahmten Relief geschmückt, das einen nach links gewandten, mit Schild, Helm, Schwert und Panzer gerüsteten Legionär darstellt; er hält in der rechten Hand das Schlaufenende einer

Kette, die sich auf der linken Seite des Säulenstuhls in drei Kettengliedern fortsetzt.
An den Seiten Falze für Schrankenplatten; in jedem Falz ein Hebeloch. Die Basis auf achteckiger Plinthe ist im Oberlager beschädigt.

**F 19** Säulenstuhl mit Relief und Basis. *Taf. 21; 39,2.*
H. 93 cm, B. 60 cm, T. 57 cm.
Das ungerahmte Relief auf der Front des 77 cm hohen Säulenstuhls ist stark beschädigt. Aus den Umrissen ist ein nach rechts hin ausschreitender Legionär mit gezücktem Schwert und vorgehaltenem Schild abzulesen.
An den Seiten Falze für Schrankenplatten; in jedem Falz ein Hebeloch. Die Basis auf achteckiger Plinthe hat im Oberlager einen Durchmesser von etwa 30 cm.

**F 20** Säulenstuhl mit Relief und Basis. *Taf. 21; 39,3.*
H. 85 cm, B. 62 cm, T. 61 cm.
Das ungerahmte Relief auf der Front des 75,5 cm hohen Säulenstuhls zeigt zwei mit Halseisen aneinander gekettete Germanen, die sich voneinander abwenden.
An den Seiten Falze für Schrankenplatten; im linken Falz ein Hebeloch. Die Basis auf achteckiger Plinthe hatte im Oberlager einen Durchmesser von etwa 34 cm.

**F 21** Säulenstuhl mit Relief und Basis. *Taf. 21; 39,4.*
H. 88 cm, B. 60,5 cm, T. 56 cm.
Das ungerahmte Relief auf der Front des 73 cm hohen Säulenstuhls zeigt einen nach links ausschreitenden, mit Helm, Schild, drei Speeren und Schnürschuhen gerüsteten Legionär.
An den Seiten Falze für Schrankenplatten. Die Basis auf achteckiger Plinthe hat im Oberlager einen Durchmesser von 29 cm.

**F 22** Säulenstuhl mit Relief und Basis. *Taf. 21; 39,5.*
H. 89 cm, B. 61 cm, T. 60 cm.
Das ungerahmte Relief auf der Front des 75 cm hohen Säulenstuhls zeigt zwei gerüstete Legionäre im Angriff nach rechts. Während der rechte Legionär mit gezücktem Schwert vorstürmt und sich mit einem Schild deckt, gibt ihm der linke Legionär, indem er seinen Schild über die Schulter seines Gefährten hebt, zusätzlichen Schutz. Beide Legionäre tragen Helme, deren Kalotte mit dem Bild eines Delphins geschmückt ist.
An den Seiten Falze für Schrankenplatten; im rechten zwei, im linken ein Hebeloch. Besonders sorgfältig ist die Basis auf achteckiger Plinthe gearbeitet: zwischen einem großen unteren Torus und einem kleinen oberen Torus die sauber abgefaste Kehle. Die Basis hat im Oberlager einen Durchmesser von 34,5 cm.

**F 23** Säulenstuhl mit Relief und Basis. *Taf. 21; 39,6.*
H. 85 cm, B. 62,5 cm, T. 60 cm.
Das ungerahmte Relief auf der Front des 73,5 cm hohen Säulenstuhls zeigt zwei barhäuptige Legionäre, von denen einer ein Signifer ist; der andere hat seinen Helm am Speer befestigt und deckt sich mit einem Schild.
An den Seiten Falze für Schrankenplatten; in jedem Falz ein Hebeloch. Die Basis auf achteckiger Plinthe hat im Oberlager einen Durchmesser von 36 cm.

## DEN EINZELNEN ARCHITEKTURSYSTEMEN NICHT SICHER ZUWEISBARE BAUSTEINE

**G 1** Zahnschnittgesims, Hochschicht. *Taf. 21.*
H. 56 cm, B. 90 cm, T. unten 32 cm.
Im Gegensatz zu den Blöcken B 23–24, deren Klammerbettungen schwalbenschwanzförmig sind, ist die einzige erhaltene Klammerbettung dieses Blocks für eine stabförmige Eisenklammer mit vertieften Enden hergestellt.
An der Front entfallen im 27 cm hohen Profil neun Zähne und neun Zwischenräume auf die Blockbreite, davon vier erhalten (Rhythmus: 10 cm).

**G 2 = B 23** *Taf. 5.*

**G 3** Zahnschnittgesims, Hochschicht. *Taf. 21.*
H. 55 cm, B. 68 cm, T. unten 33 cm, oben 59 cm.
Klammerbettungen wie G 1. Im 26 cm hohen Profil entfallen auf die Blockbreite sieben Zähne und sechs Zwischenräume (Rhythmus: 10 cm). Die Profilausladung vor der Frieszone beträgt 22 cm.

**G 4 = B 24** *Taf. 5; 40,1.*

**G 5** Zahnschnittgesims, Hochschicht. *Taf. 21; 40,2.*
H. 57 cm, B. noch 77 cm, T. unten 64 cm, oben 81 cm.
Klammerbettungen wie G 1. Im 27 cm hohen und 22 cm ausladenden Profil entfallen auf die Blockbreite sieben Zähne und sieben Zwischenräume (Rhythmus: 11 cm).
Im Oberlager begrenzen zwei Anrisse rechtwinklig eine Fläche im hinteren linken Teil. Hier liegen zwei Dübellöcher, zu denen von den Anrissen aus Gußkanäle hinführen. Rechts zwei Klammerbettungen.

**G 6** Zahnschnittgesims. Fragment.
H. 24 cm, B. 66 cm, T. 81 cm.
Keine Klammerbettung erhalten. Höhe und Ausladung des Profils nicht mehr festzustellen. Vom Zahnschnitt noch zwei Zähne und der Grund von sieben Zwischenräumen zu erkennen (Rhythmus: etwa 10 cm). Nach Lage des Hebelochs in der rechten Bruchkante wird der Block ursprünglich doppelt so breit gewesen sein.

**G 7** Zahnschnittgesims, Hochschicht. *Taf. 23,7.*
H. 56 cm, B. 58 cm, T. unten 74 cm, oben 96 cm.
Klammerbettungen wie G 1. Im 28 cm hohen und 22 cm ausladenden Profil ist nur ein 5,5 cm breiter Zahn erhalten. Im Oberlager ein Hebeloch, rechts und links je zwei Klammerbettungen. Auf der Rückseite die Steinbruchmarkierung: L I AD.

**G 8** Zahnschnittgesims, Hochschicht.
H. 49 cm, B. 89 cm, T. unten 36,5 cm, oben 60 cm.
Klammerbettungen wie G 1. Im 22 cm hohen und 20 cm ausladenden Profil entfallen auf die Blockbreite acht Zähne und acht Zwischenräume (Rhythmus: 11 cm). Im Oberlager ein Anriß, 22 cm hinter der Profil-Vorderkante.

**G 9** Zahnschnittgesims, Flachschicht.
H. 21 cm, B. 46 cm, T. 80 cm.

Das Bruchstück, an dem keine Klammerbettung erhalten ist, zeichnet sich dadurch aus, daß an der rechten Seite das Profil auf Gehrung geschnitten ist, der Block demnach seinen Platz an einer einspringenden Ecke hatte. Im 18 cm ausladenden Profil zwei Zähne erhalten (Rhythmus: etwa 12 cm).
Im Oberlager links an der Bruchkante der Rest des Hebelochs; parallel zur Front ein Anriß. Zwei leichte Eintiefungen, 6 cm und 8 cm tief, 36 cm voneinander entfernt, dienten vielleicht als Balkenlager.

**G 10** Konsolengesims, Hochschicht. Verschollen. *Taf. 23,8.*
H. 55,5 cm, B. 86,5 cm, T. unten 28,5 cm, oben 58,5 cm.
Im Gegensatz zu Block B 22, dessen Klammerbettungen schwalbenschwanzförmig sind, liegt hier keine Angabe über die Klammerform vor.
Das 29,5 cm hohe Profil lädt 30 cm vor die Frieszone aus. Fünf Konsölchen und fünf Zwischenfelder nehmen die gesamte Blockbreite ein (Rhythmus: 17,3 cm). Alternierend sind die Konsölchen mit Blatt oder Riefeln geschmückt, die Zwischenfelder mit Kreisblüte oder Kreuzblüte.
Auf der Rückseite die Steinbruchmarkierung: L I AD C.
In den Skizzen von Schmidt, auf die sich die Beschreibung stützt, ist mindestens ein Zeichenfehler enthalten: die Breite der 78,5 cm breit gezeichneten Rückseite wird durch Beischrift mit 86,5 cm angegeben.

**G 11 = B 22** *Taf. 4.*

**G 12** Konsolengesims, Hochschicht.
H. 56 cm, B. 75 cm, T. unten 68 cm, oben 90 cm.
Im 25,5 cm hohen und 22 cm ausladenden Profil sind noch zwei Konsölchen erhalten (Rhythmus: 18 cm), geschmückt mit Blatt und Riefeln. Die drei erhaltenen Zwischenfelder zeigen Kreuzblüte – Kreisblüte – Kreuzblüte.
Im Gegensatz zu Block B 22, dessen Klammerbettungen schwalbenschwanzförmig sind, hat dieser Block Bettungen für eiserne Stabklammern mit umgebogenen Enden. Im Oberlager ein Anriß parallel zur Front.

**G 13** Konsolengesims, Hochschicht. *Taf. 21; 40,3.4.*
H. 54 cm, B. vorn 97 cm, hinten 107 cm, T. unten 58 cm, oben 82 cm.
Im 23,5 cm hohen und 24 cm ausladenden Profil sind die Konsölchen (Rhythmus: 17,6 cm) alternierend mit Blatt oder Riefeln, die Zwischenfelder mit Kreisblüte oder Kreuzblüte geschmückt.
Die linke Stoßfuge läuft stumpfwinklig auf die Front zu (99°), wobei die Klammerbettungen im Oberlager dieser Richtungsänderung folgen. Der Anriß im Oberlager für die nächste Lage verläuft parallel zur Front. Klammerbettungen wie G 12.

**G 14** Konsolengesims, Hochschicht.
H. 55 cm, B. 99 cm, T. unten 64 cm, oben 87 cm.
Im 26 cm hohen und 24 cm vorspringenden Profil sind drei Konsölchen erhalten (Rhythmus: 18 cm), die alternierend mit Blatt oder Riefeln geschmückt sind. Die Zwischenfelder zeigen Kreisblüte und Kreuzblüte.
Im Oberlager ein Anriß für die nächste Lage parallel zur Front, ein zweiter Anriß im Abstand von 54 cm parallel dazu, ferner zwei Stemmlöcher auf einer Linie, die senkrecht zu den Anrissen verläuft. In dem so umschlossenen rechteckigen Feld zwei Dübellöcher, zu denen Gußkanäle hinführen. Klammerbettungen wie G 12.

**G 15** Konsolengesims, Flachschicht. *Taf. 21.*
H. 29 cm, B. 71 cm, T. 109 cm.
Das Profil ist stark beschädigt; es hatte eine Ausladung von mehr als 24 cm. Ein mit Riefeln geschmücktes Konsölchen und Reste der Zwischenfelder sind erhalten (Rhythmus: 17,5 cm).
Im Oberlager ein Anriß parallel zur Front. Klammerbettungen wie G 12. Im hinteren Teil, 68 cm von dem Anriß entfernt, eine bis zu 10 cm tiefe Stufe, darin eine diagonal verlaufende Klammerbettung.

**G 16** Konsolengesims, Flachschicht.
H. 30 cm, B. vorn 62 cm, hinten 71 cm, T. unten 77 cm, oben 100 cm.
In dem Profil, das die ganze Höhe des Blocks einnimmt und mehr als 25 cm vorspringt, entfallen auf die Blockbreite vier Konsölchen und drei Zwischenfelder (Rhythmus: 17 cm; ein Konsölchen zerstört). Alternierend sind die Konsölchen mit Blatt und Riefeln, die Zwischenfelder mit Kreuzblüte und Kreisblüte verziert.
Die Vorderseite ist leicht konkav gebogen. Im Oberlager ein Anriß parallel zur Front und Klammerbettungen wie G 12.

**G 17** Konsolengesims, Hochschicht. *Taf. 22; 23,9; 40,5.*
H. 54,5 cm, B. 107 cm, T. unten 63 cm, oben 86 cm.
Im Gegensatz zu den Konsolengesimsstücken G 10–16 hat dieser Block undekorierte Konsölchen und schmucklose Zwischenfelder. Die Konsölchen werden oben eingefaßt von einem Viertelstab, sind vorn gekehlt und setzen mit einer Schwellung am Grund an. Die dekorierten Konsölchen haben dagegen vorne die Schwellung und werden zum Grund hin flacher.
Das Profil ist 25,5 cm hoch und hat eine 24 cm große Ausladung. Erhalten sind sechs Konsölchen und fünf Zwischenfelder (Rhythmus: 17,5 cm). Im Oberlager Klammerbettungen wie G 12. Im linken Teil des Oberlagers zweimal zwei dicht beieinander liegende Dübellöcher, 7 cm bis 9 cm tief. Abstand der Paare etwa 30 cm. Zu diesen Dübellöchern führen Gußkanäle hin. Man erwartet ein drittes Paar auf dem links anschließenden Block, das mit den beiden anderen ein gleichseitiges Dreieck bildet. Links vorne ein kurzer Anriß. Rechts vorne ein Dübelloch mit Gußkanal.
Auf der Rückseite die Steinbruchmarkierung: L I AD.

**G 18** Profilblock, Hochschicht. *Taf. 22; 40,6.*
H. 56 cm, B. 110 cm, T. unten 62 cm.
Das 26 cm hohe Profil ist bis auf das unterste Element, ein Plättchen, vollkommen zerstört.
Im Oberlager Klammerbettungen wie G 12. Der Breite nach ist das Oberlager in drei Abschnitte geteilt durch zwei Anrisse: der eine verläuft parallel zur rechten Fuge im Abstand von 28 cm, der zweite Anriß vom ersten 50 cm bis 52 cm entfernt. In dem so umschlossenen Feld liegen drei Paar Dübellöcher an den Ecken eines gleichseitigen Dreiecks von etwa 30 cm Seitenlänge. Kurze

Gußkanäle laufen auf die Dübelpaare zu, wobei zweimal beide Dübel von einem Kanal gespeist werden. Eine Ecke des Dreiecks weist nach vorn, bei G 17 nach hinten.

Blockgröße und Herrichtung im Oberlager sind bei G 17 und G 18 so ähnlich, daß in G 18 ebenfalls ein Konsolengesims anzunehmen ist.

**G 19**  Drei-Faszien-Architrav. *Taf. 22.*
H. 44,5 cm, L. noch 77,5 cm, T. unten 33 cm, oben 39 cm.
Rechts gebrochen. Die Faszien sind 9 cm, 11 cm und 11 cm hoch, springen jeweils 1,5 cm vor und wurden von einem heute zerstörten, 13 cm hohen Profil bekrönt.
Auf der Unterseite eine 22 cm breite, von einem S-förmigen Profil eingefaßte Soffitte, die 36 cm von dem linken Architravende entfernt ist.
Im Oberlager am Bruchrand rechts der Rest eines Hebelochs, der auf eine Architravlänge von 160 bis 180 cm hinweist. Links eine ausgebrochene Klammerbettung. Klammerrichtung nicht bestimmbar. Die vertikale Rückseite ist geglättet.

**G 20**  Drei-Faszien-Architrav. *Taf. 22.*
H. 46–47 cm, L. noch 123 cm, T. unten 33,5 cm, oben 41 cm.
Links gebrochen. Architrav wie G 19, bekrönendes Architravprofil erhalten.
Auf der Unterseite eine 22 cm breite Soffitte, die 41 cm von der rechten Fuge entfernt ist. Ihre Länge ohne das einfassende Profil beträgt 72 cm, woraus sich eine Architravlänge von etwa 162 cm ergibt.
Im Oberlager ein 4,5 cm tiefes Hebeloch, 79 cm von der rechten Fuge entfernt, das nach Versetzen des Architravs als Klammerloch verwendet wurde: die 5 cm vertiefte Klammerbettung läuft zur Rückseite des Architravs. Es handelt sich also um einen Wandarchitrav für eine Säulenstellung, die entweder mit der Wand verbunden oder unmittelbar vor der Wand aufgestellt war.

**G 21**  Vollständiger Drei-Faszien-Architrav. *Taf. 22; 24,5.*
H. 45 cm, L. 172 cm, T. unten 33 cm, oben 37,5 cm.
Architrav wie G 19 und G 20. Die Unterseite ist mit einer 20 cm breiten und 87 cm langen Soffitte geschmückt, die vom rechten Architravende weiter (50 cm) als vom linken (35 cm) entfernt ist.
Im Oberlager ein 10 cm tiefes Hebeloch. Zur Rückseite des Architravs verläuft eine Klammerbettung mit 8 cm tiefem Klammerloch; an den Architravenden jeweils eine ausgebrochene Klammerbettung mit unbestimmbarer Ausrichtung. Die Lage der Soffitte und die Richtung der mittleren Klammerbettung beweisen, daß es sich um einen Wandarchitrav handelt wie bei G 20.

**G 22**  Drei-Faszien-Architrav. *Taf. 22; 40,7.*
H. 43,5 cm, B. noch 95 cm, T. unten 33 cm, oben 38,5 cm.
Rechts und links gebrochen. Die Faszien sind 10,5 cm, 10,5 cm und 8 cm hoch, wobei zwischen zweiter und dritter Faszie ein gedrehtes Band eingeschoben ist. Das abschließende Profil ist ein plastisch ausgearbeitetes lesbisches Kyma mit Plättchen.
Die Unterseite ist mit einer 21,5 cm breiten Soffitte geschmückt, deren rechte Begrenzung erhalten blieb. Im Oberlager der Rest eines 15 cm tiefen Hebelochs.

**G 23**  Drei-Faszien-Architrav. *Taf. 40,8.*
Nur in einer alten Photographie liegt der linke, etwa 80 cm lange Teil eines gleichartigen Architravs vor.

# Verzeichnisse

## VORBEMERKUNG ZU DEN KONKORDANZEN

Wie oben bereits vermerkt (S. 3 f.), haben bisher drei Bearbeiter des Steinmaterials farbige Ziffern auf die Blöcke der alten Grabung aufgetragen: E. Schmidt nahm rote, G. Stein grüne, R. Wormuth blaue Farbe. Diese Ziffern sind im Laufe der Zeit verblaßt oder gänzlich verschwunden, weil die Steine jahrzehntelang im Freien lagerten. Heute sind die Blöcke im Keller des Mittelrheinischen Landesmuseums gestapelt. Sofern die Zahlen noch erkennbar sind, ist die ursprüngliche Farbgebung nur noch selten zu identifizieren.

Den Ziffern auf den Steinen entsprechen gleichartig bezifferte Steinaufnahmen. Oft haben die späteren Bearbeiter die von Schmidt aufgetragenen Ziffern bei ihren Steinaufnahmen vermerkt. Da Schmidts Steinaufnahmen verloren gingen und nur ein unvollständiger Satz verblaßter Pausen bei der Neuaufnahme durch Stein und Wormuth vorhanden war, konnten die Ziffern von Schmidt nicht in jedem Fall überprüft werden. Andererseits konnte ich durch den Vergleich zwischen den erhaltenen Pausen von Schmidt und den Neuaufnahmen durch Stein und Wormuth eine beträchtliche Anzahl Blöcke nach Form und Größe identifizieren, falsche Ziffern auf Blöcken oder Zeichnungen feststellen und die bei jedem Bearbeiter vorkommenden Auslassungen und Doppelzählungen erfassen.

Das Ergebnis ist die folgende Konkordanz, in der ein Teil der Ziffern von Schmidt nach den Notizen von Stein und Wormuth rekonstruiert ist. Aus diesen Listen geht auch hervor, daß Schmidt gelegentlich denselben Block zweimal gezeichnet hat, z. B. Sch 6 = Sch 79; beide Pausen liegen vor. In anderen Fällen ersetzte Schmidt bereits angefertigte Steinaufnahmen durch neue, änderte aber nicht die roten Ziffern auf den Blöcken; so notierte sich Wormuth z. B. die Ziffern Sch 33–Sch 36 für Steine, die nach Schmidts Pausen in anderer Reihenfolge die Ziffern Sch 51–Sch 54 tragen. Umgekehrt notierte Wormuth für den Block Sch 48, von dem eine Pause existiert, die Nummer Sch 164.

Fehlt eine Zeichnung bei Schmidt, so bleibt offen, ob die betreffende Nummer vergeben worden war oder nicht. Die Zählung springt gelegentlich auch bei Wormuth (W 149. 150. 181. 192) und bei mir (Bü 14–18. 62. 102–106), was keinen »Verlust« bezeichnet.

Bei der neuen Stadtmauergrabung 1973 skizzierte ich die damals geborgenen Blöcke, ohne die Nummern meiner Skizzen auf die Blöcke aufzutragen. Die Steine Bü 1–Bü 112 stammen alle aus dieser Grabung, von den Reliefs Bü 113–Bü 128 jedoch nur die beiden Greifenplatten Bü 120. 121 = F 10. 11.

Die Buchstaben A–G, gefolgt von einer Nummer, verweisen auf den Katalog und auf den Index.

Zeichen:
Sch = Schmidt
St  = Stein
W   = Wormuth
Bü  = Büsing
+   = Zeichnung fehlt
\*   = Zeichnung fehlt, doch hat Schmidt diese Nummer vergeben, wie aus Notizen von Wormuth und Stein hervorgeht.

## KONKORDANZ ZU DER MATERIAL-AUFNAHME VON SCHMIDT

| Vorlagen | | Katalog-Nummer/Bemerkung | Vorlagen | | Katalog-Nummer/Bemerkung |
|---|---|---|---|---|---|
| Sch 1 | W 72 | C 60 | Sch 5 | W 74 | C 19 |
| Sch 2 | W 109 | C 74 | Sch 6 | Sch 79 W 170 | C 13 |
| Sch 3 | W 82 | C 20 | Sch 7 | W 76 | C 10 |
| Sch 4 | W 14 | C 18 | Sch 8 | W 17 | C 14 |

| Vorlagen | | | Katalog-Nummer/Bemerkung |
|---|---|---|---|
| Sch 9 | Sch 84 | W 180 | C 16 |
| Sch 10 | W 11 | | G 1 |
| Sch 11 | W 190 | | G 5 |
| Sch 12 | W 152 | | B 24 = G 4 |
| *Sch 13 | W 123 | | B 35 |
| Sch 14 | W 194 | | G 15 |
| Sch 15 | W 8 | | B 22 = G 11 |
| Sch 16 | W 193 | | G 6 |
| Sch 17 | W 191 | | G 14 |
| Sch 18 | W 228 | | Quader in *Abb. 10*. |
| Sch 19 | W 108 | | Kämpferblock, Profil an zwei Seiten. |
| Sch 20 | W 135 | | Kämpferblock, Profil an zwei Seiten. |
| Sch 21 | W 135A | | Kämpferblock, Profil an zwei Seiten. |
| Sch 22 | W 132 | | A 4 |
| +Sch 23 | | | |
| Sch 24 | W 134 | | A 1 |
| Sch 25 | W 135 | | Quader |
| Sch 26 | W 52 | | C 52 |
| Sch 27 | W 200 | | C 45 |
| Sch 28 | W 50 | | C 51 |
| Sch 29 | W 198 | | C 55 |
| Sch 30 | W 162 | | C 37 |
| Sch 31 | W 130 | | C 36 |
| Sch 32 | W 92 | | C 27 |
| *Sch 33 | Sch 52 | | |
| *Sch 34 | Sch 53 | | |
| *Sch 35 | Sch 54 | | |
| *Sch 36 | Sch 51 | | |
| Sch 37 | W 140 | | Quader mit 27 cm hohem, aber zerstörtem Profil, ⊓-Klammern. |
| Sch 38 | W 180A | | C 70 |
| Sch 39 | W 183 | | C 62 |
| Sch 40 | | | B 21 |
| Sch 41 | | | G 10 |
| Sch 42 | | | Rechtwinkliger Quader mit Balkenlager und Steinbruchmarkierung L I AD V. *Taf. 23,10*. |
| Sch 43 | | | Quader mit Steinbruchmarkierung L I AD C. *Taf. 23,11*. |
| Sch 44 | | | A 6 |
| Sch 45 | St 59 | | D 8 |
| Sch 46 | St 58 | | D 16 |
| Sch 47 | W 37 | | D 1 |
| Sch 48 | W 196 | | C 53 |
| Sch 49 | St 78 | | 151 cm langer Block eines 30 cm hohen Kopfprofils. |
| Sch 50 | St 73 | W 20 | 86 cm langer Block desselben Kopfprofils. |
| Sch 51 | W 186 | | C 64 |
| Sch 52 | W 187 | | C 65 |
| Sch 53 | W 57 | | C 59 |
| Sch 54 | W 184 | | C 63 |
| Sch 55 | W 114 | | Quader mit niedrigem Profil. |
| Sch 56 | W 173 | | E 12 |
| Sch 57 | W 106 | | Quader mit zerstörtem Profil. |
| Sch 58 | St 81 | | C 67 |
| Sch 59 | St 85 | | Quader mit niedrigem Profil. |
| Sch 60 | St 88 | | Unregelmäßiger Quader. |
| Sch 61 | | | A 7 |
| Sch 62 | St 82 | | C 68 |
| Sch 63 | St 72 | | Rechtwinkliger Quader mit dreieckigem Abschnitt. |
| Sch 64 | | | Quader mit Profil und Balkenlager, Flachschicht. |
| Sch 65 | St 89 | | D 13 |
| Sch 66 | St 83 | | Quader mit weit vorspringendem Kopfprofil und Steinbruchmarkierung L I AD. *Taf. 23,14*. |
| Sch 67 | St 70 | | C 58 |
| Sch 68 | St 71 | | Rechtwinkliger Quader mit dreieckigem Abschnitt und Steinbruchmarkierung L I AD. *Taf. 23,12*. |
| Sch 69 | St 86 | | 121 cm langer, 27 cm hoher Profilblock. |
| Sch 70 | St 23 | | Quader von rechtwinklig einspringender Ecke. |
| Sch 71 | W 163 | | B 8 |
| Sch 72 | W 201 | | C 31 |
| Sch 73 | St 50 | | B 31 |
| Sch 74 | W 227 | | B 5 |
| Sch 75 | W 199 | | C 30 |
| Sch 76 | W 62 | | B 4 |
| Sch 77 | W 70 | | C 69 |
| Sch 78 | | | Quader mit zerstörtem Profil und zwei Balkenlagern, beide 39 cm tief, 49 cm voneinander entfernt. |
| Sch 79 | Sch 6 | W 170 | C 13 |
| Sch 80 | W 182 | | C 71 |
| Sch 81 | W 191A | | A 5 |
| Sch 82 | W 213 | | B 39 |
| Sch 83 | W 71 | | A 8 |
| Sch 84 | Sch 9 | W 180 | C 16 |
| *Sch 85 | W 63 | | E 36 |
| +Sch 86 | | | |
| +Sch 87 | | | |
| +Sch 88 | | | |
| +Sch 89 | | | |
| Sch 90 | W 138 | | Kämpferblock, Profil an zwei Seiten, Steinbruchmarkierung L I AD. *Taf. 23,17*. |
| +Sch 91 | | | |
| *Sch 92 | W 107 | | E 40 |
| *Sch 93 | W 5 | | E 47 |
| Sch 94 | W 21 | | Profilblock wie Sch 49–50 mit Steinbruchmarkierung CH‹ bzw. ›H⊃. *Taf. 23,25*. |
| Sch 95 | W 78 | | G 3 |
| +Sch 96 | | | |
| Sch 97 | W 136 | | Kämpferblock, Profil an zwei Seiten. |

| Vorlagen | Katalog-Nummer/Bemerkung | Vorlagen | Katalog-Nummer/Bemerkung |
|---|---|---|---|
| +Sch 98 | | Sch 152 | Quader |
| Sch 99 | Quader mit rechtwinkligen Ausnehmungen. | Sch 153  W 113 | G 12 |
| Sch 100  W 159 | E 8 | Sch 154  W 125 | E 10 |
| Sch 101  W 197 | C 54 | Sch 155  W 64 | G 21 |
| Sch 102  W 119 | Quader mit zerstörtem Profil. | Sch 156  W 151 | Quader mit Steinbruchmarkierung L XIII [I *Taf. 23,20.* |
| +Sch 103 | | Sch 157 | B 13 |
| Sch 104  St 1 | Schaft einer ¾-Säule, rückwärtig in einen unregelmäßigen Quader übergehend. Dm. ca. 32 cm. | Sch 158  W 131 | C 34 |
| | | Sch 159  W 105 | B 34 |
| | | Sch 160 | Quader |
| Sch 105  W 25 | B 1 | Sch 161  W 176 | Quader |
| Sch 106  W 86 | B 3 | Sch 162  W 69 | C 3 |
| Sch 107  W 88 | 110 cm breiter Quader mit angearbeitetem, 55 cm breitem Pilasterschaft, der fünf offene Kanneluren hat. | Sch 163 | B 26 |
| | | *Sch 164  Sch 48  W 196 | C 53 |
| | | Sch 165  W 185 | C 72 |
| | | Sch 166  W 127 | A 9 |
| +Sch 108 bis +Sch 118 | | Sch 167  W 120 | G 17 |
| Sch 119  W 66 | Drei-Faszien-Architrav mit zurückgesetztem Friesansatz. | Sch 168  W 143 | C 35 |
| | | +Sch 169 | |
| Sch 120  W 33 | E 14 | Sch 170  W 195 | B 9 |
| +Sch 121 | | Sch 171  St 69 | Unregelmäßiger Quader mit 43 cm tiefem, 26 cm breitem Balkenlager. |
| Sch 122  W 166 | C 5 | | |
| Sch 123  W 167 | C 6 | Sch 172  W 229 | B 19 |
| Sch 124  W 188 | C 24 | Sch 173  W 212 | D 15 |
| Sch 125  W 104 | B 6 | Sch 174  St 42 | B 25 |
| Sch 126  W 227A | Quader mit mehrfach gestaffelten vertikalen Einschnitten, sauber gearbeitet; da Klammerbettungen fehlen, ist es vielleicht ein Mauerkopf. | Sch 175  W 211 | Großer Keilstein mit Bogenradius von 115 bis 120 cm, auf beiden Seiten Bogenrahmen, auf einer Seite Reliefreste. |
| Sch 127  W 49 | C 2 | +Sch 176 | |
| Sch 128  W 126 | B 11 | Sch 177  W 141 | Quader mit Kanal im Unterlager wie B 1, *Taf. 2,* jedoch mit ⊓-Klammern im Oberlager. |
| *Sch 129  W 51 | C 15 | | |
| Sch 130  W 177 | Quader | | |
| Sch 131  W 165 | C 11 | Sch 178  W 142 | B 36 |
| Sch 132  W 164 | C 4 | Sch 179  W 147 | B 37 |
| Sch 133 | B 12 | Sch 180  W 205 | Quader mit zerstörtem Profil. |
| Sch 134  St 27 | C 41 | Sch 181 | Quader |
| Sch 135  W 169 | C 7 | Sch 182  W 179 | Quader mit 10 cm tiefem Balkenlager. |
| +Sch 136 | | | |
| +Sch 137 | | Sch 183  W 29 | Unregelmäßiger Quader mit Brandspuren. |
| Sch 138  W 178 | Kämpferblock, Profil an zwei Seiten. | | |
| | | Sch 184  St 48 | B 10 |
| Sch 139  W 168 | C 12 | Sch 185 | Unregelmäßiger Quader. |
| Sch 140  W 172 | E 7 | Sch 186 | B 27 |
| Sch 141  W 133 | G 13 | Sch 187 | Quader ohne Klammerbettungen. |
| Sch 142  W 7 | Quader | Sch 188 | B 28 |
| Sch 143 | Quader | Sch 189  W 146 | Kämpferblock, Profil an zwei Seiten. |
| Sch 144  W 154 | Quader mit zerstörtem Profil. | | |
| Sch 145  W 13 | Keilstein ohne Profilrahmen. | Sch 190  W 175 | Quader |
| Sch 146 | B 41 | Sch 191  W 10 | B 32 |
| Sch 147  W 202 | C 56 | Sch 192  St 21 | Block mit Kopfprofil wie Sch 49. |
| Sch 148  W 68 | Kämpferblock, Profil an zwei Seiten. | Sch 193  W 224 | Säulenschaft, H. 75 cm, Dm. unten 38–40 cm, oben 34 cm. |
| Sch 149 | Quader | | |
| Sch 150  W 81 | Bruchstück eines Kämpfers. | Sch 194  W 34 | Quader mit 22 cm tiefem Balkenlager. |
| Sch 151  W 4 | C 22 | Sch 195  St 62  W 83 | C 50 |

| Vorlagen | Katalog-Nummer/Bemerkung | Vorlagen | Katalog-Nummer/Bemerkung |
|---|---|---|---|
| Sch 196  W 174 | F 7 | *Sch 233  St 49 | Flacher Quader. |
| Sch 197  St 63 | C 17 | Sch 234  St 11 | Quaderhälfte mit Sprengschrotrillen. |
| *Sch 198  St 7 | E 53 | | |
| +Sch 199 | | Sch 235  St 18 | Unregelmäßiger Quader. |
| Sch 200  W 203 | B 42 | Sch 236  St 67  W 26 | Quader |
| Sch 201  W 12 | Quader mit zerstörtem Profil. | Sch 237  St 66  W 15 | Quader |
| *Sch 202  W 87 | B 33 | Sch 238 | Unregelmäßiger Quader. |
| +Sch 203 | | Sch 239  St 29 | Quader mit 28 cm tiefem und 25 cm |
| Sch 204  St 41 | Quader mit zerstörtem Profil. | Sch 240  W 18 | B 44      [breitem Balkenlager. |
| Sch 205  St 30 | C 57 | Sch 241  St 60 | C 49 |
| Sch 206  W 128 | C 61 | Sch 242  W 214 | Großes Kopfprofil wie Sch 49. |
| Sch 207  St 12 | Keilstein mit Bogenradius von ca. 70 cm, Bogenrahmen schmal und 42 cm von der Bogenöffnung entfernt. | Sch 243 | B 29 |
| | | Sch 244  W 77 | C 1 |
| | | +Sch 245 | |
| | | Sch 246  W 23 | C 26 |
| Sch 208  St 53 | Großes Kopfprofil, 35 cm hoch, ab- | *Sch 247  St 14 | Keilsteinfragment, ähnlich wie Sch 175. |
| Sch 209  W 221 | C 38      [weichend von Sch 49. | | |
| Sch 210  W 148 | B 18 | Sch 248  St 17 | Keilstein wie Sch 175, Bogenradius ca. 125 cm. |
| Sch 211  St 26 | Quader | | |
| Sch 212  W 144 | B 43 | Sch 249  W 97 | D 2 |
| Sch 213  W 54 | E 1 | Sch 250  St 19 | C 40 |
| +Sch 214 | | Sch 251  St 16 | D 12 |
| Sch 215  W 100 | Unregelmäßiger Quader mit 15 cm tiefem Balkenauflager. | Sch 252  W 215 | D 7 |
| | | Sch 253  W 19 | B 23 = G 2 |
| Sch 216  W 206 | B 38 | Sch 254  W 129 | B 17 |
| +Sch 217 | | +Sch 255 | |
| Sch 218  W 99 | Quader mit teilweise zerstörtem Profil; Stoßfuge links bildet mit der Front einen halben Oktogonwinkel. | Sch 256  St 45 | Großes Kopfprofil wie Sch 208. |
| | | Sch 257  St 38 | B 45 |
| | | +Sch 258 | |
| Sch 219  St 13 | B 20 | +Sch 259 | |
| Sch 220  St 22 | Keilstein wie Sch 207 mit Bogenradius von ca. 90 cm. | Sch 260  St 44 | Unregelmäßiger Quader. |
| | | Sch 261  St 20 | G 19 |
| Sch 221 | Quader | Sch 262  W 220 | Quader mit niedrigem Profil und Steinbruchmarkierung L I AD C·VI. *Taf. 23,19.* |
| +Sch 222 | | | |
| *Sch 223  St 3 | Quader | | |
| +Sch 224 | | Sch 263  St 46 | C 43 |
| Sch 225  W 9 | A 10 | Sch 264  St 31 | D 11 |
| *Sch 226  St 28 | Quader | Sch 265  St 24 | D 5 |
| Sch 227  W 161 | E 5 | Sch 266  W 137 | Kämpferblock, Profil an zwei Seiten, Steinbruchmarkierung L I AD. *Taf. 23,16.* |
| +Sch 228 | | | |
| Sch 229  W 73 | D 6 | | |
| Sch 230  St 5 | Quader | Sch 267  W 58 | E 4 |
| Sch 231  St 32  W 22 | B 30 | +Sch 268 bis +Sch 299 | |
| Sch 232  St 35 | Quader | Sch 300 | Kleines Figuralkapitell |

# KONKORDANZ ZU DER MATERIAL-AUFNAHME VON STEIN

| Vorlagen | Katalog-Nummer/Bemerkung | Vorlagen | Katalog-Nummer/Bemerkung |
|---|---|---|---|
| St 1   Sch 104 | vgl. Sch 104. | St 6 | E 29 |
| St 2 | E 62 | St 7   *Sch 198 | E 53 |
| St 3   *Sch 223 | Quader | St 8 | E 63 |
| St 4 | Quader | St 9 | Quader mit dreieckigem Abschnitt. |
| St 5   Sch 230 | Quader | St 10 | E 64 |

| Vorlagen | | | Katalog-Nummer/Bemerkung | Vorlagen | | | Katalog-Nummer/Bemerkung |
|---|---|---|---|---|---|---|---|
| St 11 | Sch 234 | | vgl. Sch 234. | St 53 | Sch 208 | | vgl. Sch 208. |
| St 12 | Sch 207 | | vgl. Sch 207. | St 54 | | | F 4 |
| St 13 | Sch 219 | | B 20 | St 55 | | | F 5 |
| St 14 | *Sch 247 | | vgl. *Sch 247. | St 56 | | | Glatter Quader von Oktogonecke ohne Klammerbettungen; Außenseiten je 60 cm, Innenseiten je 35 cm, Nebenseiten je 60 cm lang. |
| St 15 | | | F 1 | | | | |
| St 16 | Sch 251 | | D 12 | | | | |
| St 17 | Sch 248 | | vgl. Sch 248. | | | | |
| St 18 | Sch 235 | | Unregelmäßiger Quader. | St 57 | | | E 34 |
| St 19 | Sch 250 | | C 40 | St 58 | Sch 46 | | D 16 |
| St 20 | Sch 261 | | G 19 | St 59 | Sch 45 | | D 8 |
| St 21 | Sch 192 | | vgl. Sch 192. | St 60 | Sch 241 | | C 49 |
| St 22 | Sch 220 | | vgl. Sch 220. | St 61 | | | E 55 |
| St 23 | Sch 70 | | vgl. Sch 70. | St 62 | Sch 195 | W 83 | C 50 |
| St 24 | Sch 265 | | D 5 | St 63 | Sch 197 | | C 17 |
| St 25 | | | F 12 | St 64 | | | C 75 |
| St 26 | Sch 211 | | Quader | St 65 | | | C 39 |
| St 27 | Sch 134 | | C 41 | St 66 | Sch 237 | W 15 | Quader |
| St 28 | *Sch 226 | | Quader | St 67 | Sch 236 | W 26 | Quader |
| St 29 | Sch 239 | | vgl. Sch 239. | St 68 | W 30 | | Säulenbasis auf 68 cm breiter Plinthe, Schaft-Dm. 45 cm. |
| St 30 | Sch 205 | | C 57 | | | | |
| St 31 | Sch 264 | | D 11 | St 69 | Sch 171 | | vgl. Sch 171. |
| St 32 | Sch 231 | W 22 | B 30 | St 70 | Sch 67 | | C 58 |
| St 33 | | | E 25 | St 71 | Sch 68 | | vgl. Sch 68. |
| St 34 | | | E 54 | St 72 | Sch 50 | W 20 | vgl. Sch 50. |
| St 35 | Sch 232 | | Quader | St 74 | | | Unregelmäßiger Quader mit Steinbruchmarkierung L I]AD/[C] $\overline{IX}$ Taf. 23,13. |
| St 36 | | | E 65 | | | | |
| St 37 | | | F 2 | | | | |
| St 38 | Sch 257 | | B 45 | St 75 | | | E 26 |
| St 39 | | | F 13 | St 76 | | | E 22 |
| St 40 | | | F 14 | St 77 | | | E 56 |
| St 41 | Sch 204 | | vgl. Sch 204. | St 78 | Sch 49 | | vgl. Sch 49. |
| St 42 | Sch 174 | | B 25 | St 79 | | | E 57 |
| St 43 | | | C 42 | St 80 | | | E 46 |
| St 44 | Sch 260 | | Unregelmäßiger Quader. | St 81 | Sch 58 | | C 67 |
| St 45 | Sch 256 | | vgl. Sch 256. | St 82 | Sch 62 | | C 68 |
| St 46 | Sch 263 | | C 43 | St 83 | Sch 66 | | vgl. Sch 66. |
| St 47 | | | F 3 | St 84 | | | E 66 |
| St 48 | Sch 184 | | B 10 | St 85 | Sch 59 | | vgl. Sch 59. |
| St 49 | *Sch 233 | | Flacher Quader. | St 86 | Sch 69 | | vgl. Sch 69. |
| St 50 | Sch 73 | | B 31 | St 87 | | | E 67 |
| St 51 | | | 35 cm hohes Figuralkapitell mit Büsten und Tieren. Dm. unten ca. 45 cm. | St 88 | Sch 60 | | Unregelmäßiger Quader. |
| | | | | St 89 | Sch 65 | | D 13 |
| St 52 | | | C 29 | | | | |

## KONKORDANZ ZU DER MATERIAL-AUFNAHME VON WORMUTH

| Vorlagen | | Katalog-Nummer/Bemerkung | Vorlagen | | Katalog-Nummer/Bemerkung |
|---|---|---|---|---|---|
| W 1 | | Architravblock vom Dativius-Victor-Bogen. | W 4 | Sch 151 | C 22 |
| | | | W 5 | *Sch 93 | E 47 |
| W 2 | | Architravblock vom Dativius-Victor-Bogen. | W 6 | | E 48 |
| | | | W 7 | Sch 142 | Quader |
| W 3 | | Reliefspolie: Pilaster mit Weinranken, Fläche mit Akanthos-Ranken. | W 8 | Sch 15 | B 22 = G 11 |
| | | | W 9 | Sch 225 | A 10 |

| Vorlagen | | | Katalog-Nummer/Bemerkung |
|---|---|---|---|
| W 10 | Sch 191 | | B 32 |
| W 11 | Sch 10 | | G 1 |
| W 12 | Sch 201 | | vgl. Sch 201. |
| W 13 | Sch 145 | | vgl. Sch 145. |
| W 14 | Sch 4 | | C 18 |
| W 15 | Sch 237 | St 66 | Quader |
| W 16 | | | Quader mit zwei Balkenlagern, das eine 25 cm tief. |
| W 17 | Sch 8 | | C 14 |
| W 18 | Sch 240 | | B 44 |
| W 19 | Sch 253 | | B 23 = G 2 |
| W 20 | Sch 50 | St 73 | vgl. Sch 50. |
| W 21 | Sch 94 | | vgl. Sch 94. |
| W 22 | Sch 231 | St 32 | B 30 |
| W 23 | Sch 246 | | C 26 |
| W 24 | | | Großes Kopfprofil wie Sch 208. |
| W 25 | Sch 105 | | B 1 |
| W 26 | Sch 236 | St 67 | Quader |
| W 27 | | | Großes Kopfprofil wie Sch 208. |
| W 28 | | | Quader mit zwei Balkenlagern. |
| W 29 | Sch 183 | | vgl. Sch 183. |
| W 30 | St 68 | | vgl. St 68. |
| W 31 | | | 25 cm hohe Platte, 89 × 115 cm groß, mit zentraler quadratischer Ausnehmung (35 × 35 × 11 cm). |
| W 31A | | | Kompositkapitell einer ¾-Säule an Wandquader, unterer Dm. ca. 27 cm, H. 34 cm. |
| W 32 | | | D 14 |
| W 33 | Sch 120 | | E 14 |
| W 34 | Sch 194 | | vgl. Sch 194. |
| W 35 | | | E 30 |
| W 36 | | | D 14 |
| W 37 | Sch 47 | | D 1 |
| W 38 | | | Reliefspolie: Rankenfeld, Gitterfeld, Legionärsfuß. |
| W 39 | | | Quader |
| W 40 | | | Profilblock, Hochschicht. |
| W 41 | | | G 20 |
| W 42 | | | Quader |
| W 43 | | | Quader mit Steinbruchmarkierung L I AD. *Taf. 23,15.* |
| W 44 | | | Quaderbruchstück |
| W 45 | | | Mauerkopf mit vorgelegtem, glattem Pilaster auf Platte. |
| W 46 | | | Quader mit dreieckigem Abschnitt. |
| W 47 | | | Reliefspolie: Pferdeführer. |
| W 48 | | | Quader |
| W 49 | Sch 127 | | C 2 |
| W 50 | Sch 28 | | C 51 |
| W 51 | *Sch 129 | | C 15 |
| W 52 | Sch 26 | | C 52 |
| W 53 | | | Stark beschädigter linker Bogenstein, möglicherweise gleichartig mit C 56–[66. |
| W 54 | Sch 213 | | E 1 |
| W 55 | | | F 18 |
| W 56 | | | F 15 |
| W 57 | Sch 53 | | C 59 |
| W 58 | Sch 267 | | E 4 |
| W 59 | | | E 58 |
| W 60 | | | E 49 |
| W 61 | | | E 35 |
| W 62 | Sch 76 | | B 4 |
| W 63 | *Sch 85 | | E 36 |
| W 64 | Sch 155 | | G 21 |
| W 65 | | | E 31 |
| W 66 | Sch 119 | | vgl. Sch 119. |
| W 67 | | | Quader |
| W 68 | Sch 148 | | vgl. Sch 148. |
| W 69 | Sch 162 | | C 3 |
| W 70 | Sch 77 | | C 69 |
| W 71 | Sch 83 | | A 8 |
| W 72 | Sch 1 | | C 60 |
| W 73 | Sch 229 | | D 6 |
| W 74 | Sch 5 | | C 19 |
| W 75 | | | Quader mit vertikal durchlaufender Ausnehmung von 23 × 23 cm Größe. |
| W 76 | Sch 7 | | C 10 |
| W 77 | Sch 244 | | C 1 |
| W 78 | Sch 95 | | G 3 |
| W 79 | | | Bruchstück eines vermutlich rechten Keilsteins wie E 53–61. |
| W 80 | | | E 68 |
| W 81 | Sch 150 | | vgl. Sch 150. |
| W 82 | Sch 3 | | C 20 |
| W 83 | Sch 195 | St 62 | C 50 |
| W 84 | | | Reliefspolie: Rankenfeld, Legionär, Fortsetzung der Darstellung von W 38. |
| W 85 | | | E 15 |
| W 86 | Sch 106 | | B 3 |
| W 87 | *Sch 202 | | B 33 |
| W 88 | Sch 107 | | vgl. Sch 107. |
| W 89 | | | 120 cm breite Platte wie W 31, jedoch ohne Ausnehmung. |
| W 90 | | | Kämpferblock, Profil an zwei Seiten, an dritter Seite Mauerhaken. |
| W 91 | | | F 16 |
| W 92 | Sch 32 | | C 27 |
| W 93 | | | E 23 |
| W 94 | | | E 50 |
| W 95 | | | E 37 |
| W 96 | | | Bogenstein, geschnitten wie E 22, *Taf. 18,* jedoch mit abweichender Bogenrahmung und hybrider Reliefblume zwischen den Bögen. |
| W 96A | | | Gleichartige Blumenteile auf der einen Seite eines rechtwinkligen Eckquaders, rechts gebrochen, so daß offen bleibt, ob ein Bogen folgte. Von Wormuth als Eckstück der Ordnung der Paneel-Pfeiler angesehen. |

| Vorlagen | Katalog-Nummer/Bemerkung | Vorlagen | Katalog-Nummer/Bemerkung |
|---|---|---|---|
| W 97   Sch 249 | D 2 | W 144  Sch 212 | B 43 |
| W 98 | F 17 | W 145 | Reliefspolie: Gitter und Füße wie W 38. |
| W 99   Sch 218 | vgl. Sch 218. | | |
| W 100  Sch 215 | vgl. Sch 215. | W 146  Sch 189 | vgl. Sch 189. |
| W 101 | E 38 | W 147  Sch 179 | B 37 |
| W 102 | E 39 | W 148  Sch 210 | B 18 |
| W 103 | F 19 | +W 149 | |
| W 104  Sch 125 | B 6 | +W 150 | |
| W 105  Sch 159 | B 34 | W 151  Sch 156 | vgl. Sch 156. |
| W 106  Sch 57 | vgl. Sch 57. | W 152  Sch 12 | B 23 = G 4 |
| W 107  *Sch 92 | E 40 | W 153  Sch 25 | Quader |
| W 108  Sch 19 | vgl. Sch 19. | W 154  Sch 144 | vgl. Sch 144. |
| W 109  Sch 2 | C 74 | W 155 | Aufsatz auf ca. 55 cm breite Mauer, auf beiden Seiten mit 30 cm hohem S-förmigem Profil und 35 cm hoher Platte, oben 110 cm breit. |
| W 110 | L-förmiger Eckquader ohne Klammerbettungen. | | |
| W 111 | 142 cm breiter Quader ohne Klammerbettungen. | | |
| W 112 | Großes Kopfprofil wie Sch 208, jedoch plastisch ausgearbeitet in stehendes lesbisches Kyma oben, Eierstab und hängendes lesbisches Kyma unten. | W 156 | E 24 |
| | | W 157 | E 16 |
| | | W 158 | E 11 |
| | | W 159  Sch 100 | E 8 |
| | | W 160 | B 15 |
| | | W 161  Sch 227 | E 5 |
| W 113  Sch 153 | G 12 | W 162  Sch 30 | C 37 |
| W 114  Sch 55 | vgl. Sch 55. | W 163  Sch 71 | B 8 |
| W 115 | E 18 | W 164  Sch 132 | C 4 |
| W 116 | G 22 | W 165  Sch 131 | C 11 |
| W 117 | Großes Kopfprofil wie Sch 49 an 120 cm tiefer Platte. | W 166  Sch 122 | C 5 |
| | | W 167  Sch 123 | C 6 |
| W 118 | B 14 | W 168  Sch 139 | C 12 |
| W 119 | Quader mit zerstörtem Profil. | W 169  Sch 135 | C 7 |
| W 120  Sch 167 | G 17 | W 170  Sch 79 | C 13 |
| W 121 | C 44 | W 171 | E 17 |
| W 122 | Quader | W 172  Sch 140 | E 7 |
| W 123  *Sch 13 | B 35 | W 173  Sch 56 | E 12 |
| W 124 | Großes Kopfprofil wie Sch 49 an rechtwinkliger Ecke. | W 174  Sch 196 | F 7 |
| | | W 175  Sch 190 | Quader |
| W 125  Sch 154 | E 10 | W 176  Sch 161 | Quader |
| W 126  Sch 128 | B 11 | W 177  Sch 130 | Quader |
| W 127  Sch 166 | A 9 | W 178  Sch 138 | vgl. Sch 138. |
| W 128  Sch 206 | C 61 | W 179  Sch 182 | vgl. Sch 182. |
| W 129  Sch 254 | B 17 | W 180  Sch 84 | C 16 |
| W 130  Sch 31 | C 36 | W 180A Sch 38 | C 70 |
| W 131  Sch 158 | C 34 | +W 181 | |
| W 132  Sch 22 | A 4 | W 182  Sch 80 | C 71 |
| W 133  Sch 141 | G 13 | W 183  Sch 39 | C 62 |
| W 134  Sch 24 | A 1 | W 184  Sch 54 | C 63 |
| W 135  Sch 20 | vgl. Sch 20. | W 185  Sch 165 | C 72 |
| W 135A Sch 21 | vgl. Sch 21. | W 186  Sch 51 | C 64 |
| W 136  Sch 97 | vgl. Sch 97. | W 187  Sch 52 | C 65 |
| W 137  Sch 266 | vgl. Sch 266. | W 188  Sch 124 | C 24 |
| W 138  Sch 90 | vgl. Sch 90. | W 189 | Quader mit Steinbruchmarkierung L E G XXII. *Taf. 23,22.* |
| W 139 | F 6 | | |
| W 140  Sch 37 | vgl. Sch 37. | W 190  Sch 11 | G 5 |
| W 141  Sch 177 | vgl. Sch 177. | W 191  Sch 17 | G 14 |
| W 142  Sch 178 | B 36 | W 191A Sch 81 | A 5 |
| W 143  Sch 168 | C 35 | +W 192 | |

| Vorlagen | | Katalog-Nummer/Bemerkung | Vorlagen | | Katalog-Nummer/Bemerkung |
|---|---|---|---|---|---|
| W 193 | Sch 16 | G 6 | W 210 | | E 51 |
| W 194 | Sch 14 | G 15 | W 211 | Sch 175 | vgl. Sch 175. |
| W 195 | Sch 170 | B 9 | W 212 | Sch 173 | D 15 |
| W 196 | Sch 48 | C 53 | W 213 | Sch 82 | B 39 |
| W 197 | Sch 101 | C 54 | W 214 | Sch 242 | vgl. Sch 242. |
| W 198 | Sch 29 | C 55 | W 215 | Sch 252 | D 7 |
| W 199 | Sch 75 | C 30 | W 216 | | D 9 |
| W 200 | Sch 27 | C 45 | W 217 | | D 10 |
| W 201 | Sch 72 | C 31 | W 218 | | E 28 |
| W 202 | Sch 147 | C 56 | W 219 | | E 42 |
| W 203 | Sch 200 | B 42 | W 220 | Sch 262 | vgl. Sch 262. |
| W 204 | | Kämpferblock eines 87 cm breiten, 70 cm tiefen Pfeilers, Profil vollständig zerstört, einst auf drei Seiten beschränkt. Ohne vorgelegten Pilaster. | W 221 | Sch 209 | C 38 |
| | | | W 221A | | D 17 |
| | | | W 222 | | E 43 |
| | | | W 223 | | E 59 |
| W 205 | Sch 180 | Quader mit zerstörtem Profil; im Oberlager ganz rechts ein Paar Dübellöcher mit gemeinsamem Gußkanal wie G 17–18. | W 224 | Sch 193 | vgl. Sch 193. |
| | | | W 225 | | B 16 |
| | | | W 226 | | B 7 |
| | | | W 227 | Sch 74 | B 5 |
| W 206 | Sch 216 | B 38 | W 227A | Sch 126 | vgl. Sch 126. |
| W 207 | | E 27 | W 228 | Sch 18 | Quader in *Abb. 10*. |
| W 208 | | E 32 | W 229 | Sch 172 | B 19 |
| W 209 | | E 41 | | | |

## KONKORDANZ ZU DER MATERIAL-AUFNAHME VON BÜSING

| Vorlagen | Katalog-Nummer/Bemerkung | Vorlagen | Katalog-Nummer/Bemerkung |
|---|---|---|---|
| Bü 1 | Quader | Bü 25 | C 8 |
| Bü 2 | C 23 | Bü 26 | Quaderbruchstück |
| Bü 3 | Quader mit 24 cm tiefem Balkenlager. | Bü 27 | Kämpferblock, Profil an zwei Seiten; mit Punkten flüchtig auf Ansichtseite eingehauen. P A. *Taf. 23,24*. |
| Bü 4 | C 25 | | |
| Bü 5 | C 46 | | |
| Bü 6 | G 18 | Bü 28 | Platte wie W 31, 123 × 97 cm groß. |
| Bü 7 | G 7 | Bü 29 | G 8 |
| Bü 8 | Quader mit zerstörtem Profil. | Bü 30 | C 9 |
| Bü 9 | C 32 | Bü 31 | C 21 |
| Bü 10 | C 66 | Bü 32 | Quader |
| Bü 11 | A 2 | Bü 33 | Quader |
| Bü 12 | C 28 | Bü 34 | Quader mit Kanal im Unterlager wie B 1, *Taf. 2* und Steinbruchmarkierung XIIII. *Taf. 23,21*. |
| Bü 13 | C 73 | | |
| +Bü 14 bis +Bü 18 | | | |
| Bü 19 | B 2 | Bü 35 | Quader mit Kanal im Unterlager, vgl. Bü 34. |
| Bü 20 | A 3 | | |
| Bü 21 | C 33 | Bü 36 | Quader; auf Anathyrosestreifen rechts Rest der Steinbruchmarkierung L I] AD *Taf. 23,23*. |
| Bü 22 | D 18 | | |
| Bü 23 | Auf Gehrung geschnittener Block eines monumentalen (Tür ?-)Rahmens mit folgenden plastischen Profilen: Blattwelle außen (Rhythmus 17,5 cm), Pfeifen, Astragal, Ranke innen (Rhythmus 35,5 cm). B. 80 cm, H. 37 cm. | | |
| | | Bü 37 | Großer Zwei-Faszien-Architrav mit zurückgesetztem Friesansatz. |
| | | Bü 38 | E 13 |
| | | Bü 39 | E 2 |
| | | Bü 40 | Altärchen; vgl. Mainzer Zeitschr. 69, 1974, Taf. 46,17. |
| Bü 24 | Kämpferblock, Profil an zwei Seiten. | Bü 41 | Quader |

| Vorlagen | Katalog-Nummer/Bemerkung | Vorlagen | Katalog-Nummer/Bemerkung |
|---|---|---|---|
| Bü 42 | Quader | Bü 82 bis Bü 89 | Quader |
| Bü 43 | Quader | Bü 90 | Quader mit zerstörtem Profil, Hochschicht. |
| Bü 44 | Quader | | |
| Bü 45 | Quader | Bü 91 | Bauinschrift der Legio XIV, vgl. Mainzer Zeitschr. 69, 1974, Taf. 47,23. |
| Bü 46 | Quader | | |
| Bü 47 | Quader | | |
| Bü 48 | Unregelmäßiger Quader. | Bü 92 | E 60 |
| Bü 49 | Quader | Bü 93 | Quader |
| Bü 50 | Quaderbruchstück | Bü 94 | Quader |
| Bü 51 | Quader | Bü 95 | Quader |
| Bü 52 | Quader | Bü 96 | Kompositkapitell mit Pfeifen, vgl. Mainzer Zeitschr. 69, 1974, Taf. 46,14. |
| Bü 53 | Quader | | |
| Bü 54 | Quader | Bü 97 = | Bü 107 |
| Bü 55 | Quader | Bü 98 = | Bü 81 |
| Bü 56 | Quader | Bü 99 = | Bü 109 |
| Bü 57 | Quader | Bü 100 = | Bü 110 |
| Bü 57A | Quader | Bü 101 = | Bü 111 |
| Bü 58 | G 16 | +Bü 102 bis +Bü 106 | |
| Bü 59 = | Bü 37 | Bü 107 | E 44 |
| Bü 60 | Quader | Bü 108 = | Bü 81 |
| Bü 61 | Quaderbruchstück | Bü 109 | Großer Zwei-Faszien-Architrav wie Bü 37 |
| +Bü 62 | | | |
| Bü 63 | Quader | Bü 110 | Unregelmäßiger Quader |
| Bü 64 | E 52 | Bü 111 | Quader mit dreieckigem Abschnitt und Balkenlager. |
| Bü 65 | E 33 | | |
| Bü 66 | Quader | Bü 112 | B 40 |
| Bü 67 | Kämpfer, Profil an zwei Seiten. | Bü 113 | E 9 |
| Bü 68 | Sechseckige Kassette mit Blüte. | Bü 114 | E 3 |
| Bü 69 | Bogenstein mit Reliefresten. | Bü 115 | E 6 |
| Bü 70 | D 3 | Bü 116 | E 45 |
| Bü 71 | D 4 | Bü 117 | E 61 |
| Bü 72 | Quader mit Balkenlager. | Bü 118 | F 8 |
| Bü 73 | C 47 | Bü 119 | F 9 |
| Bü 74 | G 9 | Bü 120 | F 10 |
| Bü 75 | C 48 | Bü 121 | F 11 |
| Bü 76 | Quader | Bü 122 | F 20 |
| Bü 77 | Quader | Bü 123 | F 21 |
| Bü 78 | Quader | Bü 124 | F 22 |
| Bü 79 | Quader | Bü 125 | F 23 |
| Bü 80 | Quader | Bü 126 | E 19 |
| Bü 81 | Großer Zwei-Faszien-Architrav wie Bü 37. | Bü 127 | E 20 |
| | | Bü 128 | E 21 |

## INDEX DER KATALOGISIERTEN STEINE

| Katalog-Nummer | Massgebliche Steinaufnahme | Erwähnt Seite | Hier abgebildet | Katalog-Nummer | Massgebliche Steinaufnahme | Erwähnt Seite | Hier abgebildet |
|---|---|---|---|---|---|---|---|
| A 1 | W 134 | 65 | Taf. 1; 25,1 | A 6 | Sch 44 | 6. 22. 65f. | Taf. 23,1 |
| A 2 | Bü 11 | 5f. 7. 65 | Taf. 1; 25,2 | A 7 | Sch 61 | 66 | |
| A 3 | Bü 20 | 5f. 7. 65f. | Taf. 1; 25,3.4; 33,5 | A 8 | W 71 | 66 | Taf. 1; 25,5 |
| A 4 | W 132 | 65 | | A 9 | W 127 | 66 | |
| A 5 | W 191A | 65 | Taf. 1; 25,6 | A 10 | W 9 | 66 | |

| Katalog-Nummer | Massgebliche Steinaufnahme | Erwähnt Seite | Hier abgebildet |
|---|---|---|---|
| B 1 | W 25 | 6f. 9. 66. 68 | Taf. 2 |
| B 2 | Bü 19 | 6f. 9. 22. 66 | Taf. 23,2; 26,1 |
| B 3 | W 86 | 6f. 9. 66 | Taf. 2 |
| B 4 | W 62 | 6f. 9. 66 | Taf. 2 |
| B 5 | W 227 | 6f. 9. 66. 68 | Taf. 2 |
| B 6 | W 104 | 6f. 9. 66 | Taf. 2 |
| B 7 | W 226 | 6f. 9. 13. 66 | Taf. 3; 26,2 |
| B 8 | W 163 | 6f. 9. 58. 66 | Taf. 3; 26,3.5 |
| B 9 | W 195 | 6f. 9. 58. 66 | Taf. 3; 26,4.6 |
| B 10 | St 48 | 6. 8. 66f. | Taf. 3 |
| B 11 | W 126 | 6. 8. 67 | Taf. 3 |
| B 12 | Sch 133 | 6. 8f. 18. 24. 38. 67 | Taf. 3 |
| B 13 | Sch 157 | 6. 67 | |
| B 14 | W 118 | 6f. 67 | Taf. 3 |
| B 15 | W 160 | 6f. 67 | Taf. 4 |
| B 16 | W 225 | 6f. 67 | Taf. 4 |
| B 17 | W 129 | 6. 8. 67 | Taf. 4 |
| B 18 | W 148 | 7. 34. 37. 67 | Taf. 4 |
| B 19 | W 229 | 7. 34. 37. 67f. | Taf. 4 |
| B 20 | St 13 | 7. 9. 22. 34. 37. 67 | Taf. 4; 23,3 |
| B 21 | Sch 40 | 7. 9. 22. 34. 37. 67 | |
| B 22 = G 11 | W 8 | 7. 33ff. 67. 83 | Taf. 4 |
| B 23 = G 2 | W 19 | 7. 33. 35. 67. 71. 74. 82 | Taf. 5 |
| B 24 = G 4 | W 152 | 7. 33. 35. 68. 82 | Taf. 5; 40,1 |
| B 25 | St 42 | 8. 68 | |
| B 26 | Sch 163 | 68 | |
| B 27 | Sch 186 | 68 | |
| B 28 | Sch 188 | 68 | |
| B 29 | Sch 243 | 68 | |
| B 30 | St 32 | 7. 66. 68 | |
| B 31 | St 50 | 68 | |
| B 32 | W 10 | 68 | |
| B 33 | W 87 | 68 | |
| B 34 | W 105 | 68 | |
| B 35 | W 123 | 68 | |
| B 36 | W 142 | 68 | |
| B 37 | W 147 | 9. 68 | |
| B 38 | W 206 | 68 | |
| B 39 | W 213 | 68 | |
| B 40 | Bü 112 | 68 | |
| B 41 | Sch 146 | 68 | |
| B 42 | W 203 | 8. 68 | |
| B 43 | W 144 | 68 | |
| B 44 | W 18 | 68 | |
| B 45 | St 38 | 68 | |
| C 1 | W 77 | 10ff. 18. 39. 68 | Taf. 5 |
| C 2 | W 49 | 10. 12. 18. 20. 68 | Taf. 5 |
| C 3 | W 69 | 10. 12. 18. 20. 68 | Taf. 5 |
| C 4 | W 164 | 10. 12. 18. 20. 69 | Taf. 5 |
| C 5 | W 166 | 10. 12. 18. 20. 69 | Taf. 5; 27,1 |
| C 6 | W 167 | 10. 12. 18. 20. 39. 69 | Taf. 5; 27,2 |
| C 7 | W 169 | 10. 12. 18. 20. 69 | Taf. 5 |
| C 8 | Bü 25 | 10. 12. 18. 20. 69 | Taf. 6 |
| C 9 | Bü 30 | 10. 12. 18. 20. 69 | Taf. 6 |
| C 10 | W 76 | 10. 12. 18f. 69 | Taf. 6 |
| C 11 | W 165 | 10. 12. 18. 20. 69 | Taf. 6; 27,3 |
| C 12 | W 168 | 10. 12. 18. 20ff. 69 | Taf. 6; 27,4 |
| C 13 | W 170 | 10. 12. 18. 20. 22f. 69 | Taf. 6 |
| C 14 | W 17 | 10. 13ff. 17f. 20ff. 69 | Taf. 6; 27,5 |
| C 15 | W 51 | 10. 13ff. 20. 69 | Taf. 7 |
| C 16 | W 180 | 10. 13ff. 20. 23. 69 | Taf. 7 |
| C 17 | St 63 | 10. 12. 15. 18f. 22. 34. 69f. 72 | Taf. 7 |
| C 18 | W 14 | 10. 12. 15. 34. 70 | Taf. 7 |
| C 19 | W 74 | 10. 12. 15. 19. 34. 70 | Taf. 8; 27,6 |
| C 20 | W 82 | 10. 12. 15. 20ff. 34. 70 | Taf. 8 |
| C 21 | Bü 31 | 10. 12. 15. 22. 34. 70 | Taf. 28,1 |
| C 22 | W 4 | 6. 10. 12. 18. 39. 70 | Taf. 8 |
| C 23 | Bü 2 | 6. 10. 12. 18. 39. 70 | Taf. 8 |
| C 24 | W 188 | 10. 12. 14ff. 18. 21ff. 39. 70. 73f. | Taf. 8; 28,2 |
| C 25 | Bü 4 | 10. 12. 14f. 18. 39. 70. 73f. | |
| C 26 | W 23 | 10. 12. 14. 18. 39. 70. 74 | |
| C 27 | W 92 | 10. 12. 14ff. 18. 21. 23. 39. 70f. 74 | Taf. 9 |
| C 28 | Bü 12 | 10. 12. 14. 18. 39. 71. 74 | Taf. 9 |
| C 29 | St 52 | 10. 12. 15f. 21. 34. 39. 71 | Taf. 9; 28,3 |
| C 30 | W 199 | 10. 12. 15. 34. 39. 71 | Taf. 9; 28,4 |
| C 31 | W 201 | 10. 12. 15. 22. 34. 39. 71 | Taf. 9; 28,5 |
| C 32 | Bü 9 | 10. 12. 15. 34. 39. 71 | Taf. 9; 28,6 |
| C 33 | Bü 21 | 10. 12. 15. 22. 34. 39. 71 | Taf. 9 |
| C 34 | W 131 | 10. 12f. 71 | Taf. 10; 29,1 |
| C 35 | W 143 | 10. 12f. 71 | Taf. 10 |
| C 36 | W 130 | 10. 12f. 71 | Taf. 10 |
| C 37 | W 162 | 10. 12f. 71 | Taf. 10; 29,2 |
| C 38 | W 221 | 10. 12f. 15. 71 | Taf. 10; 29,3.4 |
| C 39 | St 65 | 10. 72 | Taf. 10 |
| C 40 | St 19 | 14ff. 20. 22. 34. 72 | Taf. 11; 30,1 |
| C 41 | St 27 | 14f. 22. 34. 72 | Taf. 11 |
| C 42 | St 43 | 14f. 34. 72 | |
| C 43 | St 46 | 14ff. 21f. 34. 72 | Taf. 11; 30,2 |
| C 44 | W 121 | 14f. 34. 72 | |
| C 45 | W 200 | 14f. 18f. 22. 34. 72 | Taf. 11; 30,3 |
| C 46 | Bü 5 | 14f. 22. 34. 72 | |
| C 47 | Bü 73 | 14f. 22. 34. 72 | |
| C 48 | Bü 75 | 14f. 34. 72f. | |
| C 49 | St 60 | 15. 18ff. 34. 73 | Taf. 11 |
| C 50 | St 62 | 15. 20. 22. 34. 73 | |
| C 51 | W 50 | 15. 20. 22. 34. 73 | Taf. 11; 23,4 |
| C 52 | W 52 | 15. 20. 22. 34. 73 | Taf. 11 |
| C 53 | W 196 | 15. 20. 34. 73 | Taf. 11; 30,4 |
| C 54 | W 197 | 13. 15. 22. 34. 73 | Taf. 12; 23,5 |
| C 55 | W 198 | 15. 20. 22. 34. 73 | Taf. 12; 23,6 |
| C 56 | W 202 | 15. 22. 34. 73 | |
| C 57 | St 30 | 14f. 20. 73 | |
| C 58 | St 70 | 14. 20. 73 | |
| C 59 | W 57 | 14. 20. 22. 73 | |
| C 60 | W 72 | 14f. 20. 73 | |
| C 61 | W 128 | 14f. 20. 73 | Taf. 30,5 |

# INDEX KATALOGISIERTER STEINE

| KATALOG-NUMMER | MASSGEBLICHE STEIN-AUFNAHME | ERWÄHNT SEITE | HIER ABGEBILDET | KATALOG-NUMMER | MASSGEBLICHE STEIN-AUFNAHME | ERWÄHNT SEITE | HIER ABGEBILDET |
|---|---|---|---|---|---|---|---|
| C 62 | W 183 | 14. 18. 20f. 73 | Taf. 12 | E 26 | St 75 | 27. 78f. | |
| C 63 | W 184 | 14f. 18. 20. 73f. | Taf. 12 | E 27 | W 207 | 27. 78f. | Taf. 18; 36,3 |
| C 64 | W 186 | 14ff. 20f. 22f. 74 | | E 28 | W 218 | 27. 78f. | Taf. 18 |
| C 65 | W 187 | 14f. 20. 74 | | E 29 | St 6 | 27. 78f. | Taf. 18 |
| C 66 | Bü 10 | 14f. 20. 74 | | E 30 | W 35 | 27. 29. 78f. | Taf. 18; 36,4 |
| C 67 | St 81 | 14. 20. 74 | Taf. 12 | E 31 | W 65 | 27. 79 | Taf. 18 |
| C 68 | St 82 | 14. 20. 74 | | E 32 | W 208 | 27. 79 | Taf. 18 |
| C 69 | W 70 | 14. 20. 74 | | E 33 | Bü 65 | 27. 79 | |
| C 70 | W 180A | 14. 20. 74 | | E 34 | St 57 | 27. 79f. | Taf. 18 |
| C 71 | W 182 | 14. 20. 74 | | E 35 | W 61 | 27. 79 | |
| C 72 | W 185 | 13f. 16ff. 20ff. 74 | Taf. 12 | E 36 | W 63 | 27f. 79 | Taf. 18 |
| C 73 | Bü 13 | 14f. 22. 74 | | E 37 | W 95 | 27. 79 | |
| C 74 | W 109 | 10. 14f. 23. 74 | Taf. 12; 30,6 | E 38 | W 101 | 27. 79 | |
| C 75 | St 64 | 14f. 75 | Taf. 12 | E 39 | W 102 | 27. 79 | |
| | | | | E 40 | W 107 | 27. 79 | |
| D 1 | W 37 | 11. 23f. 74f. | Taf. 13 | E 41 | W 209 | 27. 79 | |
| D 2 | W 97 | 23. 75 | Taf. 13; 31,1 | E 42 | W 219 | 27. 79 | Taf. 36,5 |
| D 3 | Bü 70 | 11. 23f. 75 | Taf. 13; 31,2.3 | E 43 | W 222 | 27. 79 | |
| D 4 | Bü 71 | 11. 23. 75 | Taf. 13 | E 44 | Bü 107 | 27. 79 | |
| D 5 | St 24 | 23f. 75 | Taf. 13; 31,1 | E 45 | Bü 116 | 27. 79f. | |
| D 6 | W 73 | 23. 75 | Taf. 13; 31,4 | E 46 | St 80 | 27. 79 | |
| D 7 | W 215 | 23. 75 | Taf. 13; 31,5 | E 47 | W 5 | 27. 79 | Taf. 18 |
| D 8 | St 59 | 23. 37. 75f. | Taf. 13; 32,1–3 | E 48 | W 6 | 27. 79 | |
| D 9 | W 216 | 23f. 75f. | Taf. 13; 32,4 | E 49 | W 60 | 27. 79 | Taf. 36,6 |
| D 10 | W 217 | 23f. 75f. | Taf. 13; 32,5.6 | E 50 | W 94 | 27. 79 | |
| D 11 | St 31 | 23f. 38f. 75f. | Taf. 14 | E 51 | W 210 | 27f. 79 | Taf. 18 |
| D 12 | St 16 | 23ff. 35. 37. 47. 76 | Taf. 14 | E 52 | Bü 64 | 27. 79 | |
| D 13 | St 89 | 23f. 35. 37. 47. 76 | | E 53 | St 7 | 28. 80 | Taf. 36,7 |
| D 14 | W 32+W 36 | 23f. 76 | Taf. 14 | E 54 | St 34 | 28. 80 | |
| D 15 | W 212 | 23f. 76 | Taf. 14 | E 55 | St 61 | 28. 80 | |
| D 16 | St 58 | 23f. 38f. 76 | Taf. 14; 33,1–3 | E 56 | St 77 | 28. 80 | |
| D 17 | W 221A | 23ff. 35. 37. 47. 76 | Taf. 14; 33,4 | E 57 | St 79 | 28. 80 | Taf. 18 |
| D 18 | Bü 22 | 23ff. 35. 37. 47. 76 | Taf. 14; 33,5.6 | E 58 | W 59 | 28. 80 | |
| | | | | E 59 | W 223 | 28. 80 | Taf. 18 |
| E 1 | W 54 | 26. 76 | Taf. 15 | E 60 | Bü 92 | 28. 80 | |
| E 2 | Bü 39 | 26. 76f. | Taf. 15 | E 61 | Bü 117 | 28. 80 | |
| E 3 | Bü 114 | 26. 77 | Taf. 15 | E 62 | St 2 | 28. 80 | Taf. 19 |
| E 4 | W 58 | 26. 77 | Taf. 15 | E 63 | St 8 | 28. 80 | Taf. 19 |
| E 5 | W 161 | 26. 77 | Taf. 15; 34,1 | E 64 | St 10 | 28. 80 | |
| E 6 | Bü 115 | 26. 77 | | E 65 | St 36 | 28. 80 | |
| E 7 | W 172 | 26. 77 | Taf. 15 | E 66 | St 84 | 28. 80 | |
| E 8 | W 159 | 26. 77 | Taf. 15 | E 67 | St 87 | 28. 80 | |
| E 9 | Bü 113 | 26. 77 | | E 68 | W 80 | 28. 80 | Taf. 36,2 |
| E 10 | W 125 | 26. 77 | Taf. 15; 34,2 | | | | |
| E 11 | W 158 | 26. 77 | Taf. 15 | F 1 | St 15 | 30f. 80 | Taf. 19 |
| E 12 | W 173 | 26. 28. 77 | Taf. 15; 34,3 | F 2 | St 37 | 30. 80f. | Taf. 19; 37,1.2 |
| E 13 | Bü 38 | 26f. 77 | Taf. 16 | F 3 | St 47 | 30ff. 80f. | Taf. 19 |
| E 14 | W 33 | 26. 77 | Taf. 16 | F 4 | St 54 | 30. 32. 81 | Taf. 19 |
| E 15 | W 85 | 26. 77 | Taf. 16 | F 5 | St 55 | 30f. 81 | Taf. 19; 37,1 |
| E 16 | W 157 | 26. 77 | Taf. 16 | F 6 | W 139 | 30ff. 81 | Taf. 19; 37,1.3 |
| E 17 | W 171 | 26. 77f. | Taf. 16 | F 7 | W 174 | 30ff. 81 | Taf. 19 |
| E 18 | W 115 | 26. 78 | Taf. 16; 34,4 | F 8 | Bü 118 | 3. 30ff. 81 | Taf. 20; 38,1 |
| E 19 | Bü 126 | 3. 26f. 78 | Taf. 17; 35,3.4 | F 9 | Bü 119 | 3. 30ff. 81 | Taf. 20; 38,2 |
| E 20 | Bü 127 | 3. 26f. 30. 78 | Taf. 17; 34,5; 35,1.2 | F 10 | Bü 120 | 30f. 81. 85 | Taf. 20; 38,3 |
| E 21 | Bü 128 | 3. 26f. 78 | Taf. 17; 34,6 | F 11 | Bü 121 | 30f. 81. 85 | Taf. 20; 38,4 |
| E 22 | St 76 | 27f. 78f. | Taf. 18 | F 12 | St 25 | 31f. 81 | Taf. 20; 37,1 |
| E 23 | W 93 | 27f. 78f. | Taf. 18 | F 13 | St 39 | 31. 81 | Taf. 20; 37,1 |
| E 24 | W 156 | 27f. 78f. | Taf. 18; 36,1 | F 14 | St 40 | 31. 81 | Taf. 20; 37,1 |
| E 25 | St 33 | 27. 29. 78f. | Taf. 18 | F 15 | W 56 | 31. 81 | Taf. 20 |

| Katalog-Nummer | Massgebliche Steinaufnahme | Erwähnt Seite | Hier abgebildet |
|---|---|---|---|
| F 16 | W 91 | 31. 81 | Taf. 20 |
| F 17 | W 98 | 31f. 81 | Taf. 20 |
| F 18 | W 55 | 3. 31. 81f. | Taf. 20; 39,1 |
| F 19 | W 103 | 3. 31. 82 | Taf. 21; 39,2 |
| F 20 | Bü 122 | 3. 31. 82 | Taf. 21; 39,3 |
| F 21 | Bü 123 | 3. 31. 82 | Taf. 21; 39,4 |
| F 22 | Bü 124 | 3. 31f. 82 | Taf. 21; 39,5 |
| F 23 | Bü 125 | 3. 31. 82 | Taf. 21; 39,6 |
| G 1 | W 11 | 7. 15. 32f. 82 | Taf. 21 |
| G 2 = B 23 | W 19 | 7. 15. 32f. 35. 67. 82 | Taf. 5 |
| G 3 | W 78 | 7. 15. 32f. 82 | Taf. 21 |
| G 4 = B 24 | W 152 | 7. 15. 32f. 35. 82 | Taf. 5; 40,1 |
| G 5 | W 190 | 7. 15. 32f. 82 | Taf. 21; 40,2 |
| G 6 | W 193 | 7. 15. 32f. 82 | |
| G 7 | Bü 7 | 7. 15. 22. 32f. 82 | Taf. 23,7 |
| G 8 | Bü 29 | 7. 15. 32f. 82 | |
| G 9 | Bü 74 | 7. 15. 32f. 82f. | |
| G 10 | Sch 41 | 7. 15. 22. 32ff. 83 | Taf. 23,8 |
| G 11 = B 22 | W 8 | 7. 15. 32ff. 67. 83 | Taf. 4 |
| G 12 | W 113 | 7. 15. 32ff. 83 | |
| G 13 | W 133 | 7. 15. 32ff. 37. 83 | Taf. 21; 40,3.4 |
| G 14 | W 191 | 7. 15. 32ff. 83 | |
| G 15 | W 194 | 7. 15. 32ff. 83 | Taf. 21 |
| G 16 | Bü 58 | 7. 15. 32ff. 83 | |
| G 17 | W 120 | 15. 22. 32. 34. 83f. | Taf. 22; 23,9; 40,5 |
| G 18 | Bü 6 | 15. 32. 34. 83f. | Taf. 22; 40,6 |
| G 19 | St 20 | 23. 32. 35. 84 | Taf. 22 |
| G 20 | W 41 | 23. 32. 35. 84 | Taf. 22 |
| G 21 | W 64 | 23. 32. 35. 37. 84 | Taf. 22; 24,5 |
| G 22 | W 116 | 23. 32. 35. 84 | Taf. 22; 40,7 |
| G 23 | – | 23. 32. 35. 84 | Taf. 40,8 |

## LISTE DER INSCHRIFTEN AUF STEINBLÖCKEN (vgl. Anm. 32)

| Taf. 23 | Kat. Nr. | Stein | Fläche | Lesung | Auflösung | |
|---|---|---|---|---|---|---|
| 1 | A 6 | Profilblock<br>CIL XIII 6848 d, jedoch V statt A | Rückseite | L·I AD | Legio I Adiutrix | |
| 2 | B 2 | Eckpilaster, Fußblock | Rückseite | L I A]D C II | Legio I A]diutrix | Centuria II |
| 3 | B 20 | Architravblock<br>CIL XIII 11838, c | Rückseite | L I AD | Legio I Adiutrix | |
| – | B 21 | Eck-Architravblock | ? | (L I AD) | Legio I Adiutrix | |
| 4 | C 51 | Architravblock | Rückseite | L I] AD · C[ | Legio I Adiutrix | Centuria[.. |
| 5 | C 54 | Architravblock | Rückseite | L I AD | Legio I Adiutrix | |
| 6 | C 55 | Architravblock | Rückseite | L I AD | Legio I Adiutrix | |
| 7 | G 7 | Zahnschnittgesims | Rückseite | L I AD | Legio I Adiutrix | |
| 8 | G 10 | Konsolengesims | Rückseite | L I AD C | Legio I Adiutrix | |
| 9 | G 17 | Konsolengesims | Rückseite | L I AD | Legio I Adiutrix | |
| 10 | Sch 42 | Quader mit Balkenlager<br>CIL XIII 6847, dort Auflösung: | Seite<br>L(egio) I | L I AD V<br>AD(i)V(trix) | Legio I Adiutrix<br>oder: Legio I Adiutrix | (Centuria) V<br>V(exillatio) |
| 11 | Sch 43 | Quader<br>CIL XIII 6846 | Seite | LI·AD C[... | Legio I Adiutrix | Centuria[.. |
| 12 | St 71 | Quader | Rückseite | L] I AD | Legio] I Adiutrix | |
| 13 | St 74 | Unregelmäßiger Quader | Seite | L I] AD<br>C] IX | Legio I] Adiutrix<br>Centuria] IX | |
| 14 | St 83 | Kopfprofil | Rückseite | L I AD | Legio I Adiutrix | |
| 15 | W 43 | Quader | Rückseite | L I AD | Legio I Adiutrix | |
| 16 | W 137 | Kämpfer | Nebenseite | L I AD | Legio I Adiutrix | |
| 17 | W 138 | Profilblock | Rückseite | L I AD | Legio I Adiutrix | |
| 18 | W 178 | Kämpfer | Unterseite | L I AD | Legio I Adiutrix | |
| 19 | W 220 | Profilblock<br>CIL XIII 11839 | Rückseite | L I AD C · VI | Legio I Adiutrix | Centuria VI |
| 20 | W 151 | Quader | Rückseite | L̦ XIII[I | Legio XIV | |
| 21 | Bü 34 | Quader | Rückseite | L]XIIII | Legio] XIV | |
| 22 | W 189 | Quader<br>CIL XIII 11843 | Rückseite | LEG XXII | Legio XXII | |
| 23 | Bü 36 | Quader | Seite | L I]A̦ D̦ | Legio I Adiutrix? | |
| 24 | Bü 27 | Kämpfer | Front | P A | ? | |
| 25 | W 21 | Profilblock | Seite | C H . | ? | |

## VERZEICHNIS DER ABGEKÜRZT ZITIERTEN LITERATUR

| | |
|---|---|
| Baatz, Mogontiacum | D. Baatz, Mogontiacum. Neue Untersuchungen am römischen Legionslager in Mainz. Limesforschungen 4 (1962). |
| Behrens, Römerbauten | G. Behrens, Verschwundene Mainzer Römerbauten. Mainzer Zeitschr. 48–49, 1953–1954, 70ff. |
| Crema, Architettura | L. Crema, L'Architettura Romana. Enciclopedia Classica 3, 12,1 (1959). |
| Führer Mainz | Mainz, Führer zu vor- und frühgeschichtlichen Denkmälern 11 (1969). |
| Gose, Porta Nigra | E. Gose, Die Porta Nigra in Trier. Trierer Grabungen und Forschungen 4 (1969). |
| Kähler, Siegesdenkmal | H. Kähler, Ein römisches Siegesdenkmal in Mainz. Germania 15, 1931, 20ff. |
| Kähler, Torburgen | H. Kähler, Die römischen Torburgen der frühen Kaiserzeit. Jahrb. DAI 57, 1942, 1ff. |
| Nash, Rom | E. Nash, Bildlexikon zur Topographie des antiken Rom 1 (1961) und 2 (1962). |
| Ritterling, Legio | E. Ritterling, Legio. RE XII 1211ff. |

## NACHWEIS ZU DEN PHOTOVORLAGEN AUF TAFEL 24–43

H. Büsing: Taf. 24, 2–4; 25,2–4; 26,1; 28,1.6; 31,2.3; 33,5.6; 40,6; 42,1–6; 43,1–3.6.

M. Eisner: Taf. 41,1.2.

Köln, Römisch-Germanisches Museum: Taf. 43,4.5.

Mainz, Landesamt f. Denkmalpflege, Abt. Bodendenkmalpflege: Taf. 24,1.

Mainz, Mittelrhein. Landesmuseum: Taf. 38,1.2; 39,3–6.

Mainz, RGZM: Taf. 35,2 (Frenz); Taf. 38,3.4.

RGK: Taf. 24,5; 25,5; 26,3.4; 27,3; 29,3; 31,1; 32,2.3.5.6; 33, 1–3; 34,5.6; 35,1.3.4; 37,1; 39,1.

RGK (Wormuth): Taf. 25,1.6; 26,2.5.6; 27,1.2.4–6; 28,2–5; 29,1.2.4; 30,2–6; 31,4.5; 32,1.4; 33,4; 34,1–4; 36,1–6; 37,3; 39,2; 40,1–5.7.8.

G. Stein: Taf. 30,1; 37,2.

Tafel 1–43

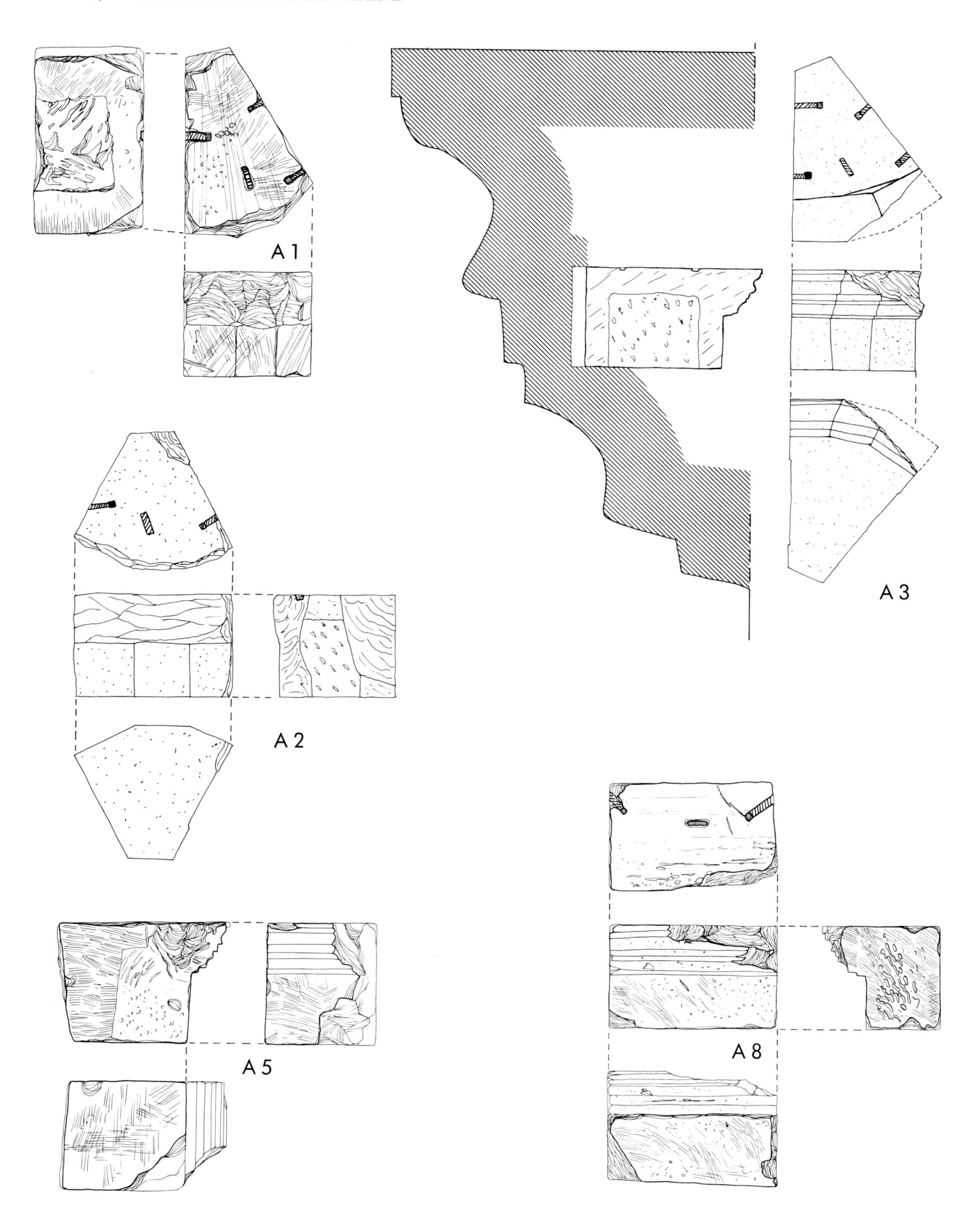

Mainz. Sockel A 1–A 3. A 5. A 8.

TAFEL 2

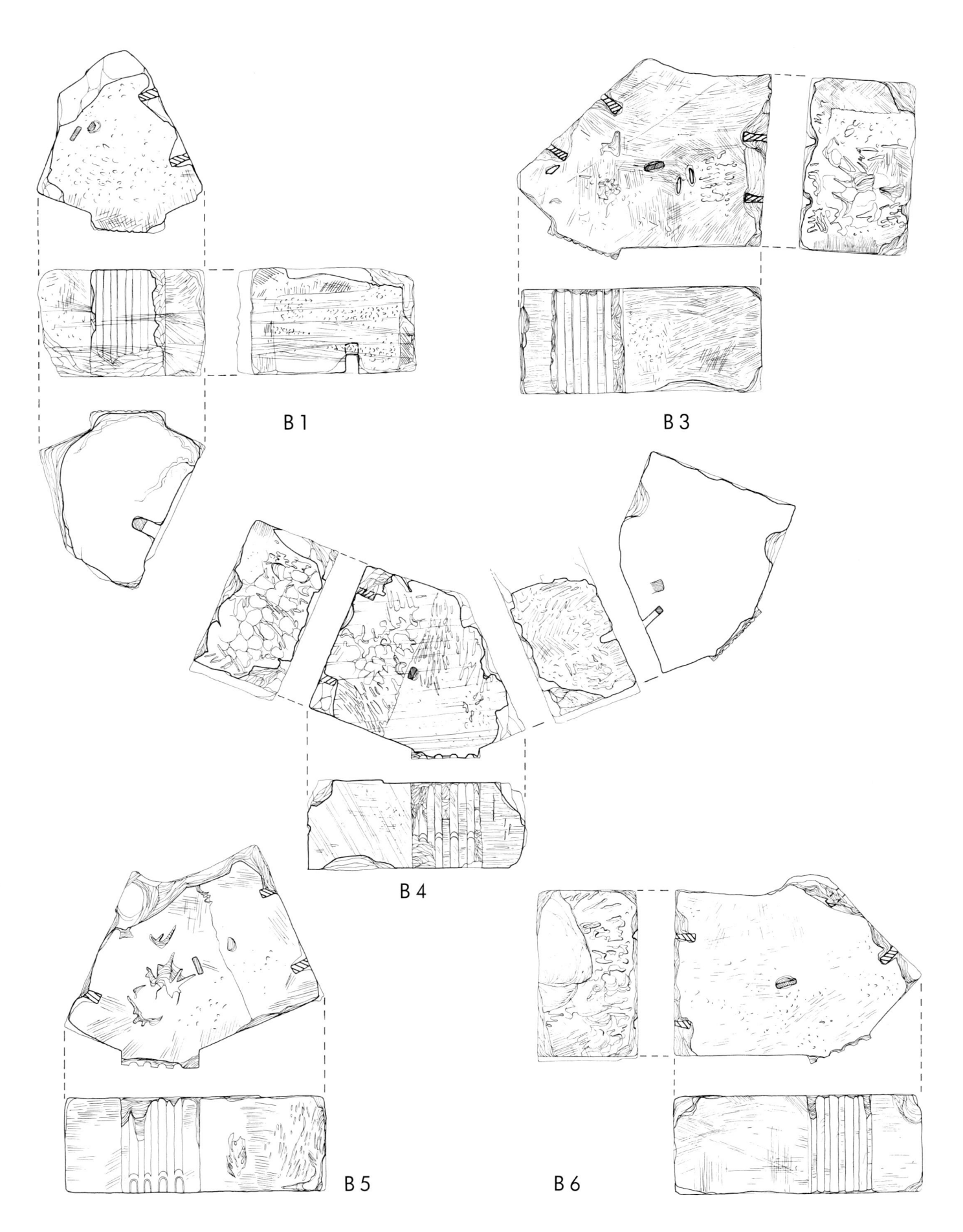

B 1

B 3

B 4

B 5

B 6

Mainz. Große Pilasterordnung B 1. B 3–B 6.

RÖMISCH-GERMANISCHE FORSCHUNGEN 40  
BÜSING, MILITÄRARCHITEKTUR IN MAINZ

TAFEL 3

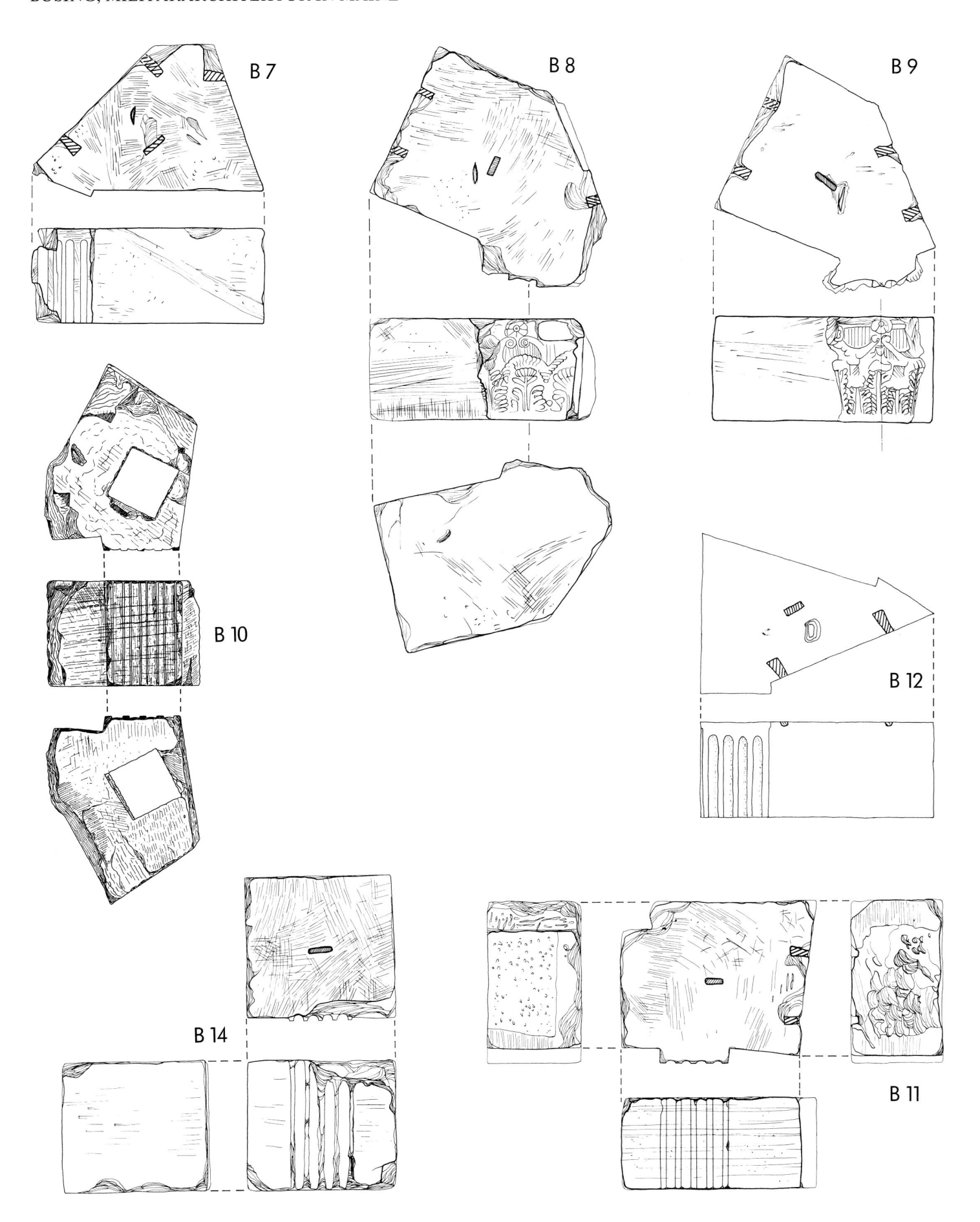

Mainz. Große Pilasterordnung B 7–B 12. B 14.

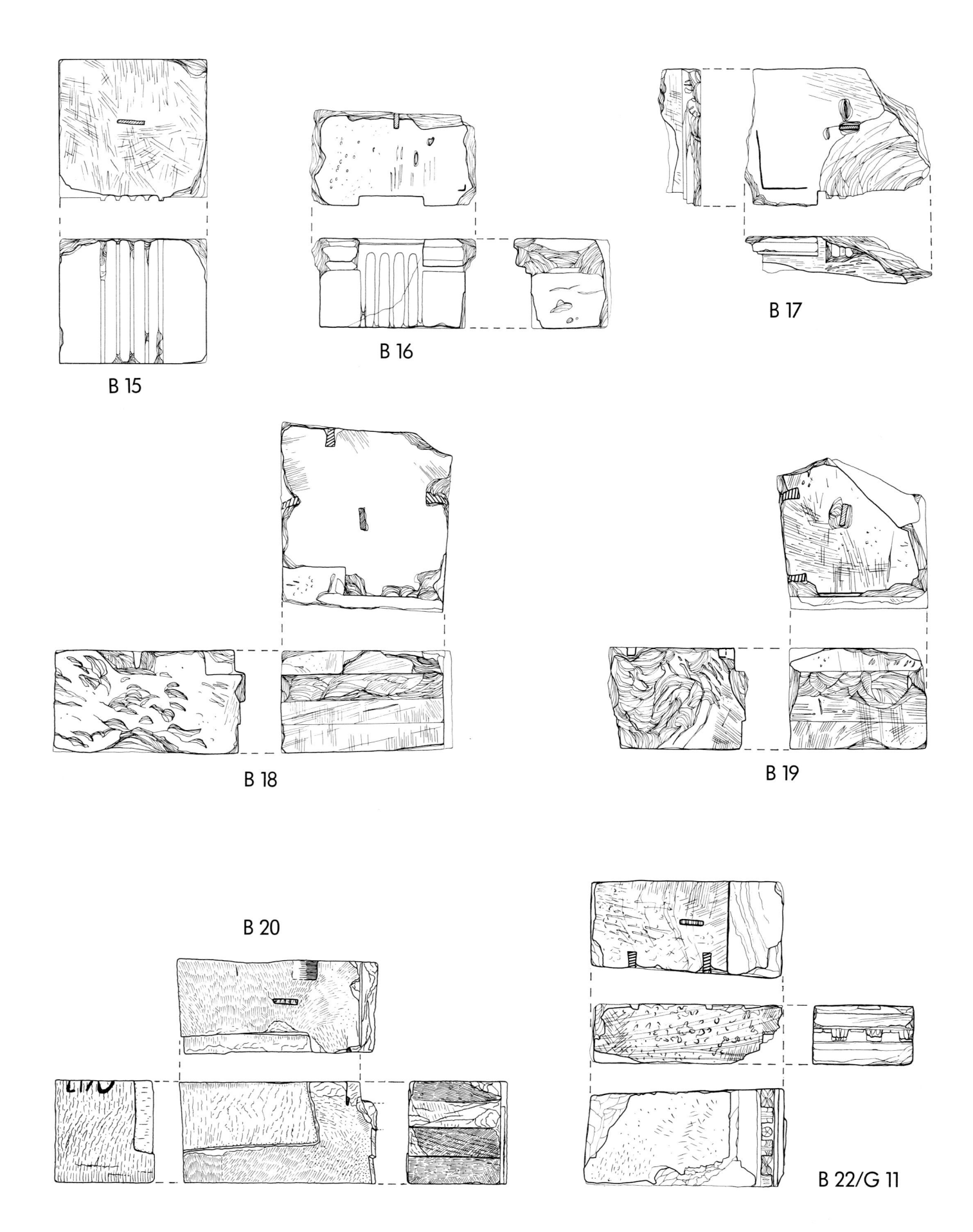

TAFEL 4

B 15

B 16

B 17

B 18

B 19

B 20

B 22/G 11

Mainz. Große Pilasterordnung B 15–B 20. B 22.

B 23/G 2

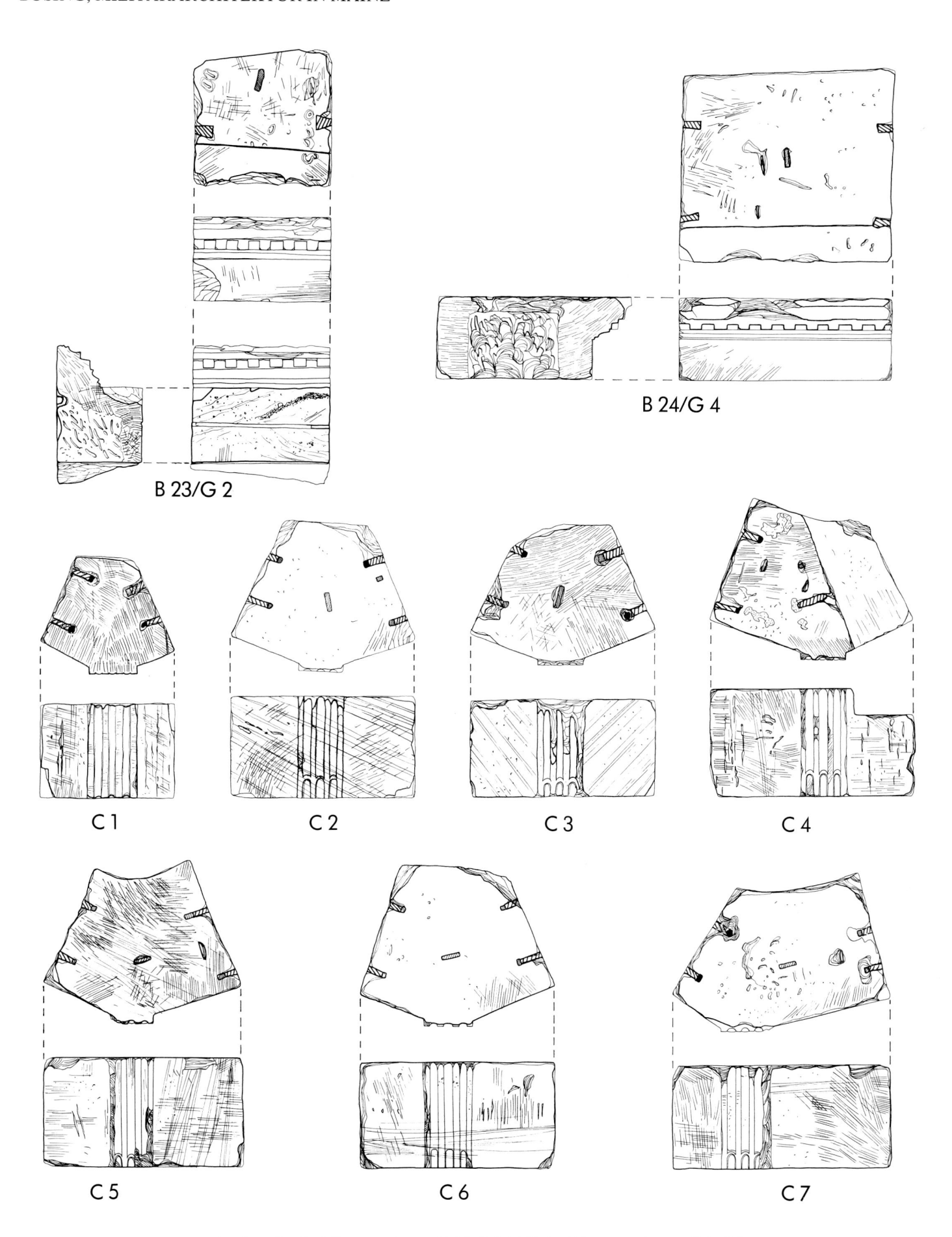

B 24/G 4

C 1

C 2

C 3

C 4

C 5

C 6

C 7

Mainz. Große Pilasterordnung B 23–B 24. Kleine Pilasterordnung C 1–C 7.

TAFEL 6

C 8

C 9

C 10

C 11

C 12

C 13

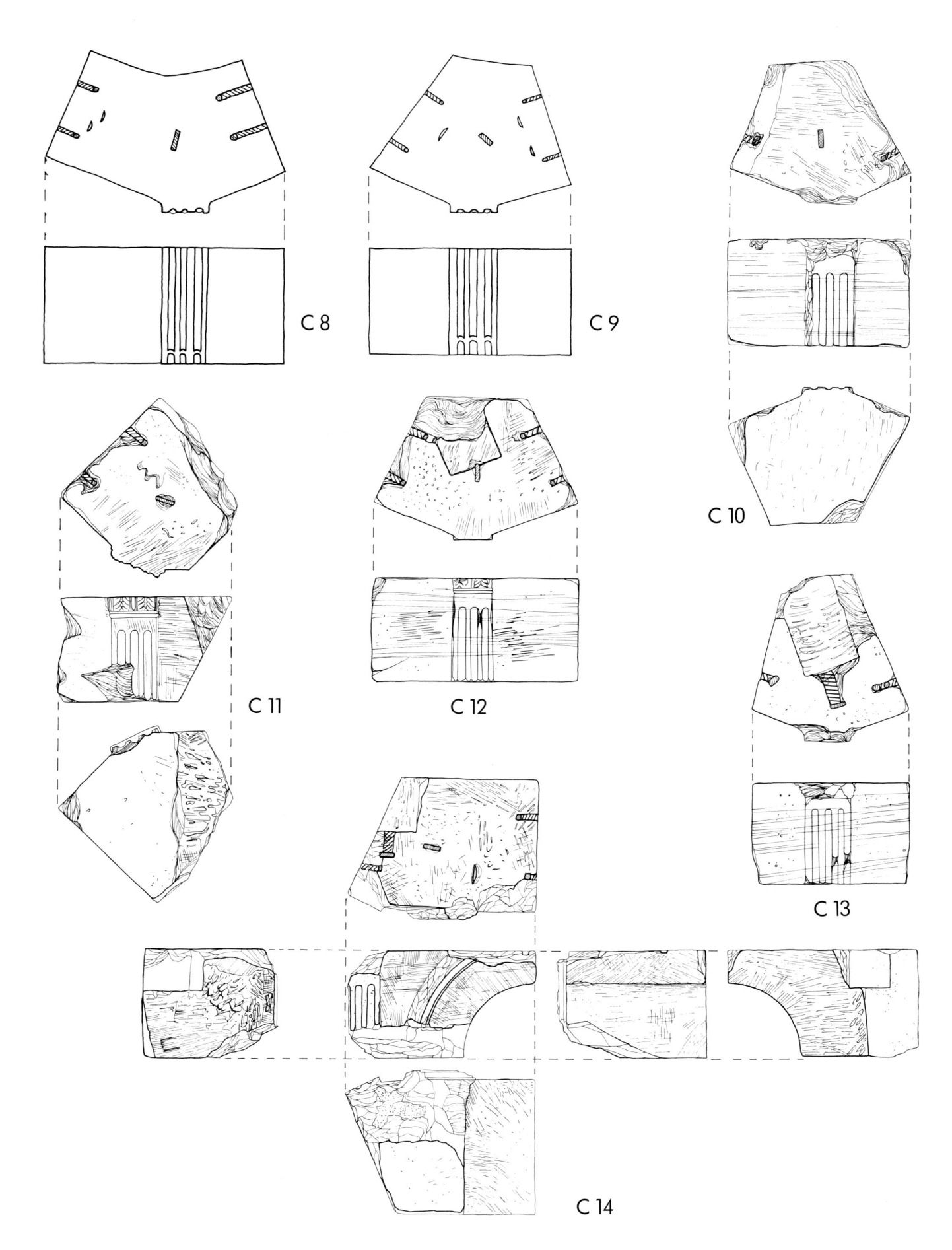

C 14

Mainz. Kleine Pilasterordnung C 8–C 14.

C 15

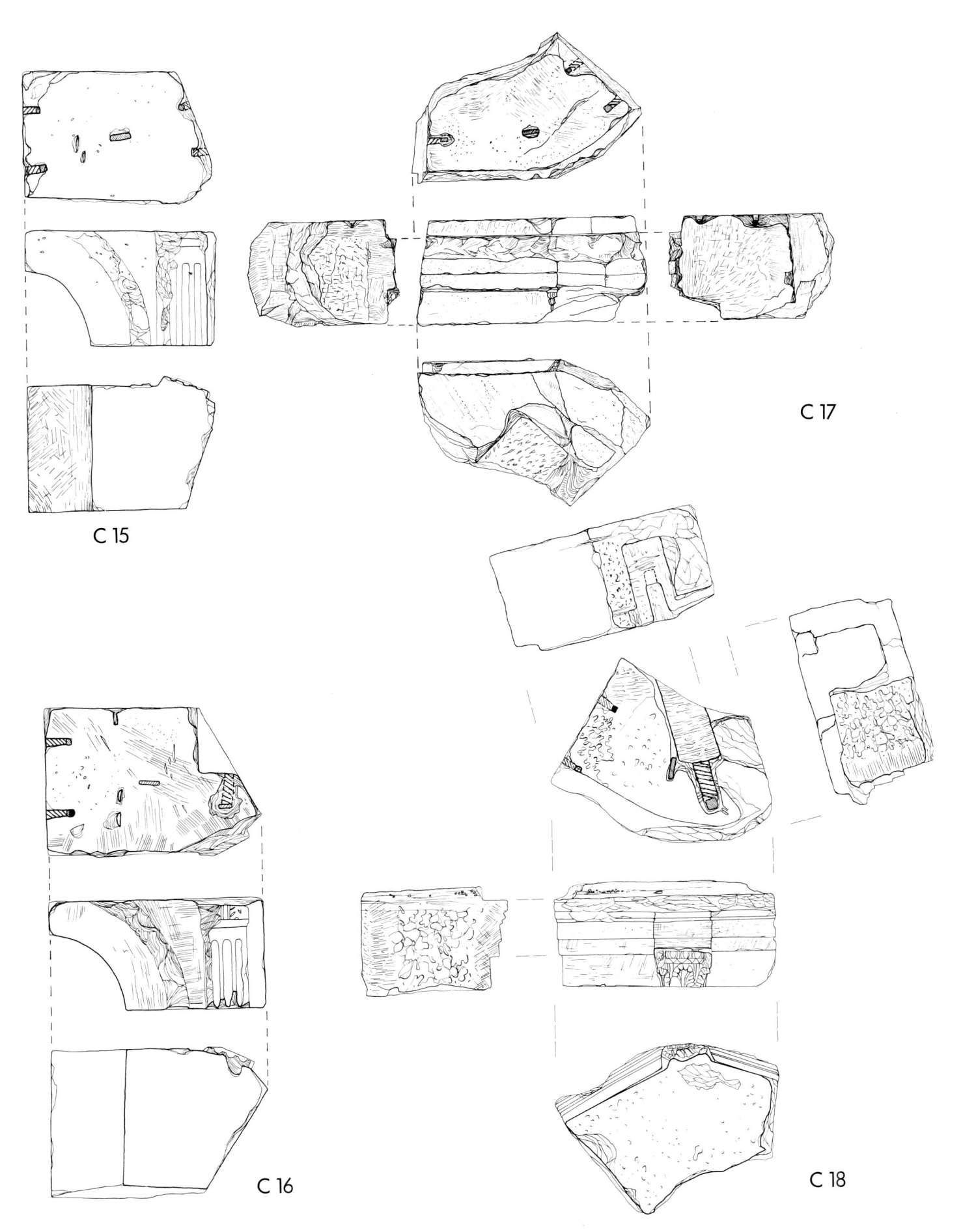

C 17

C 16

C 18

Mainz. Kleine Pilasterordnung C 15–C 18.

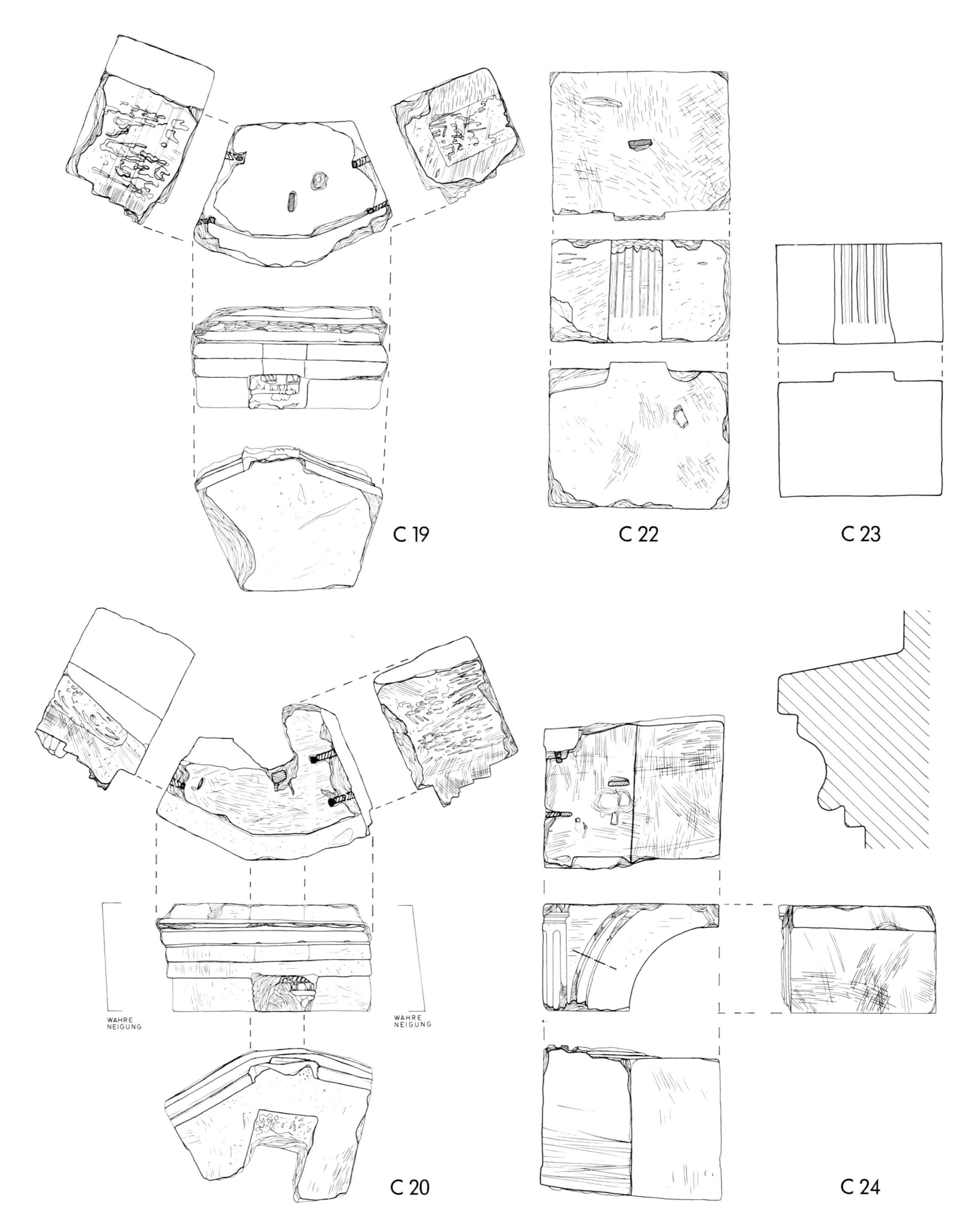

TAFEL 8

C 19　　C 22　　C 23

C 20　　　　　　C 24

Mainz. Kleine Pilasterordnung C 19. C 20. C 22–C 24.

C 27

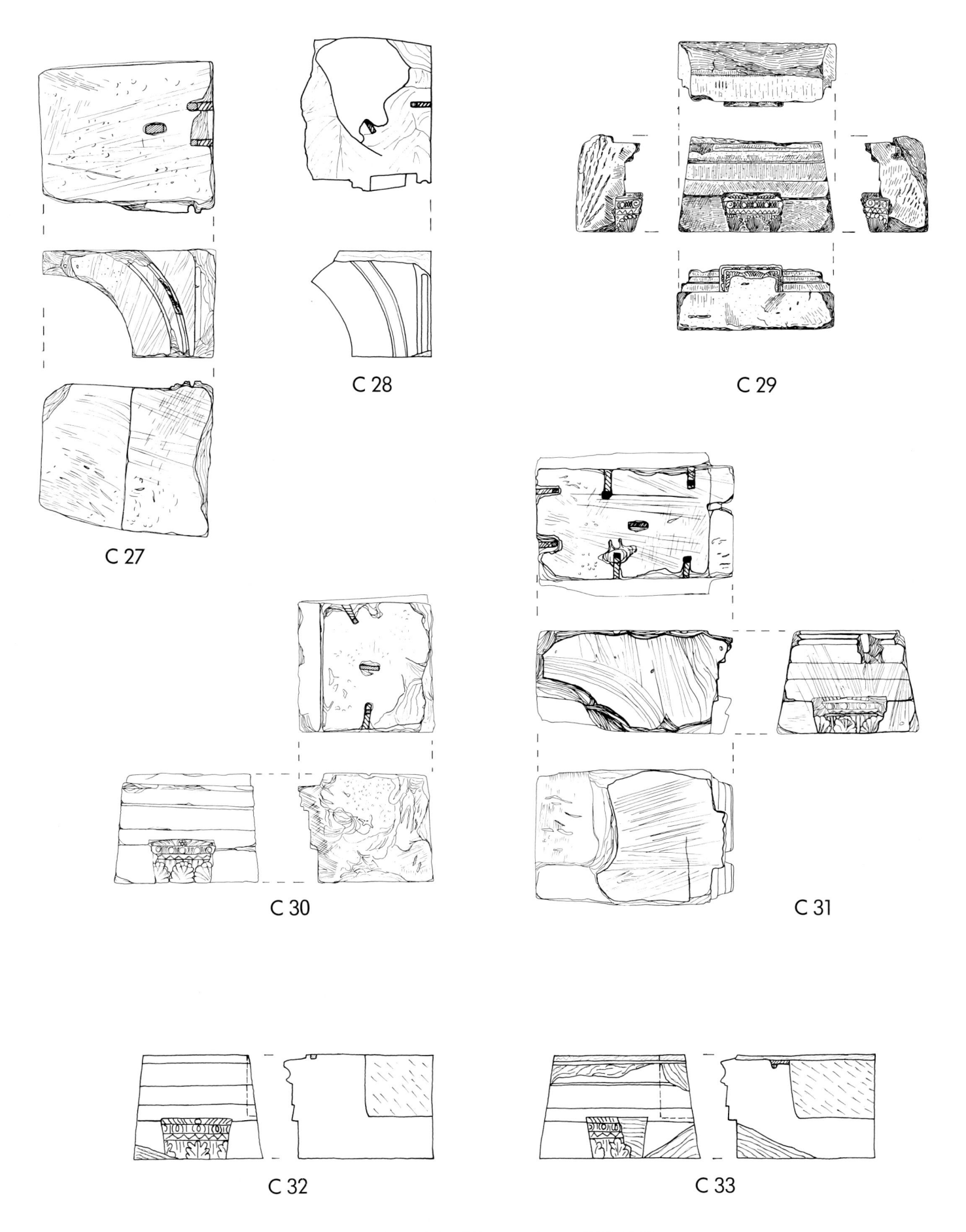

C 28

C 29

C 30

C 31

C 32

C 33

Mainz. Kleine Pilasterordnung C 27–C 33.

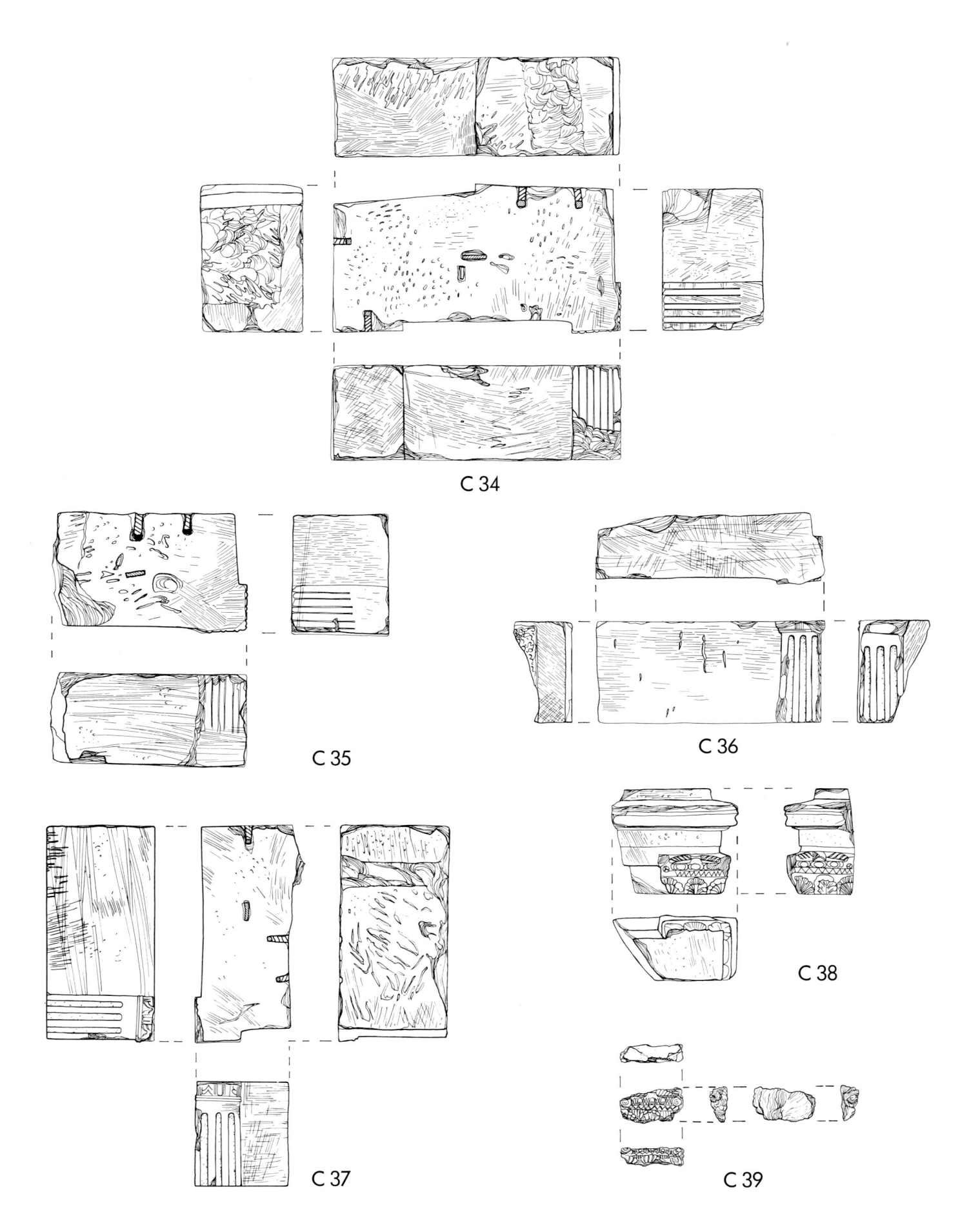

TAFEL 10

C 34

C 35

C 36

C 37

C 38

C 39

Mainz. Kleine Pilasterordnung C 34–C 39.

C 40

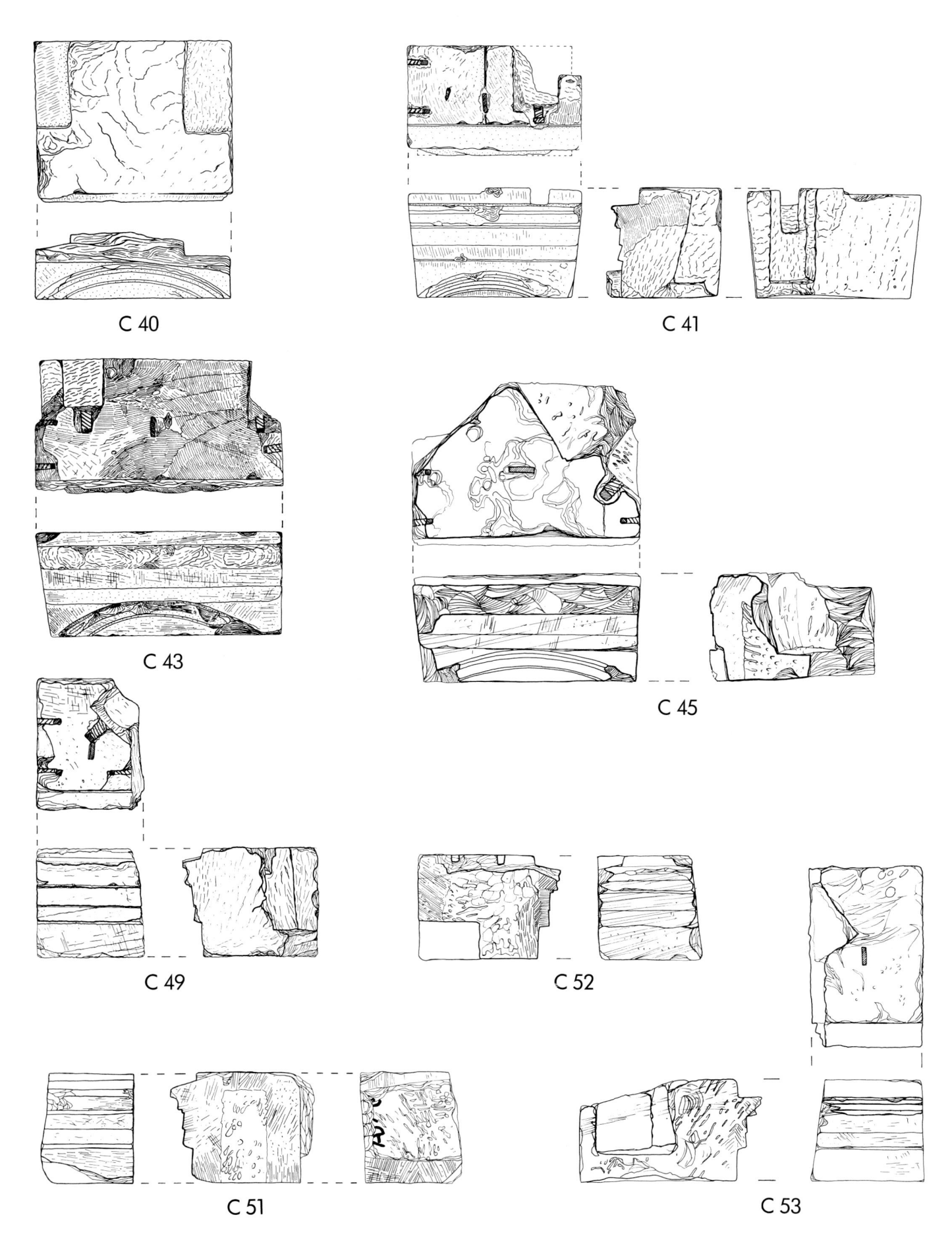

C 41

C 43

C 45

C 49

C 52

C 51

C 53

Mainz. Kleine Pilasterordnung C 40. C 41. C 43. C 45. C 49. C 51–C 53.

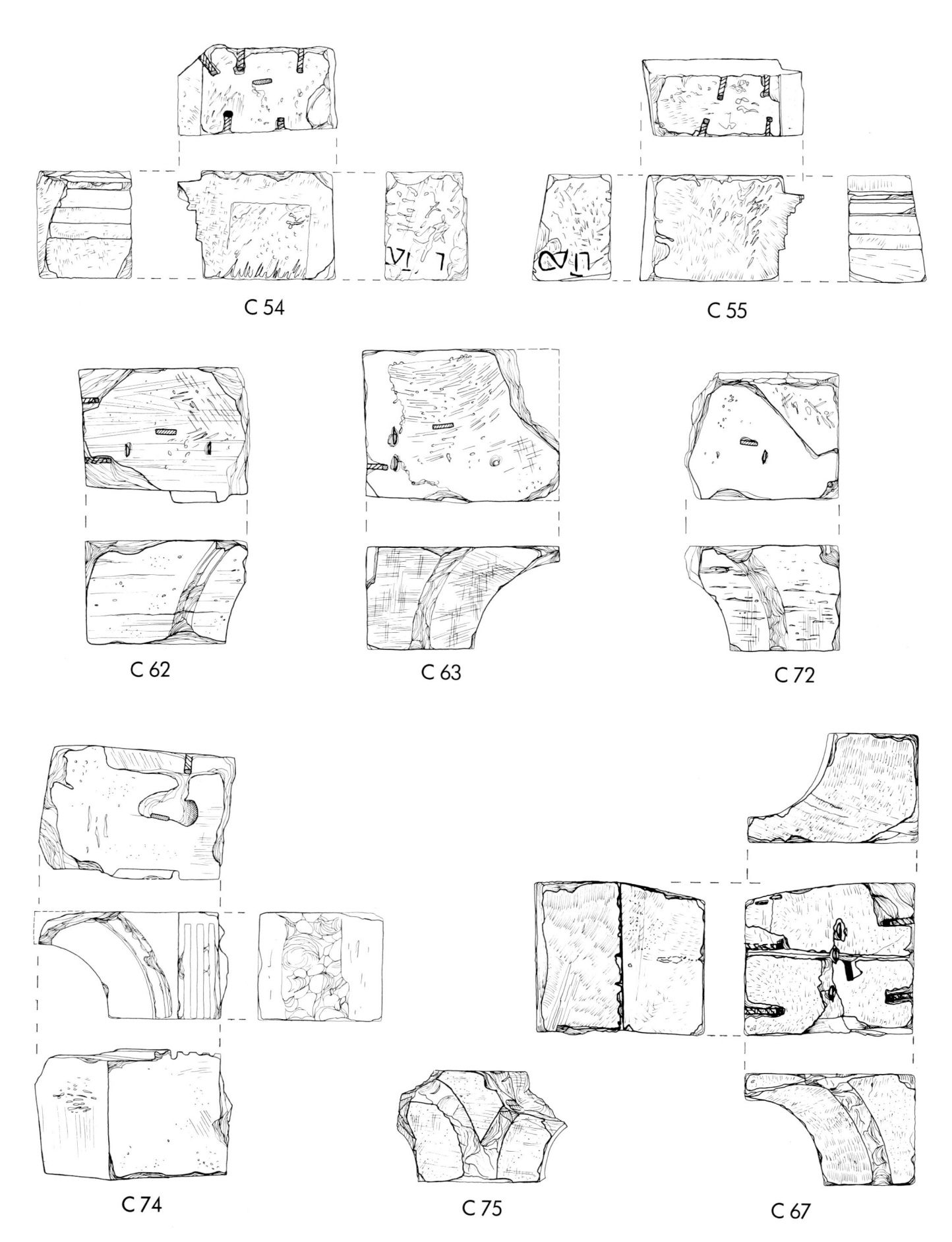

TAFEL 12

C 54

C 55

C 62

C 63

C 72

C 74

C 75

C 67

Mainz. Kleine Pilasterordnung C 54. C 55. C 62. C 63. C 67. C 72. C 74. C 75.

TAFEL 13

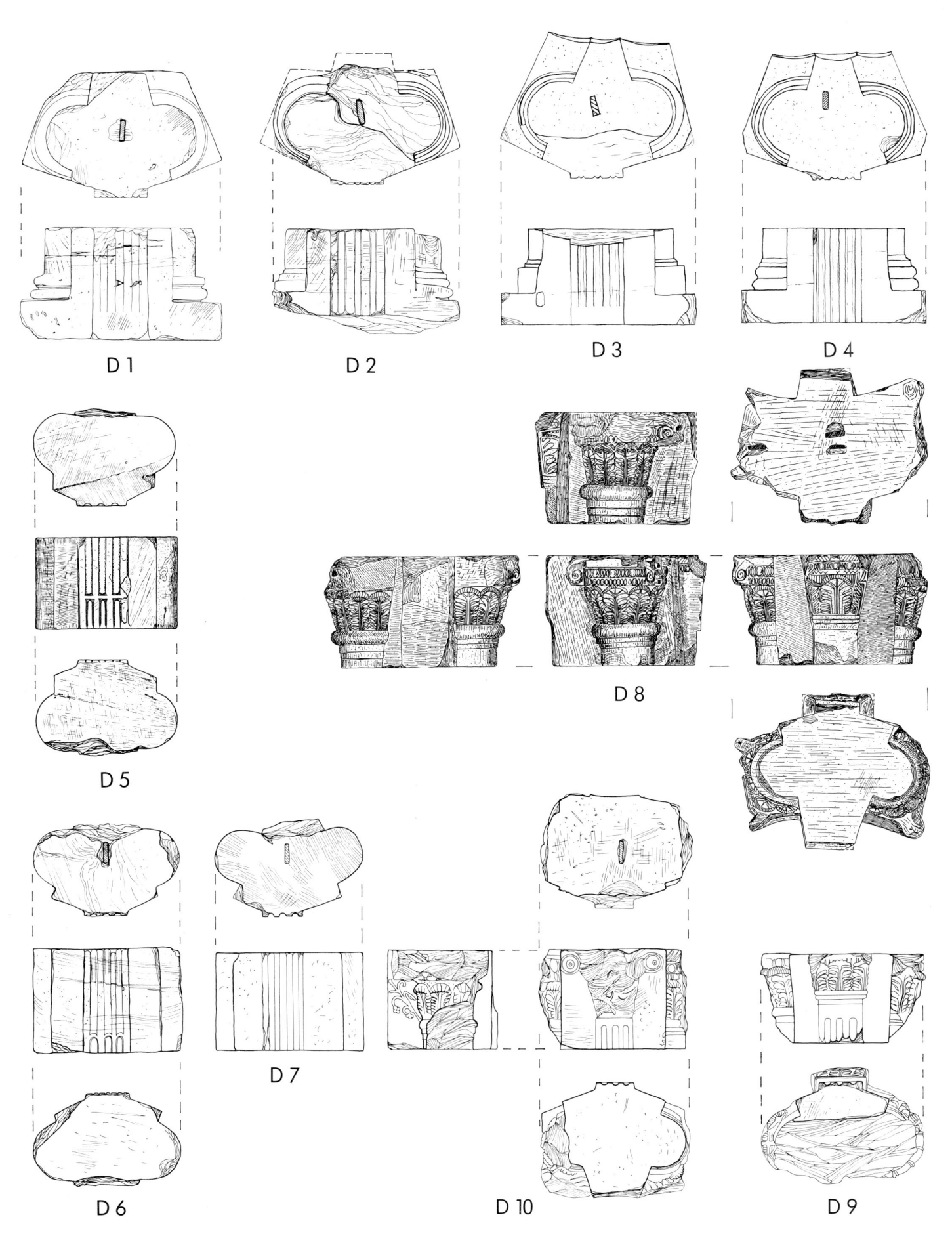

D 1

D 2

D 3

D 4

D 5

D 8

D 6

D 7

D 10

D 9

Mainz. Ordnung der Oktogon-Pfeiler D 1–D 10.

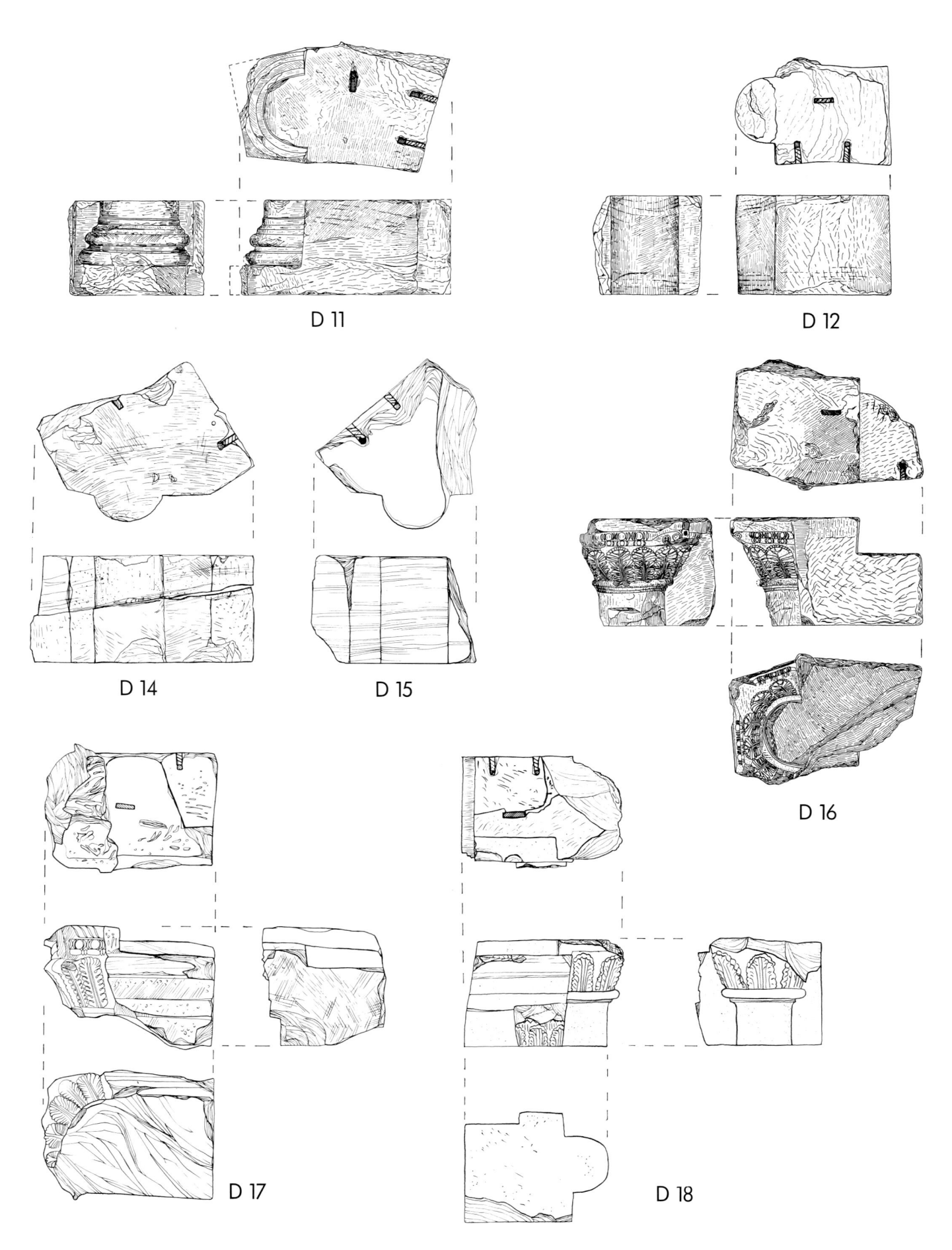

TAFEL 14

D 11

D 12

D 14

D 15

D 16

D 17

D 18

Mainz. Ordnung der Oktogon-Pfeiler D 11. D 12. D 14–D 18.

E 1    E 4    E 5

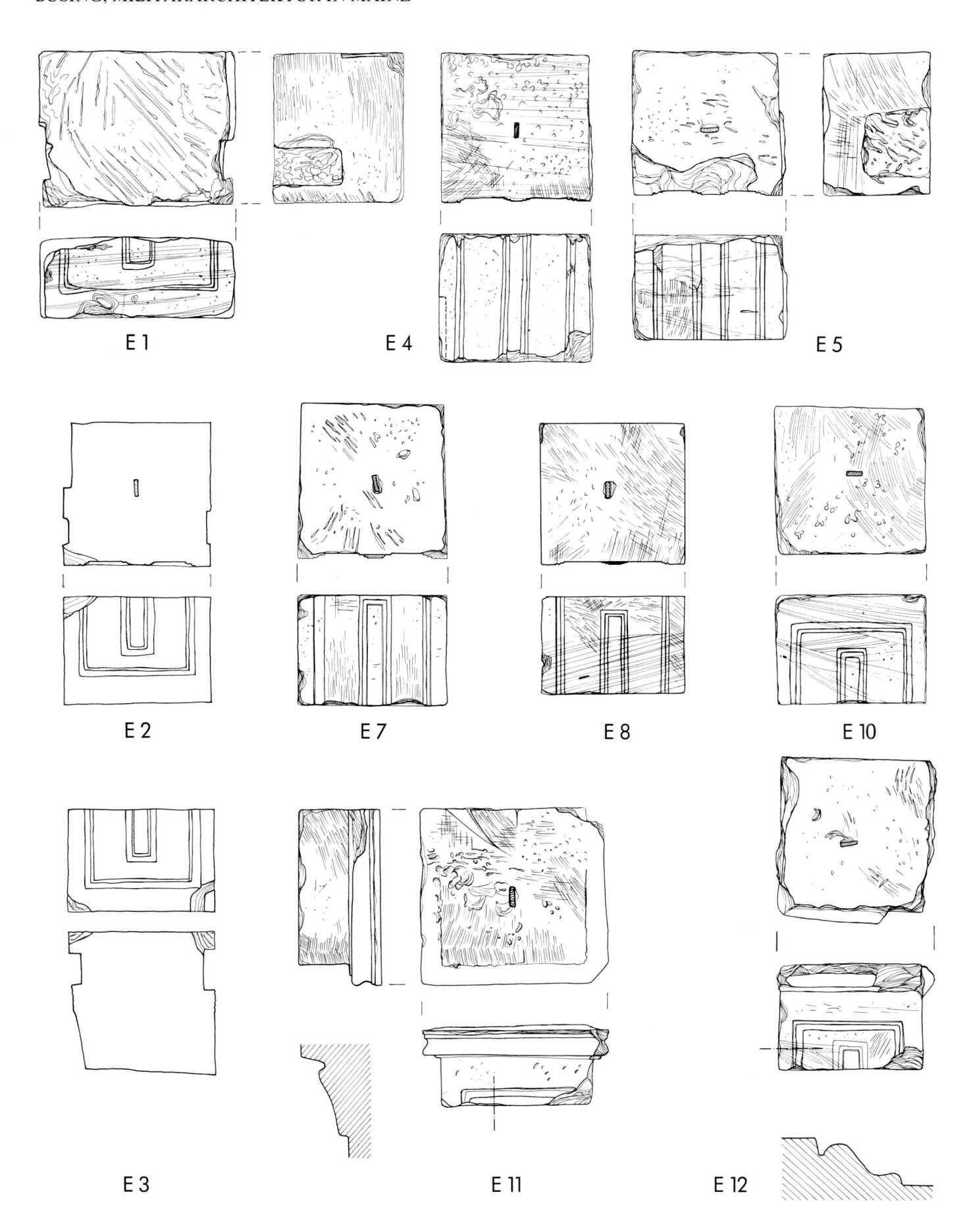

E 2    E 7    E 8    E 10

E 3    E 11    E 12

Mainz. Ordnung der Paneel-Pfeiler E 1–E 5. E 7. E 8. E 10–E 12.

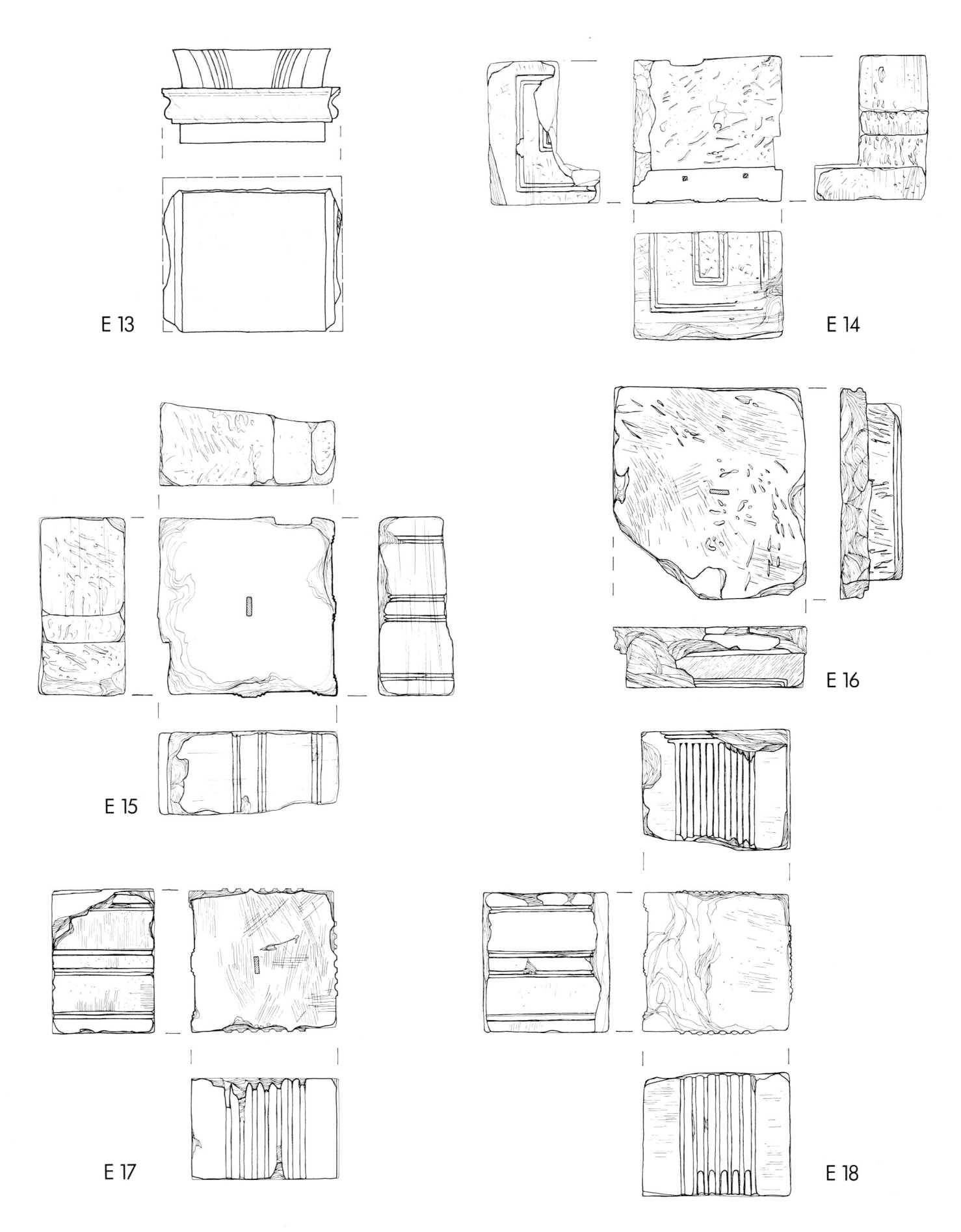

TAFEL 16

E 13

E 14

E 15

E 16

E 17

E 18

Mainz. Ordnung der Paneel-Pfeiler E 13–E 18.

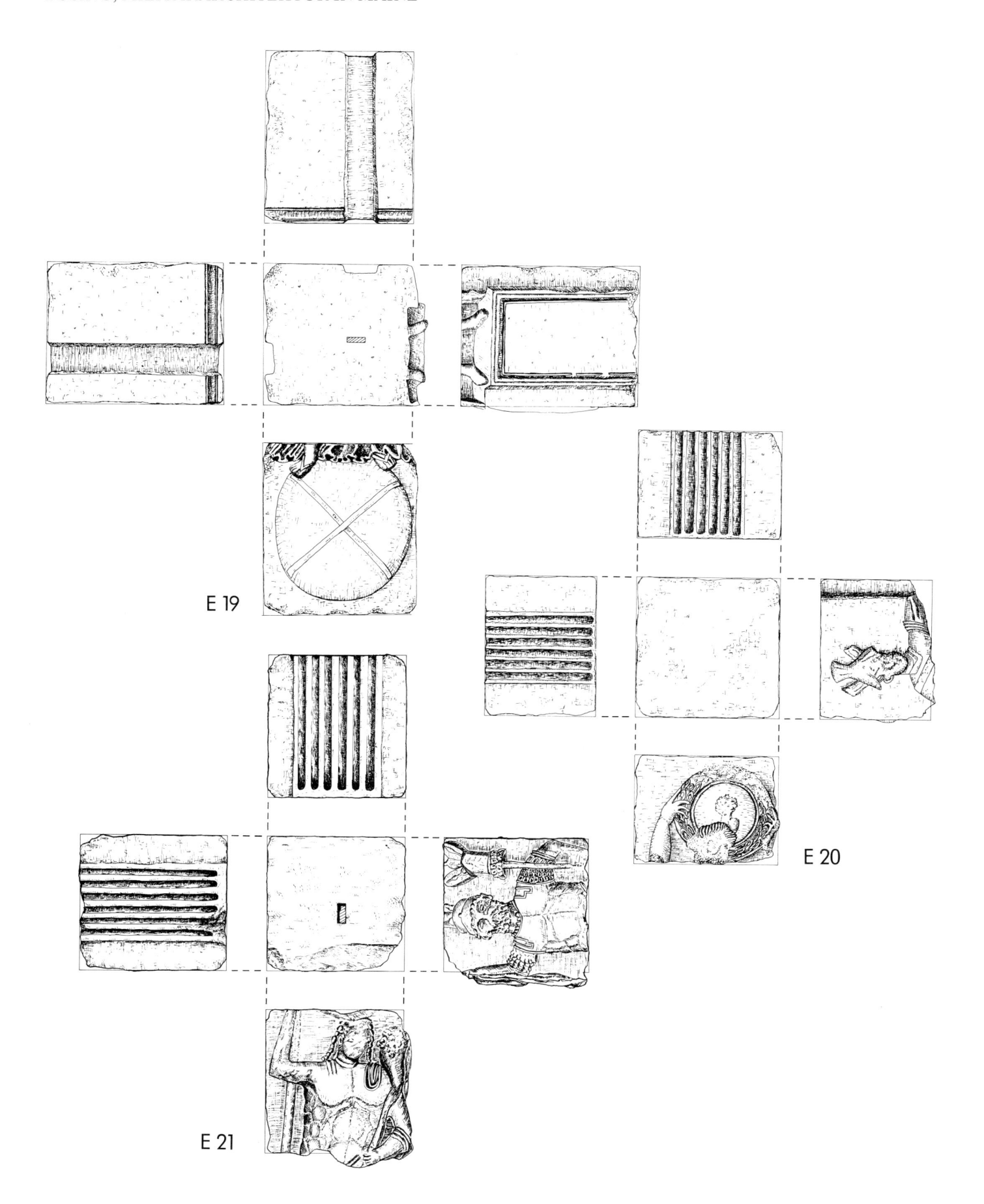

E 19

E 20

E 21

Mainz. Ordnung der Paneel-Pfeiler E 19–E 21.

TAFEL 18

E 22  E 23  E 24

E 25  E 27  E 28  E 29  E 30  E 31

E 32  E 34  E 36  E 47  E 51  E 57  E 59

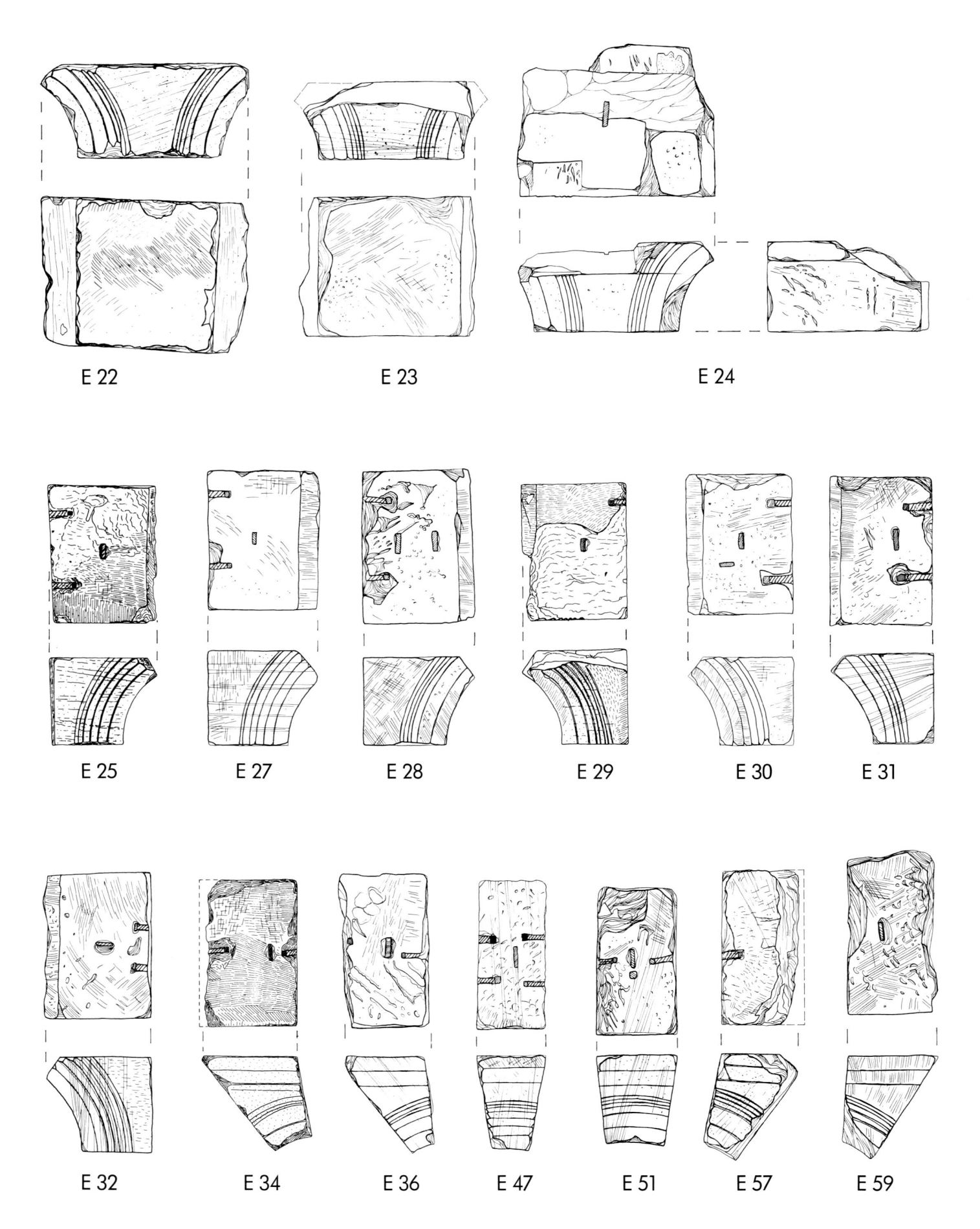

Mainz. Ordnung der Paneel-Pfeiler E 22–E 25. E 27–E 32. E 34. E 36. E 47. E 51. E 57. E 59.

E 62    E 63    F 1

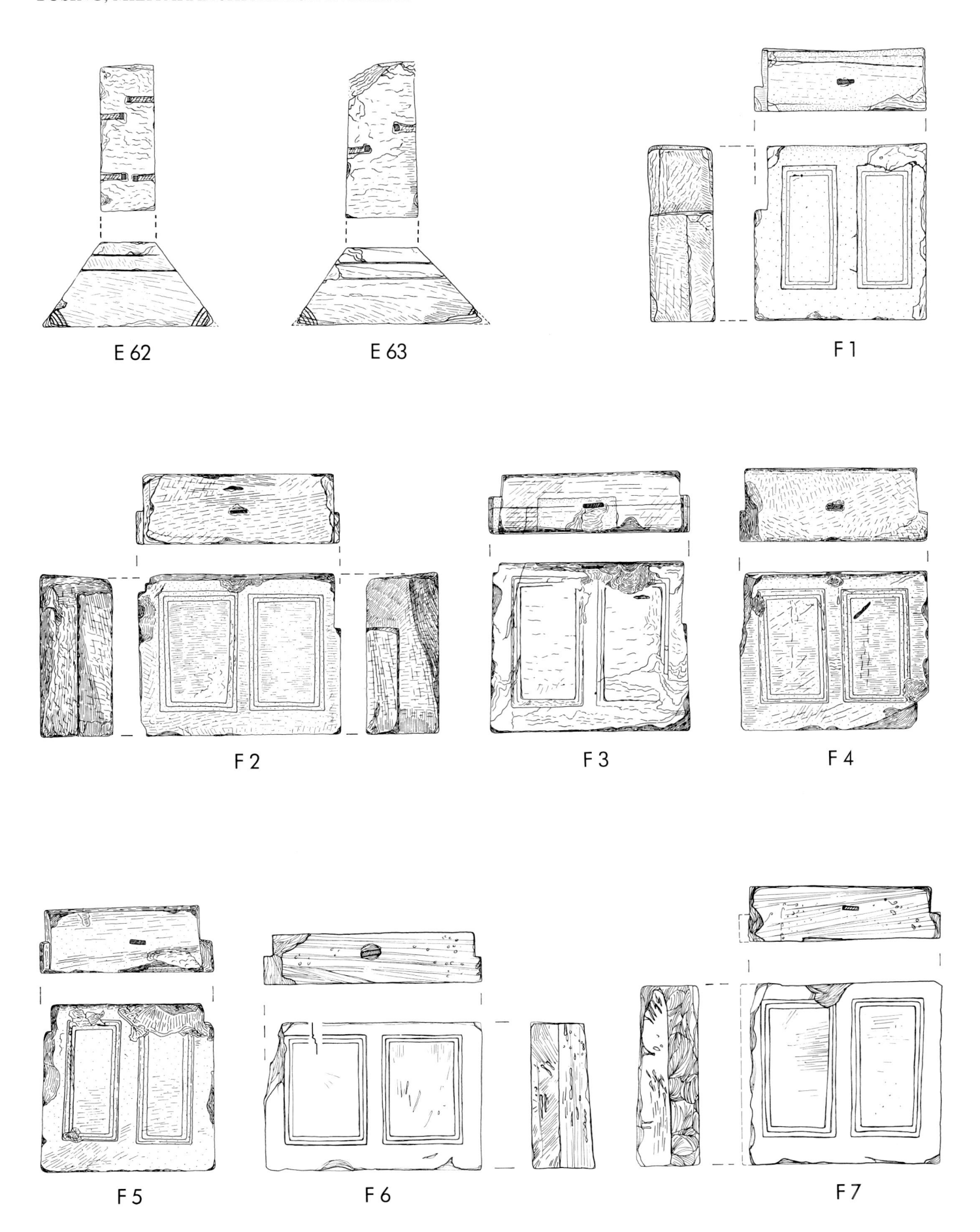

F 2    F 3    F 4

F 5    F 6    F 7

Mainz. Ordnung der Paneel-Pfeiler E 62. E 63. Schranken F 1–F 7.

TAFEL 20

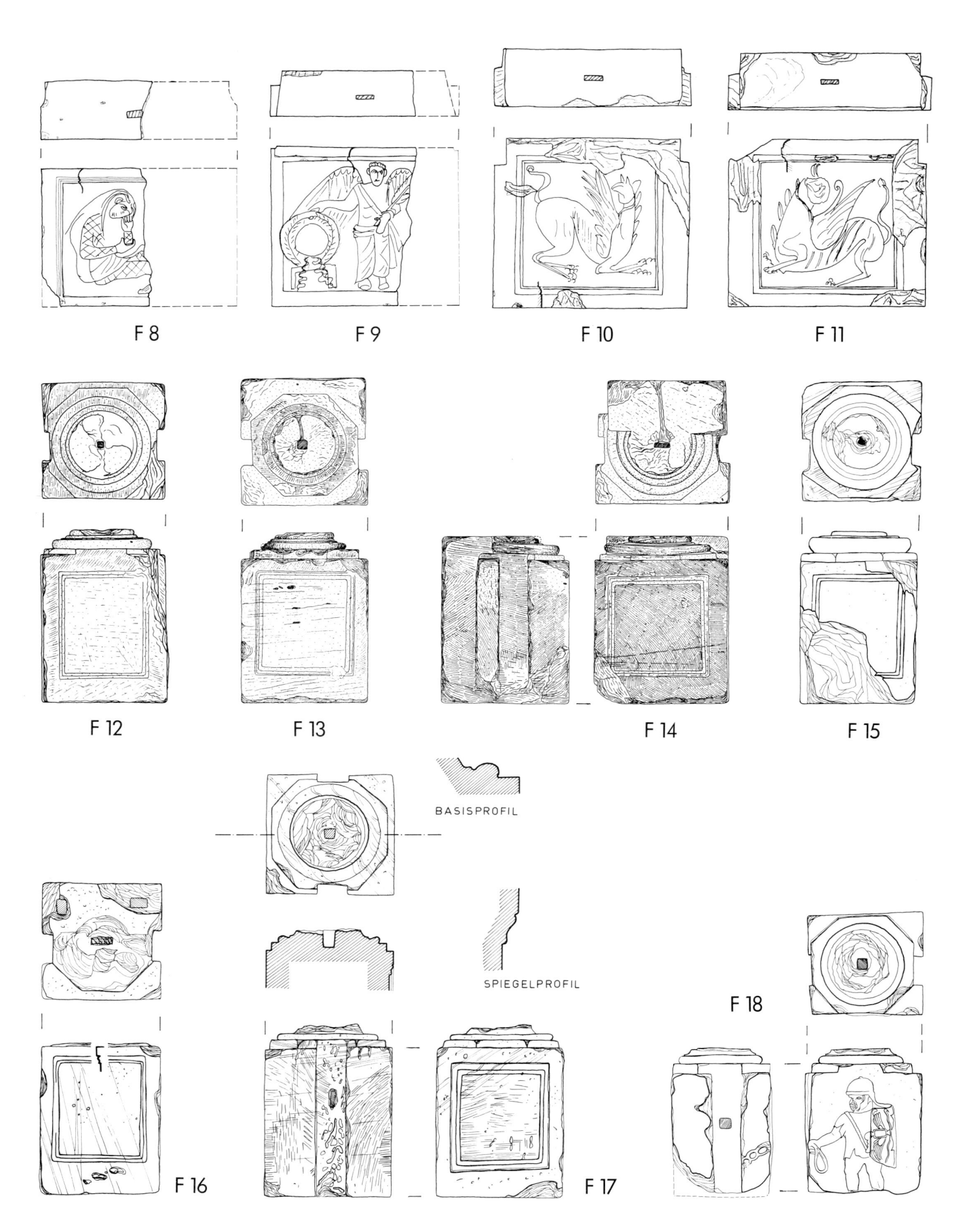

F 8  F 9  F 10  F 11

F 12  F 13  F 14  F 15

BASISPROFIL

SPIEGELPROFIL

F 16  F 17  F 18

Mainz. Schranken und Säulenstühle F 8–F 18.

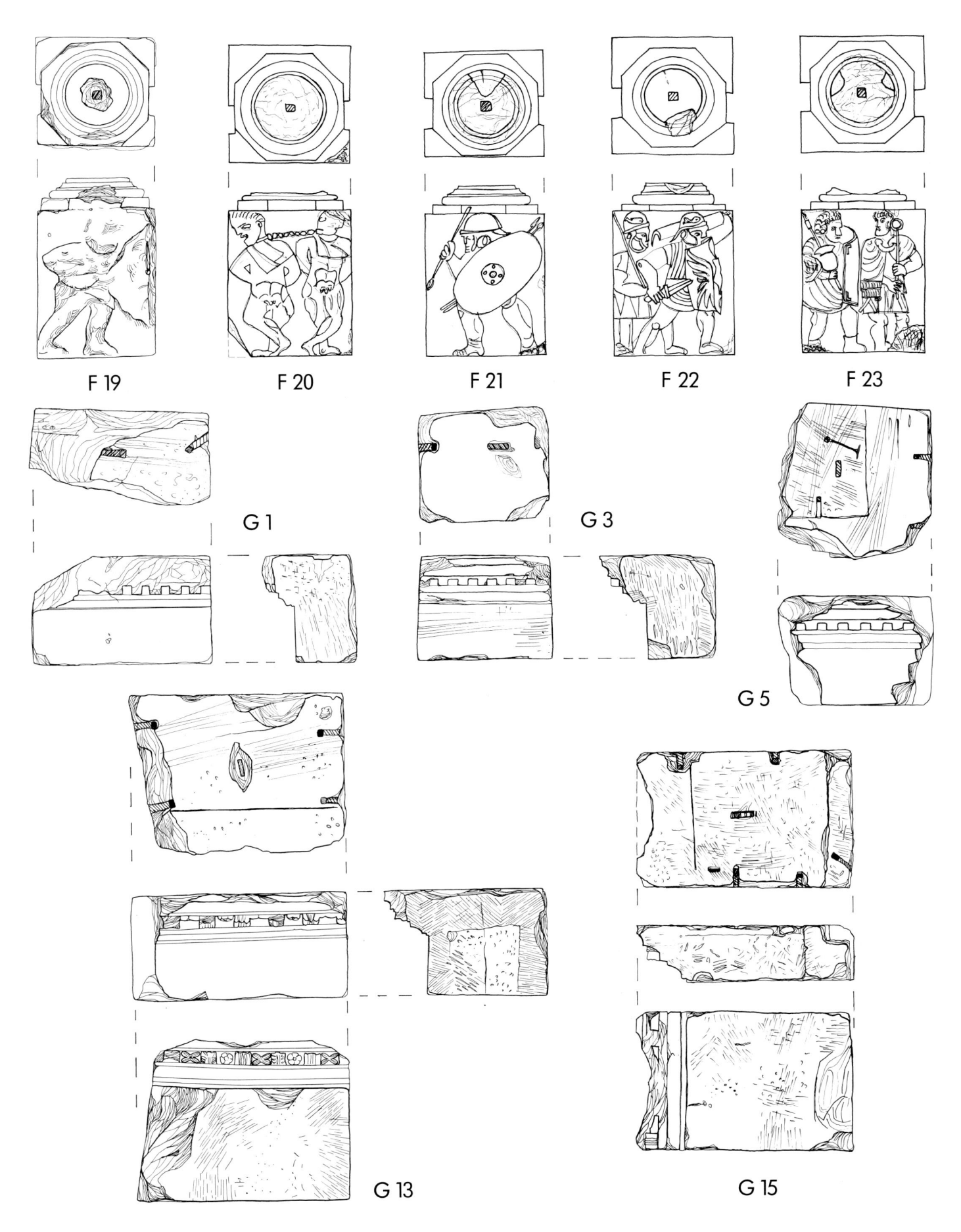

Mainz. Säulenstühle F 19–F 23. Zahnschnittgesimse G 1. G 3. G 5. Konsolengesimse G 13. G 15.

TAFEL 22

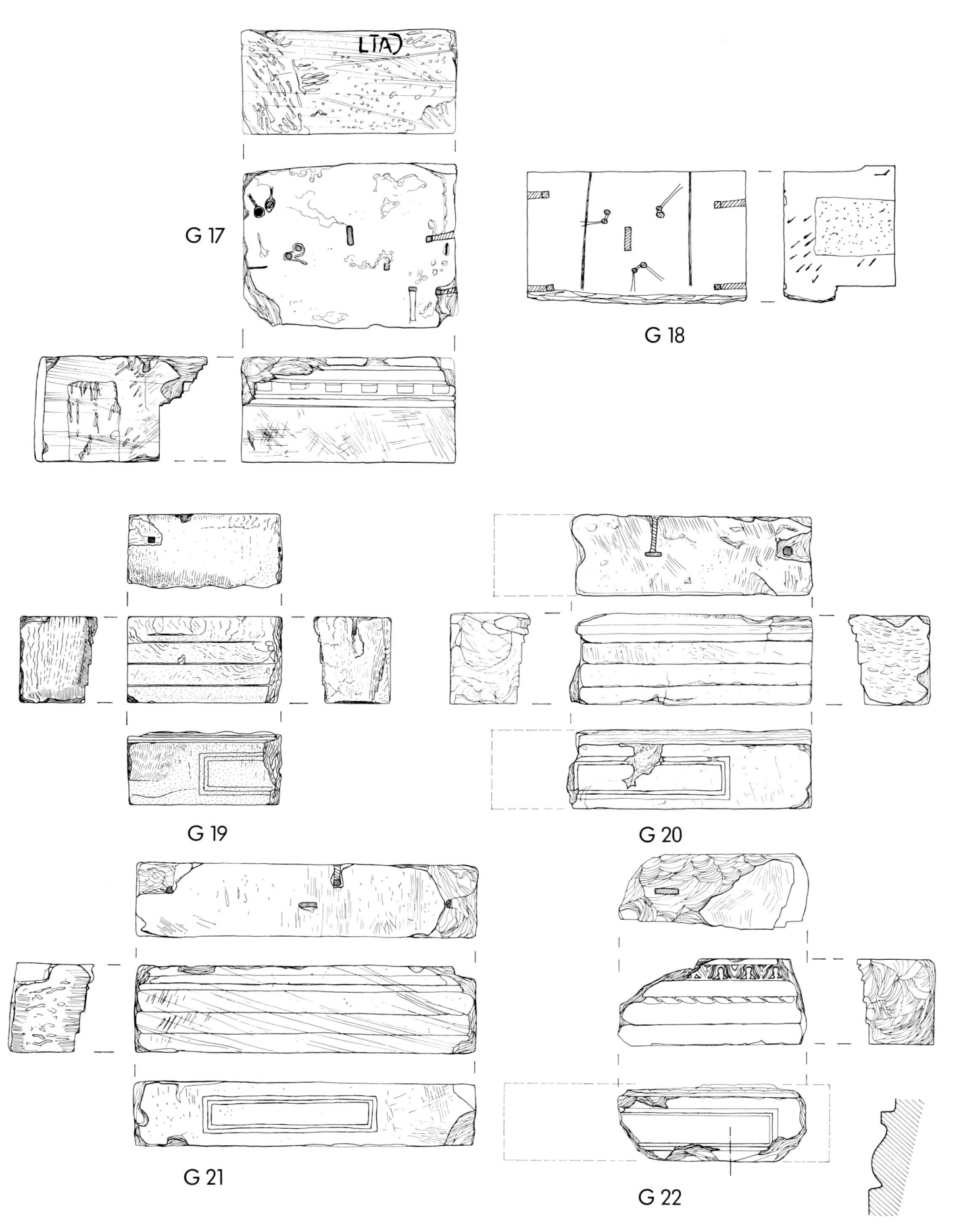

G 17

G 18

G 19

G 20

G 21

G 22

Mainz. Konsolengesimse G 17. G 18. Architrave G 19–G 22.

Mainz. Inschriften auf Steinblöcken. Nachweise siehe S. 96 und 22.

TAFEL 24

1

2

3

4

5

Mainz. Spolien in den Fundamenten der Stadtmauer (1–4: 1973) und ihre Lagerung im Mittelrheinischen Landesmuseum, Mainz (5: bis ca. 1930). 1–4 Landseite. 2 vorkragender Aufbau in Turmnähe. 3–4 Stadtmauer-Turm.

Mainz. Sockel. 1 A 1.  2 A 2.  3–4 A 3.  5 A 8.  6 A 5.

TAFEL 26

Mainz. Große Pilasterordnung. 1 B 2.  2 B 7.  3 und 5 B 8.  4 und 6 B 9 vor 1930 und nach 1960.

Mainz. Kleine Pilasterordnung. 1 C 5.  2 C 6.  3 C 11.  4 C 12.  5 C 14.  6 C 19.

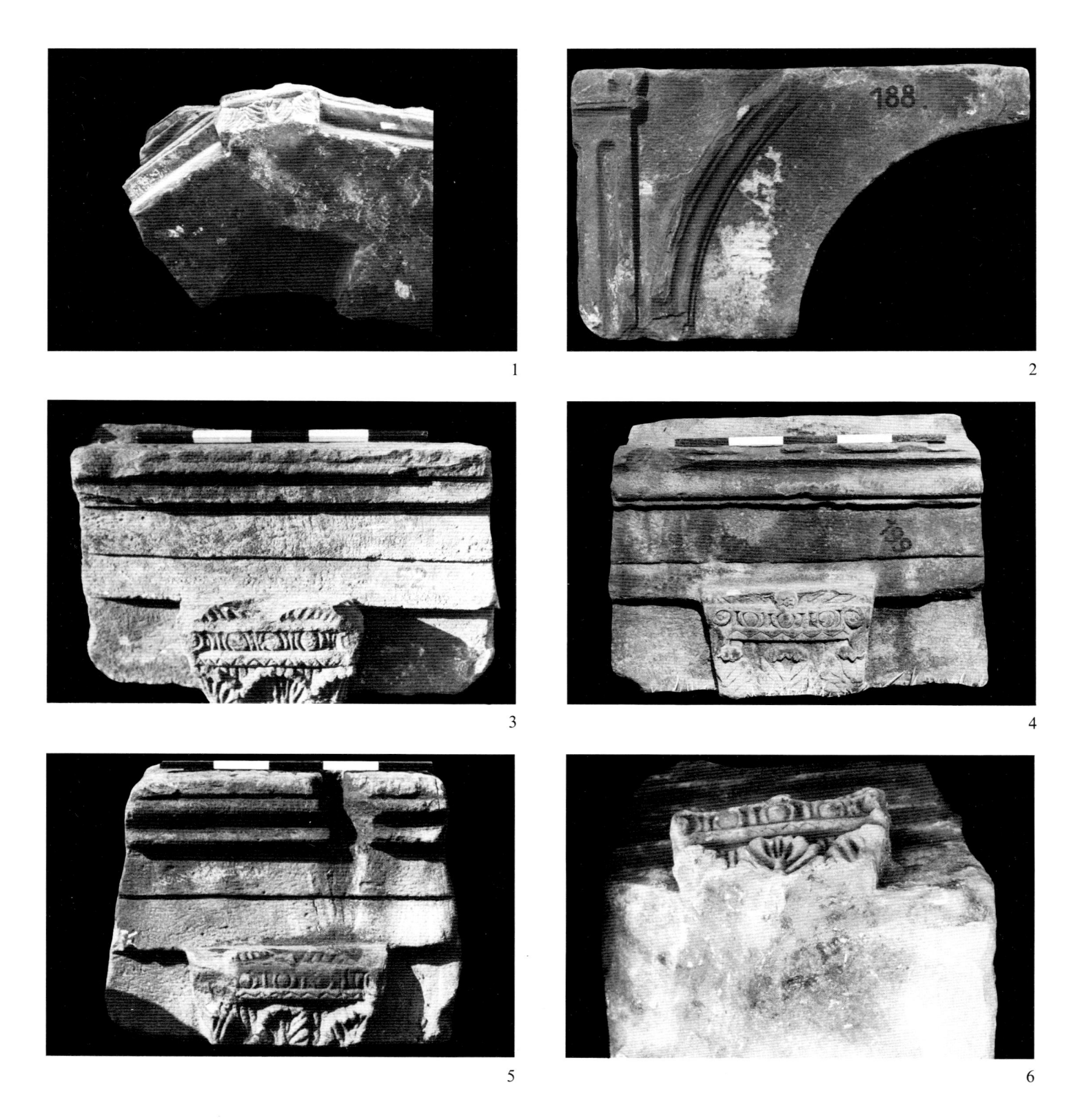

TAFEL 28

Mainz. Kleine Pilasterordnung. 1 C 21. 2 C 24. 3 C 29. 4 C 30. 5 C 31. 6 C 32.

Mainz. Kleine Pilasterordnung: rechtwinklige Gebäudeecken. 1 C 34. 2 C 37. 3–4 C 38.

TAFEL 30

Mainz. Kleine Pilasterordnung. 1 C 40.  2 C 43.  3 C 45.  4 C 53.  5 C 61.  6 C 74.

Mainz. Ordnung der Oktogon-Pfeiler. 1 D 5 auf D 2. 2–3 D 3. 4 D 6. 5 D 7.

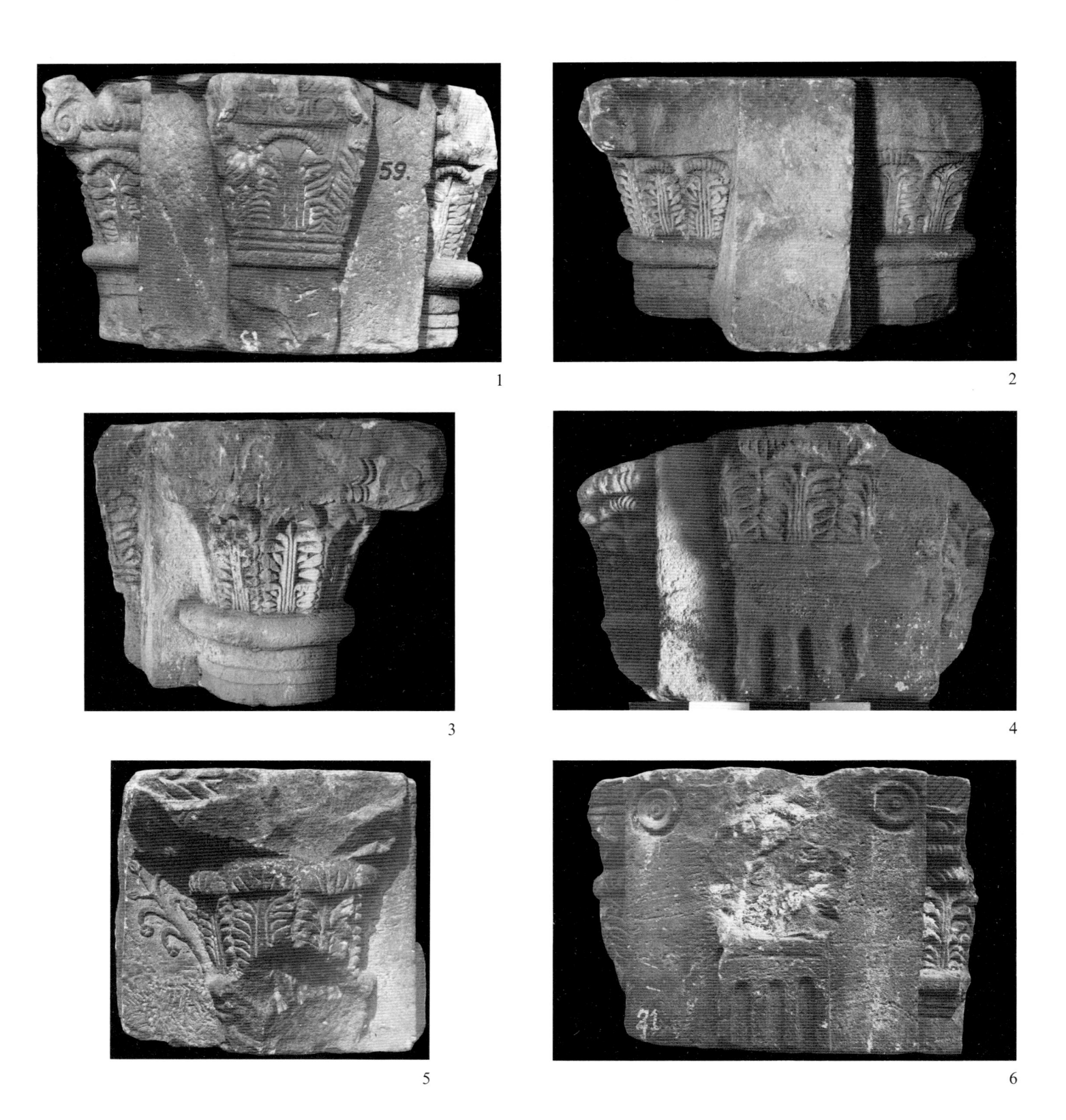

TAFEL 32

Mainz. Ordnung der Oktogon-Pfeiler. 1–3 D 8.   4 D 9.   5–6 D 10.

Mainz. Ordnung der Oktogon-Pfeiler. 1–3 D 16.  4 D 17.  5 A 3 und D 18 nach der Bergung 1973.  6 D 18.

TAFEL 34

Mainz. Ordnung der Paneel-Pfeiler. 1 E 5.  2 E 10.  3 E 12.  4 E 18.  5 E 20.  6 E 21.

Mainz. Ordnung der Paneel-Pfeiler. 1 E 20 Victoria. 2 E 20 Mars. 3 E 19 Victoria. 4 E 19 Mars.

TAFEL 36

Mainz. Ordnung der Paneel-Pfeiler. 1 E 24.  2 E 68.  3 E 27.  4 E 30.  5 E 42.  6 E 49.  7 E 53.

TAFEL 37

Mainz. Schranken und Säulenstühle. 1 Aufstellung bis ca. 1930; im Vordergrund von links nach rechts F 14, F 5, F 12, F 2, F 13, F 6. 2 F 2. 3 F 6.

TAFEL 38

1

2

3

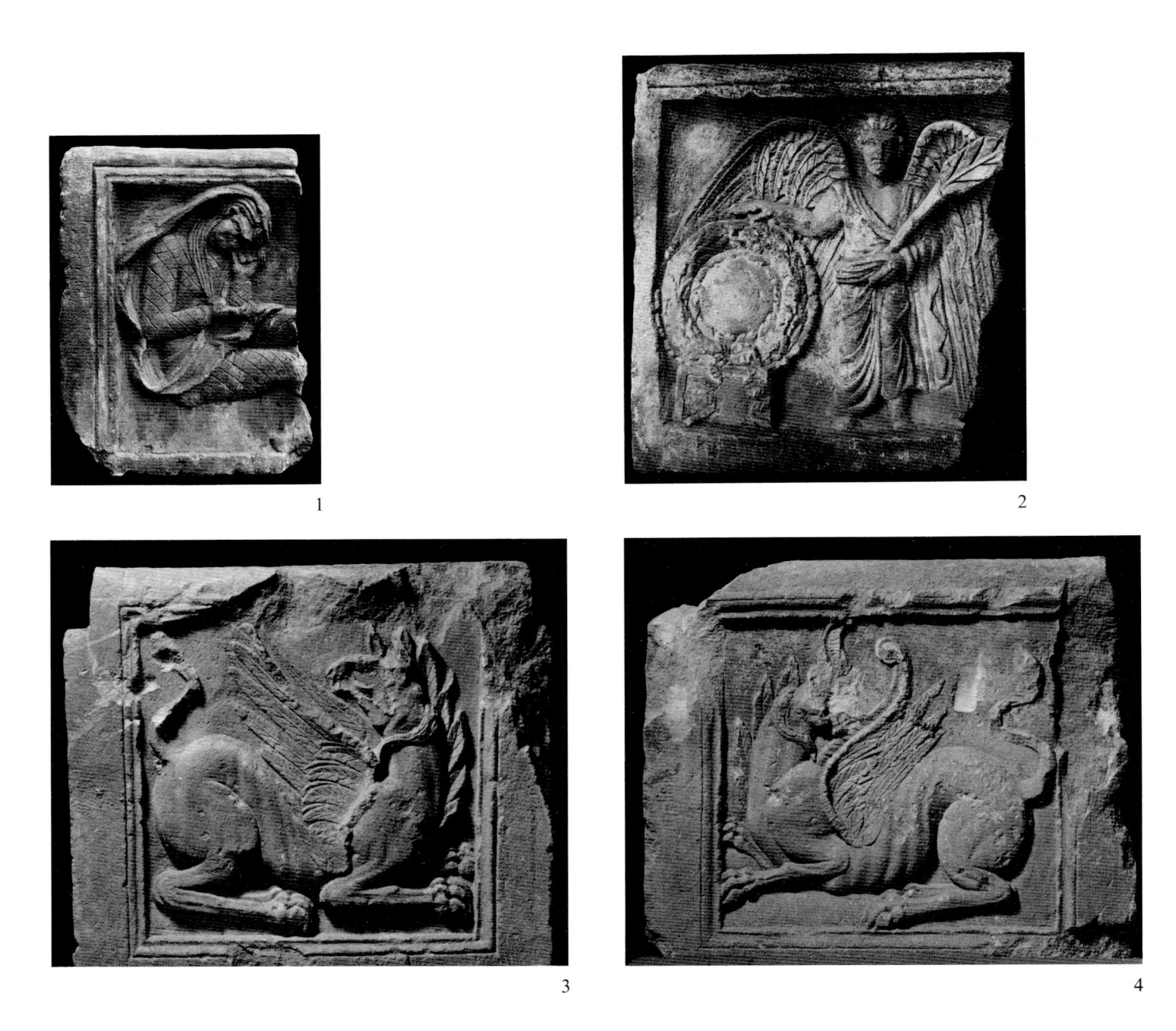

4

Mainz. Reliefierte Schranken. 1 F 8 Trauernde Germanin. 2 F 9 Victoria. 3 F 10 Greif, nach rechts gelagert. 4 F 11 Greif, nach links gelagert.

Mainz. Reliefierte Säulenstühle. 1 F 18 Legionär mit Kette. 2 F 19 Legionär, nach rechts stürmend. 3 F 20 Zwei gefesselte Germanen. 4 F 21 Legionär, nach links stürmend. 5 F 22 Zwei Legionäre, nach rechts stürmend. 6 F 23 Legionär und Signifer.

TAFEL 40

1
2
3
4
5
6
7
8

Mainz. Nicht sicher zuweisbare Bausteine. 1 G 4.  2 G 5.  3–4 G 13.  5 G 17.  6 G 18.  7 G 22.  8 G 23.

1–2 Capua, Stadttor-Modell. 3–4 Autun, Porte St. André, Land- und Stadtseite. 5–6 Autun, Porte d'Arroux, Land- und Stadtseite.

TAFEL 42

1–3 Autun, Porte d'Arroux, Landseite (1–2) und Stadtseite (3). 4–6 Regensburg, Porta Praetoria mit den Resten der Pilastergliederung im Untergeschoß (5–6). K = Kapitell, P = Pilasterkontur.

1–3 Köln, Poblicius-Grabmal, Kapitelle am Eckpilaster des Sockels (1), der Säule (2) und des Antenpfeilers (3). 4 Köln, RGM. Inv. 117; Kapitell eines halben Pfeilers. 5 Köln, RGM. Inv. 251; zweiseitiges Kapitell eines Eckpilasters; FO Köln. 6 Bonn, Rhein. Landesmus. Inv. 28685; vierseitiges Kapitell eines quadratischen Pfeilers.